新世纪全国高等中医药院校规划教材

U0728242

药事管理学

（供医药管理专业用）

主　编　孟　锐（黑龙江中医药大学）

副主编　何　宁（天津中医药大学）

田　侃（南京中医药大学）

万仁甫（江西中医学院）

中国中医药出版社

·北　京·

图书在版编目（CIP）数据

药事管理学/孟锐主编 . —北京：中国中医药出版社，2009. 12 （2015.4重印）
新世纪全国高等中医药院校规划教材
ISBN 978－7－80231－774－1

Ⅰ. 药…　Ⅱ. 孟…　Ⅲ. 药政管理－管理学－医学院校－教材　Ⅳ. R95

中国版本图书馆 CIP 数据核字（2009）第 194021 号

中国中医药出版社出版
北京市朝阳区北三环东路 28 号易亨大厦 16 层
邮政编码　100013
传真　010 64405750
河北欣航测绘院印刷厂印刷
各地新华书店经销
*
开本 850×1168　1/16　印张 16.5　彩插 0.25　字数 392 千字
2009 年 12 月第 1 版　2015 年 4 月第 2 次印刷
书　号　ISBN 978－7－80231－774－1
*
定价　22.00 元
网址　www.cptcm.com

如有印装质量问题请与本社出版部调换
版权专有　侵权必究
社长热线　010 64405720
读者服务部电话　010 64065415　010 84042153
书店网址　csln. net/qksd/

全国高等中医药教材建设

专家指导委员会

前　言

"新世纪全国高等中医药院校管理专业规划教材"是依据教育部有关普通高等教育教材建设与改革的文件精神，在国家中医药管理局的规划指导下，由全国中医药高等教育学会、全国高等中医药教材建设研究会组织，全国高等中医药院校和部分高等医药院校教师联合参加编写，中国中医药出版社出版的高等中医药院校本科系列行业规划教材。

近年来，全国各高等中医药院校陆续开设了管理专业，旨在培养既具有中医药基础理论知识，又能系统掌握中医药卫生事业管理及中医药企事业经营理论、管理技术和方法的高级人才。自全国各高等中医药院校开展管理专业教学以来，由于所用教材大多为自编教材或综合性院校编写的教材，所以一直没有较统一的教学计划，在教学上也难以体现高等中医药教育的特色。教材的问题已成为高等中医药院校管理专业亟待解决的大问题。基于以上现状，在国家中医药管理局的宏观指导下，全国高等中医药教材建设研究会在进行充分调研的基础上，应各高等中医药院校一线教师以及教学主管部门的呼吁，于2006年启动了全国高等中医药院校管理专业规划教材的建设工作。

按照国家中医药管理局关于行业规划教材建设的精神，本套教材的编写组织工作采用了"政府指导，学会主办，院校联办，出版社协办"的运作机制。全国高等中医药教材建设研究会于2006年3月向全国各高等中医药院校教务处和管理学院（或管理系）下发了《关于全国中医药院校管理专业课程规划教材目录的征求意见函》，根据各院校意见反馈，同时结合各院校管理专业课程设置情况，经专家委员会讨论，最终确定了14门新世纪全国高等中医药院校管理专业规划教材，具体书目为：《医院管理学》《医药企业管理学》《卫生统计学》《卫生管理学》《药事管理学》《卫生信息管理》《医院财务管理》《卫生经济学》《卫生法学》《公共关系学》《医药人力资源管理学》《管理学基础》《管理心理学》《医院管理案例》。

本套教材在组织编写过程中，严格贯彻国家中医药管理局提出的"精品战略"精神，从教材规划到教材编写、专家论证、编辑加工、出版，都有计划、有步骤地实施，层层把关，步步加强，使"精品意识"、"质量意识"贯彻全过程。每种教材均经历了编写会、审稿会、定稿会的反复论证，不断完善，注意体现素质教育和创新能力、实践能力的培养，为学生知识、能力、素质协调发展创造条件。同时在编写过程中始终强调突出中医药人才的培养目标，在教材中尽量体现中医药特色。

本套教材从开始论证到最后编写工作的完成，始终得到了全国各高等中医药院校各级领导和教学管理部门的高度重视，各校在人力、物力和财力上均给予了大力支持。广大从事教学的一线教师在这套教材的编写工作中倾注了大量心血，充分体现了扎实的工作作风和严谨的治学态度。在此一并致以诚挚的谢意!

　　新世纪全国高等中医药院校管理专业规划教材的编写是一项全新的工作,所有参与工作的教师都充分发挥了智慧和能力,通过教材建设工作对教学水平进行总结和提高,并进行了积极的探索。但是,一项创新性的工作难免存在不足之处,希望各位教学人员在使用过程中及时发现问题并提出宝贵意见,以便重印或再版时予以修改和提高,使教材质量不断提高,逐步完善,更好地适应新世纪中医药人才培养的需要。

全国中医药高等教育学会

全国高等中医药教材建设研究会

2009 年 6 月

编写说明

《药事管理学》是新世纪全国高等中医药院校管理专业规划教材之一，是根据新时期对高等中医药院校管理专业人才培养与药事管理学教学大纲的要求，由全国16所高等医药院校从事药事管理学教学、科研一线的相关专家和教师共同参加编写而成。

药事管理学是现代药学的一门分支学科，是药学的重要组成部分，也是医药卫生事业管理学的一个重要分支。本教材以"科学性、权威性、时代性、简明性、实用性"为标准，在内容和结构体系上注重对学生素质教育、创新能力与实践能力的培养，为学生的知识、能力、素质协调发展创造条件。

在编写体例方面，我们借鉴相关管理专业教材的编写形式，并力求创新。例如，以"案例导入"和"思考"引出各章正文，以提高学生的学习兴趣，又能让学生目的性较强地学习各章内容；在每节内容中穿插了一些"资料链接"，以拓宽学生知识面并增强教材的趣味性等。

高等中医药院校管理专业课程体系中相关法律学、管理学等知识占有重要地位，而药学课程与知识体系设计相对薄弱，故本教材重点以药学基本知识为基础，以药事管理法律、法规为主线，形成了以药学与药事管理学，药品与药品的监督管理，国家药物政策与管理法规、制度，中药管理，特殊管理药品的管理，药包材、药品标识物与广告管理，药品不良反应监测与上市后再评价，新药研究与药品注册管理，药品生产与流通管理，医疗机构药事管理等章节为主要内容的结构体系。

本教材在国家法规与政策引用方面力求突显时效性，如对国家食品药品监督管理局于2009年2月3日颁布的《中药品种保护指导原则》，2009年4月颁布的《中共中央、国务院关于深化医药卫生体制改革的意见》和《医药卫生体制改革近期重点实施方案（2009～2011年)》，国务院于2009年5月7日颁布的《关于扶持和促进中医药事业发展的若干意见》等法规与政策都及时在相关章节进行了解读。

本教材得以与高等中医药院校管理专业广大师生和相关医药管理工作者见面，主要是各位编委集思广益、亲力亲为的结果。在此，我们对参编院校以及中国中医药出版社给予的大力支持和帮助表示衷心感谢。此外，黑龙江中医药大学孟锐教授的研究生王丽娟、程龙、张国睿、蓝培元、赵阳、李帆、杨奔、任晓宇等在本教材的资料收集及校稿工作中也付出了辛勤劳动，在此一并表示诚挚的感谢。

编委会

2009 年 10 月

目 录

第一章

绪 论

 **案例导入**

保障药品安全，政府、药学实践单位责任并重

近年来，山东省潍坊市全力创建药品安全市，9 年来全市未发生一起重大药品安全事件，有效地维护了一方百姓用药安全，促进了医药经济健康发展。在潍坊市，确保百姓的用药安全，"地方政府负总责，企业作为第一责任人"，这绝不是一句口号，而是一整套有效的保障机制和一系列有序的工作制度。

在潍坊市各城区，居民可以方便地买到多品种、零加价的药品；在偏远的村庄，农民能在家门口买到放心、价廉的药品。实施农村药品"两网"（农村药品供应网络和监督网络）建设之前，潍坊市农村有 1/3 的村既无医疗机构，也没有药店，一些小药贩乘虚而入，向农民兜售假药、劣药。2004 年，潍坊市在青州市开展试点的基础上，逐步建成了覆盖全市农村的药品"两网"。目前，全市 117 个乡镇均设立了药品监管站，共聘任乡镇协管员和村信息员 9621 名。2007 年，潍坊市通过药品监督网举报信息查处的涉药违法案件达到案件总数的 62.9%。同时，潍坊市支持零售药店加盟连锁，对连锁企业、批发企业到农村设立门店予以鼓励。目前，全市农村药店达到 1969 家，占全市药店总数的 74.5%，农村药品年配送总额达到 20 多亿元。"两网"建设促进了农村药品价格的下降，降幅平均在 30% 左右，减轻了农民用药的经济负担。

宣传也是监管。打一场全民参与的药品安全保卫战，这是潍坊市抓好药品安全工作的思路之一。为此，潍坊市通过一系列措施调动公众参与药品监督的积极性，增强公众的用药安全意识。

2005 年 1 月 27 日，潍坊市民谭先生从市药品监督管理部门领到了先行退付的购药款 988 元现金，成为潍坊市局推出的"买到假药，先行退款"制度的第一位受益人。截至目前，潍坊市县两级药品监管部门共为购到假药的消费者先行退付购药款 8.5 万余元。

2008 年 1 月，潍坊市政府新闻办和市药品监督管理部门共同举办药品安全工作新闻发布会。会上公布了药品市场专项整治成果、2007 年药品市场稽查十个典型案件和

2008 年药品安全工作重点。围绕公众最关心、最直接、最现实的利益问题，市药品监督管理部门在发布会上向社会承诺：抓好建设潍坊市药品质量远程监控体系、实行稽查全时制等十件实事。由市政府新闻办召开的药品安全新闻发布会，潍坊市每年至少举办两次，市政府对药品安全工作的重视程度由此可见一斑。

2009 年 1 月，在潍坊市药品安全工作会议上，市长许立全就药品安全工作与各市县区政府及相关部门负责人签订了责任书。"谁出现问题，先追究监管单位和负责人的责任。"近年来，潍坊市把药品安全工作列入市县两级政府的年度工作考核范围，实行一票否决，加大了对药品安全工作的问责力度。

2009 年 2 月，潍坊市市长许立全在市政府工作报告中明确提出："深入实施药品放心工程，大力开展药品示范县、镇（街道）创建工作，严厉打击制售假劣药品行为，实现数字化监管，确保公众用药安全。"关乎民生的药品安全工作连续多年写进潍坊市政府工作报告，充分显示了潍坊市委、市政府对药品安全负总责的坚强决心。

一系列的宣传和激励措施，使潍坊市老百姓的药品安全意识不断提高。如今，遇到违法药品或药品质量等问题，很多消费者都会主动向药品监督管理等相关部门举报，药品市场的违法活动在潍坊已成"过街之鼠"。

（资料来源：陈静. 民生大事放首位. 中国医药报，2009 - 05 - 19）

思考

1. 如何看待政府监管对提高公众用药安全意识起到的积极作用？
2. 药学实践单位在保证药品安全方面应负哪些责任？
3. 什么是药事管理？药事管理学是如何定义的？

从这个案例可以看到，政府监管与药学实践单位自身管理在保证药品安全性、有效性、经济性、合理性和确保公众合理用药等方面具有重要作用，同时它们也是药事管理目的实现的重要保障。那么，药事管理是怎样界定的？什么是药事管理学？药事管理学在医药卫生事业管理中发挥怎样的作用？通过本章的学习大家可以对相关内容有所了解。

第一节　药学概述

药学的发展经历了漫长的历史过程，由最初包含在医学之中，到当今成为一门独立的、完整的科学，从经验医药学发展到现代药学。药学科学总体上属于自然学科的范畴。当药学的研究对象侧重于药物本身时，研究内容涉及药物化学、药剂学、药物分析学等，它就具有很强的自然学科属性；当药学的研究对象侧重于药物应用时，研究内容涉及临床药学、药物经济学、药事管理学等，它就具有社会学科属性。双重的属性使药学成为一门庞大的学科体系，为保障公众身体健康起到重要作用。

一、药学

(一) 药学的概念

药学（pharmacy）是药学科学的简称。而药学科学是一门以人体为对象，以医学为基础，以患者为中心，研究人类防治病害所用药物的学科。

药学与化学、医学有着密切的关系。首先，研究药学要以化学为基础。有形的人体是物质组成的，机体功能的维持是由体内特定化学物质间的反应处于动态平衡来完成的，而机体的病理状态则是机体内化学反应失去平衡的结果。药物就是通过干预病理状态下机体的化学反应来达到治疗疾病目的的，因此，化学是药学研究的基础。其次，药物的研究应以临床医学为指导。由于药物是防病、治病的物质，只有经过临床医学的研究，确定疾病的病理特征后，才能研制出临床上相应的治疗药物，才能使药物具有其本身的意义。由此可见，药学是化学和医学间的桥梁学科，三者关系密切。

(二) 现代药学的发展及重要作用

药物作为药学研究的主要内容，应该对它的起源及发展有所了解。人类最初是如何知道使用药物的？对这一问题的答案存在着争议，一种观点认为药物的使用起源于神；另一种观点认为药物起源于巫术；还有一种观点则是根据观察动物自救的本能，推测出作为高级动物的人类自身应有生而知之的医药本能。直到 1876 年，恩格斯在《劳动在从猿到人的转变过程中的作用》一文中指出了劳动在人类的进化中起到的巨大作用。人类对药物的认识并不是本能的、突发的、生而知之的，而是人类在生产和生活的劳动实践中积累形成的，并且在自身的生产与生活实践中逐渐发现了植物药、动物药等。

1. 现代药学的发展 第一阶段从 20 世纪初到 20 世纪中叶，这一时期药物的发展重心主要是针对各种感染疾病，以磺胺类、青霉素类等抗生素药物的发现及大量生产为标志。1935 年，德国化学家米奇（Mietzsch）、克拉拉（Klarer）与药理学家杜马克（Domagk）共同研制出第一个磺胺类药物——百浪多息。在青霉素发现之前，磺胺类药物是唯一有效的体内杀菌药物。1940 年前后，病理学家弗洛理、生化学家钱恩在细菌学家弗莱明发现了青霉素的基础上，研发出更稳定的青霉素，并将其大规模生产。1942 年，细菌学家瓦格斯曼经过 20 多年的努力筛选出链霉素。这几项发现开创了药物的抗生素时代。

第二阶段从 20 世纪 60 年代开始，药物的发展重心转移到治疗各种非感染性疾病上来，以 β - 肾上腺素拮抗剂普萘洛尔、组胺 H_2 受体拮抗剂雷尼替丁等药物的发现为标志。严重的感染性疾病被控制后，心脏病、高血压、恶性肿瘤等非感染性疾病导致的死亡率快速上升，科学家的研究方向转移到治疗这一类疾病的药物上，20 世纪下半叶开发出来的抗心脑血管疾病药物有 β - 肾上腺素拮抗剂普萘洛尔、美托洛尔、阿替洛尔等，这类药物的发现，是治疗心脑血管疾病的里程碑。而组胺 H_2 受体拮抗剂雷尼替丁、质子泵抑制剂奥美拉唑等药物的开发有效地控制了胃溃疡等慢性疾病。

第三阶段从 20 世纪 70 年代开始，这一时期，医学、化学、生物学三者紧密结合，对体内的调控过程进行研究，从整体直达分子水平。以人生长激素、胰岛素、干扰素等大批生物技术药物的产生为标志，此阶段比前两个阶段发展更迅速，成果更显著。各种基因工程、细胞工程药物的出现，并被广泛的应用于临床，使遗传性疾病和恶性肿瘤等疑难病症的生物治疗进入了新阶段。

2. 现代药学的重要作用

（1）药学在社会生活中的作用：药学作为医药卫生事业的一个重要的组成部分，是人类战胜疾病的重要手段，在社会生活中扮演着重要的角色。20世纪，伤寒、霍乱、炭疽病、血吸虫病、鼠疫、梅毒等疾病严重威胁人类生存，死亡率极高，青霉素类、头孢菌素类、喹诺酮类等一系列抗菌药的出现，才保证了人类的生存安全。然而，随着社会的进步，科技的发展，公众生活水平的提高，药物不再仅仅是充当治疗疾病的角色，它更在确保公众生活质量、增强智能、提高身体素质等方面起到保障作用。

（2）药学在经济生活中的作用：药学在经济领域中占据着不可替代的地位。一种有效药物可以使某种疾病的发病率、死亡率降低，也就是将由于疾病所带来的经济损失降到最低。根据相关资料统计估算显示，一般由减少发病率、死亡率和因病缺勤率所取得的经济效益约占国民收入的20%。因此有人说，医药产业是"永远的朝阳产业"。

（三）药学的基础知识

任何一门完整的学科都是由一定专门知识体系组合而成的。药学发展至今已经成为一个庞大的科学体系，它包含生药学、中药学、药理学、药剂学、药物分析学和药物化学等学科。

药学教育的四大专业课程是药物化学、药物分析学、药理学、药剂学。它们都是药学学科下设的二级学科，是全国普通高等教育药学类专业规定设置的主要专业课程，也是国家执业药师资格考试（药学类）中规定的考试科目。一个药物从发现到临床应用，大致有发现与创制新药、结构成分确定、药理作用的筛选、药效学评价、安全性评价、制剂工艺研究、质量监控、临床合理应用等环节。药学的这四个二级学科在药物从研制到使用过程中起到重要作用。

1. 药物化学 在现代药学教育中，化学对药学起到的作用尤为突出。众所周知，化学是人类认识及改造物质世界的主要方法和手段之一，药物化学就是这样一门用现代科学方法研究药物的化学结构、理化性质、合成工艺、体内代谢以及寻找新药的途径和方法的综合性学科。简单地说，药物化学是新药研究的先导。

我国对新药研究的管理有明确的目的，就是通过在新药研究过程中，严格贯彻实施相关的法律法规、政策和制度，严格控制与约束药学技术人员以科学的态度和医药科学的专业技术，保证新药研究的质量和水平。

2. 药剂学 由于用于预防、治疗及诊断疾病的药物粉末或者结晶不能在临床使用时直接提供给患者进行治疗，所以必须制成适合患者应用的具有一定形状和性质的剂型，即最佳给药形式，从而确保药物能够充分发挥药效，减少毒副作用，方便使用及保存等。药物剂型，简称剂型，是适用于疾病的预防、诊断或治疗的需要而制备的不同给药形式，包括散剂、颗粒剂、片剂、胶囊剂、注射剂、栓剂、软膏剂、气雾剂等，各种剂型中具体的药品称为药物制剂。药剂学就是研究药物制剂的处方设计、基本理论、制剂工艺和合理应用的综合性技术学科。

药剂学的宗旨是制备安全、有效、稳定、使用方便的药物制剂，在实践过程中，要靠相关法律法规的约束和相关部门的监督检查来实现。例如，《药品生产质量管理规范》（Good Manufacturing Practice，GMP）中要求药品生产一定要具有可靠的生产工艺。

3. 药物分析学 药品是一种关系到公众生命安全的特殊商品，为了保证公众用药的安全性和有效性，在药品的研制、生产、流通和使用等过程中都需要执行严格的科学管理规范，并运用有效技术手段对药品进行质量分析及检验，实现对药品质量全面控制。药物分析学就是药品质量控制的一门学科，其运用物理学、化学、物理化学和生物学等方法，对药品进行质量监控，并制定药品质量标准。因此说，药物分析学是一门"方法学科"，也是药学学科的重要组成部分。

4. 药理学 药理学是研究药物与机体（包括病原体）相互作用规律的一门学科，其研究内容包括药物对机体的作用（药物效应动力学，简称药效学）、机体对药物的作用（药物代谢动力学，简称药动学）、影响药物效应的因素、药物不良反应和禁忌等。药理学的任务在于阐明药物与机体相互作用的规律和原理，以指导临床合理用药和最大程度上发挥药物疗效，降低不良反应，并为寻找新药或是老药新用提供线索。

二、药学事业

（一）药学事业的含义

药学事业也称药事，一般泛指一切与药品有关的事务，包括与药品的研制、生产、流通、使用和监督管理等有关的事项与活动。药学事业是个比较宽泛的概念，涉及的范围也较广，其目标是为公众防治疾病提供安全、有效、稳定、经济的药品，从而提高社会公众的健康水平。

药学事业涉及药品相关活动的方方面面，除了上述药品的研制、生产、流通、使用和监督管理的事项与活动外，还包括药品价格管理、药品广告管理、对药学技术人员的培养及药学教育等事项和活动。参考相关教材对药学事业概念的界定，本教材把药学事业定义为：由人所从事的，以药物为物质对象，以药学科学为理论体系，具有一定的目标、规模和系统，按一定的结构组织起来，开展对公众健康和社会发展具有影响的经常性药事活动的社会系统。这一社会系统正是药事管理研究的基本要素之一。

（二）药学事业的任务

在科技不断发展、物质生活不断丰富的今天，为满足社会的需求并规范药品市场，研制新药和供应药品、保证临床合理用药、强化药品的规范化管理已成为当前药学事业的三大中心任务。

1. 研制新药和供应药品 研制新药是社会赋予药学事业的首要任务，也是药学对卫生事业和社会经济发展的重要的贡献之一。人类的平均寿命逐年提高，药学事业的发展功不可没。由于已有药物的不良作用或者常用药物引起的机体耐受性和病原微生物产生的抗药性，需要研制疗效更好、安全性更高、不良作用更小的新药。药品供应是药学事业的基本任务，是卫生事业的重要支柱。

2. 保证临床合理用药 随着医学科学和医药行业迅速发展，药品的品种和数量均急速增加，这一方面满足了公众的用药需求，但另一方面又使用药情况越来越复杂，医药费用上涨、不合理用药等问题相继出现。目前在全世界范围内，由抗生素使用过度造成抗生素耐药性而引发的疾病和死亡情况严重。2005 年 5 月，世界卫生组织（World Health Organization，WHO）召开第五十八届世界卫生大会，在抗生素耐药性对全球健康保障产生威胁的背景下，讨论了开具处方者和患者的合理用药问题，并通过关于改进对抗生素耐药性控制的 WHA58.27 号决议。许多会员国强调了需要开展更多工作以纠正不合理用药这一严重的全球性问题。

3. 规范药品管理 由于药品的特殊性，在考虑其拥有可获得性的同时，必须考虑其关系公众的生命安全，所以加强对药品的研制、生产、流通和使用等一系列环节的管理显得尤为重要。20 世纪 50 年代开始，世界新药研制进入了一个高潮阶段，但由于相应管理制度不够完善，使很多具有潜在危险的药品流入市场，"沙利度胺（反应停）事件"就是一个典型的案例，因此，各国开始认识到药品规范化管理的重要性。药品的规范化管理是指在药品的研制、生产、流通、使用等过程中都制定相应的管理规范，使得药品具有安全性、有效性、经济性、合理性，并促使药学事业健康发展。

三、药学技术人员

在药品生产、经营企业和医疗机构中，药学技术人员的配备不可或缺，并且其数量多少及职级高低都是衡量药品生产、经营企业和医疗机构发展水平的重要指标，人员素质的高低，对药品生产和经营质量、药学服务水平起着决定作用。在药学实践中，不同岗位上有不同类型的药学技术人员。根据其岗位不同，进行教学、科研等相应技术职称的评定。例如，在医疗机构中，药学技术人员的职称可分为药士、药师、主管药师、副主任药师和主任药师。

（一）法律法规对药品相关部门配备药学技术人员的规定

1.《药品管理法》中的规定 《中华人民共和国药品管理法》（the Drug Administration Law of People's Republic of China，以下简称《药品管理法》）第八条规定，开办药品生产企业，必须具有依法经过资格认定的药学技术人员、工程技术人员及相应的技术工人；第十五条规定，开办药品经营企业必须具有依法经过资格认定的药学技术人员；第二十二条规定，医疗机构必须配备依法经过资格认定的药学技术人员，非药学技术人员不得直接从事药剂技术工作。

2.《药品生产质量管理规范》中的规定 《药品生产质量管理规范》（GMP）规定，药品生产企业应建立生产和质量管理机构，各级机构和人员职责应明确，并配备一定数量的与药品生产相适应的具有专业知识、生产经验及组织能力的管理人员和技术人员；企业主管药品生产管理和质量管理的负责人应具有医药或相关专业大专以上学历，有药品生产和质量管理经验，对本规范的实施和产品质量负责。

3.《药品经营质量管理规范》中的规定 《药品经营质量管理规范》（Good Supplying

Practice，GSP）规定，企业主要负责人应具有专业技术职称，熟悉国家有关药品管理的法律法规和所经营药品的知识；企业负责人中应有具有药学专业技术职称的人员，负责质量管理工作；企业质量管理机构的负责人应是执业药师或具有相应的药学专业技术职称，并能坚持原则，有实践经验，可独立解决经营过程中的质量问题；药品检验部门的负责人应具有相应的药学专业技术职称；企业从事质量管理和检验工作的人员应具有药学或相关专业的学历，或者具有药学专业技术职称，经专业培训并考核合格后持证上岗。

现行的几个药品质量管理规范中，除了上述两个规范外，还有《中药材生产质量管理规范（试行）》（Good Agricultural Practice for Chinese Crude Drugs，中药材 GAP）、《药物非临床研究质量管理规范》（Good Laboratory Practice，GLP）、《药物临床试验质量管理规范》（Good Clinical Practice，GCP），这些规范也对药学技术人员的资历提出要求。

（二）药师

药师（pharmacist）是国家正式医药大专院校药学专业毕业，以医疗机构中的药学岗位为主从业的，及在其他药学机构或岗位工作，并经过国家有关部门考试考核合格后评定的药学专业技术人员。

药师是我国一种专业技术的职务称谓。根据我国现行职称职务政策，药学专业技术人员可根据学历、资历及专业技术水平被评定为药士、药师（初级职称）、主管药师（中级职称）、副主任药师和主任药师（高级职称）。不同职别的药师其职责不尽相同，药师作为一个在医疗机构为主从业的职业群体，其职责一般可概括为：①负责制定药品采购计划，合理采购药品，保障供应；②负责药品调剂、制剂；③负责检查临床科室的药品使用、管理情况；④提供用药咨询与信息，指导临床搞好合理用药；⑤负责对全院药品质量的监督检验和药检仪器的调试、保养；⑥结合临床开展治疗药物监测，新药试验和药品疗效评价工作，开展药品不良反应监测；⑦运用国内外先进技术，参与药学科研和开展新业务、新技术，总结经验，撰写学术论文；⑧参与教学，指导进修、实习人员的工作等。

（三）执业药师

为了实行对药学技术人员的职业准入控制，科学、公正、客观地评价和选拔人才，全面提高药学技术人员的素质，建设一支既有专业知识和实际能力，又有药事管理和法规知识，能严格依法执业的药师队伍，以确保药品质量，保障公众用药的安全有效，切实实行执业药师资格制度。

我国《执业药师资格制度暂行规定》中对执业药师（licensed pharmacist）作了明确的定义，即执业药师是指经全国统一考试合格，取得《执业药师资格证书》，并经注册登记，主要在药品生产、经营、使用单位中执业的药学技术人员。我国的执业药师考试分为药学和中药学两个类别。

1. 执业药师资格考试

（1）执业药师资格考试介绍：我国执业药师资格考试由国家食品药品监督管理局（State Food and Drug Administration，SFDA）负责组织拟定考试科目和考试大纲，编写培训教材，建立试题库及考试命题工作，按照培训与考试分开的原则，统一规划并组织考前培训；原人事部负责组织审定考试科目、考试大纲和试题，会同 SFDA 对考试工作进行监督、指导并确定合格标准；执业药师资格考试实行全国统一大纲、统一命题、统一组织的考试制度；一般每年举行一次。国家执业药师资格考试日期定在每年的 10 月举行，考试分 4 个半天，每科目的考试时间为 2.5 小时。

（2）执业药师资格考试报名条件：凡中华人民共和国公民和获准在我国境内就业的其他国籍的人员具备以下条件之一者，均可报名参加执业药师资格考试，见表 1-1。

表 1-1　　　　　　　　　　　　执业药师报考条件列表

学历或学位	工作实践经验要求
中专学历	从事药学或中药学专业工作满 7 年
大专学历	从事药学或中药学专业工作满 5 年
本科学历	从事药学或中药学专业工作满 3 年
第二学士学位、研究生班毕业或取得硕士学位	从事药学或中药学专业工作满 1 年
取得药学、中药学或相关专业博士学位	可直接申请参加考试

凡报名参加考试的人员，由本人提出申请，所在单位审核同意，携带有关证明材料到当地考试管理机构办理报名手续。中直、国家机关、部队及其直属单位的人员，按照属地原则报名考试。

（3）考试周期和考试科目：执业药师资格考试以两年为一个滚动周期。报考全部科目的人员，须在连续两个年度内通过考试；免试部分科目的人员，须在一个年度内通过考试。

国家执业药师资格考试科目分为药学类和中药学类，执业药师考试类别和科目见表 1-2。

表 1-2　　　　　　　　　　　　执业药师考试类别和科目列表

考试类别	考试科目
中药学类	药事管理与法规
	中药专业知识（Ⅰ）（含中药学和中药药剂学）
	中药专业知识（Ⅱ）（含中药鉴定学和中药化学）
	中药学综合知识与技能
药学类	药事管理与法规
	药学专业知识（Ⅰ）（含药理学和药物分析）
	药学专业知识（Ⅱ）（含药剂学和药物化学）
	药学综合知识与技能

（4）免试条件：按照国家有关规定评聘为高级专业技术职务，并具备下列条件之一者，可免试药学（或中药学）专业知识Ⅰ、药学（或中药学）专业知识Ⅱ，只参加药事管理与法规、综合知识与技能两个科目的考试：①中药学徒、药学或中药学专业中专毕业，连续从事药学或中药学专业工作满 20 年；②取得药学、中药学专业或相关专业大专以上学历，连续从事药学或中药学专业工作满 15 年。

2. 执业药师的注册　为保证执业药师资格制度的实施，加强执业药师注册管理工作，根据原人事部、SFDA 联合颁发的《执业药师资格制度暂行规定》，制定了《执业药师注册管理暂行办法》。SFDA 为全国执业药师注册管理机构，各省级食品药品监督管理局为本辖区执业药师注册机构。持有《执业药师资格证书》的人员，向注册机构申请注册并取得《执业药师注册证》后，方可以执业药师身份执业。

药品生产、经营、使用单位的人员取得《执业药师资格证书》后，可向执业单位所在地区的执业药师注册机构申请办理注册手续。

(1) 申请执业药师注册的人员，必须同时具备下列条件：①取得《执业药师资格证书》；②遵纪守法，遵守职业道德；③身体健康，能坚持在执业药师岗位工作；④经执业单位同意。

执业药师注册有效期为 3 年。持证者须在有效期满前 3 个月到原执业药师注册机构申请办理再次注册手续。超过期限，不办理再次注册手续的人员，其《执业药师注册证》自动失效，并不能再以执业药师身份执业。

(2) 有下列情况之一者，不予注册：①不具有完全民事行为能力的；②因受刑事处罚，自刑罚执行完毕之日到申请注册之日不满 2 年的；③受过取消执业药师执业资格处分不满 2 年的；④国家规定不宜从事执业药师业务的其他情形的。

(3) 执业药师注册后如有下列情况之一的，予以注销注册：①死亡或被宣告失踪的；②受刑事处罚的；③被吊销《执业药师资格证书》的；④受开除行政处分的；⑤因健康或其他原因不能从事执业药师业务的。

注销注册手续由执业药师所在单位在 30 个工作日内向注册机构申请办理，并填写"执业药师注销注册登记表"。执业药师注册机构经核实后办理注销注册，收回《执业药师注册证》。

(4) 变更注册：执业药师在同一执业地区变更执业单位或范围的，须到原执业药师注册机构办理变更注册手续，填写"执业药师变更注册登记表"，并提交以下材料：①《执业药师资格证书》和《执业药师注册证》；②新执业单位合法开业的证明复印件。执业药师变更执业地区的，须到原执业药师注册机构办理变更注册手续，填写"执业药师变更注册登记表"，并向新执业地区的执业药师注册机构重新申请注册。新的执业药师注册机构在办理执业注册手续时，应收回原《执业药师注册证》，并发给新的《执业药师注册证》。

3. 执业药师的职责 《执业药师资格制度暂行规定》明确了执业药师的职责：①执业药师必须遵守职业道德，忠于职守，以对药品质量负责、保证公众用药安全有效为基本准则；②执业药师必须严格执行《药品管理法》及国家有关药品的研制、生产、经营、使用的各项法规及政策，对违反《药品管理法》及有关法规的行为或决定，有责任提出劝告、制止、拒绝执行并向上级报告；③执业药师在执业范围内负责对药品质量的监督和管理，参与制定、实施药品全面质量管理及对本单位违反规定的处理；④执业药师负责处方的审核及监督调配，提供用药咨询与信息，指导合理用药，开展治疗药物的监测及药品疗效的评价等临床药学工作。

4. 执业药师的继续教育 执业药师继续教育实行学分制、项目制和登记制度。具有执业药师资格的人员由省级药品监督管理部门发放国家药品监督管理部门统一印制的《执业药师继续教育登记证书》；每年参加继续教育不得少于 15 学分，注册期 3 年内累计不得少于

45 学分。执业药师继续教育项目分为指定、指导和自修三类，包括培训、研修、学术讲座、学术会议、专题研讨会、专题调研和考察、撰写论文和专著等。

国家药品监督管理部门负责制定执业药师继续教育管理办法，组织拟定、审批继续教育内容。省级药品监督管理部门负责本地区执业药师继续教育实施工作。

资料链接

我国执业药师队伍发展目标

为了加快执业药师队伍的建设与发展，满足社会公众对执业药师和高质量药学服务的迫切需要，并努力实现 2020 年执业药师队伍建设的战略发展目标，分阶段目标与总体目标如下：

1. 2010 年　执业药师队伍素质进一步提升，执业药师队伍规模达到近 20 万人，东、中部省会城市城区药房、药店强制配备、使用执业药师。

2. 2015 年　执业药师队伍整体素质明显提升，执业药师队伍规模达到 50 万人，所有省会城市城区药房、药店强制配备、使用执业药师。

3. 2020 年　执业药师队伍整体素质基本满足为公众提供高水平、高质量药学服务的需要，执业药师队伍规模达到 60 万人，东、中部地级市以上城市城区药房、药店强制配备、使用执业药师。

此后，再经过十几年的努力，执业药师队伍整体素质满足为公众提供高水平、高质量药学服务的需要，执业药师队伍规模进一步扩大，达到 80 万人，接近中位预测需求数量，所有地级市以上城市城区及大部分县以上地区药房、药店基本实现强制配备、使用执业药师。

第二节　药事管理学概述

随着社会的进步、科学技术的发展，各项事业和各个行业对管理学重要性的认识越来越深刻，并且伴随社会分工的不断细化，组织管理越来越复杂，管理方法也越来越科学化、现代化。在药学事业中，各项工作的展开都是以药品为中心的，而药品具有与人体健康和生命安全息息相关的特殊属性，因此需要牢固树立药品科学管理的意识，进而促进我国药学事业实现规范化、科学化、法治化、国际化的管理目标。

19 世纪以来，药学事业及药学科学技术的快速发展为人类作出了巨大的贡献。然而，随着药物品种的日益增加、使用范围的不断扩大，药品不良反应危害以及药品获得障碍问题也越来越严重，因此加强对药品的管理，保证公众用药安全、有效、经济、合理已成为各国政府必须面对的现实问题。药事管理学的形成和不断完善对解决药学事业中遇到的各种问题起到了重要的作用。

我国的药事管理工作在长期的药学实践中积累了丰富的经验，逐步形成了较为完善的组织体系，现已成为医药卫生和科学事业管理的重要组成部分。

一、药事管理的概念

药事管理是药学科学与管理科学在对药学这一对象服务时逐渐形成的，目前国内已出版的药事管理学教材或专著对其概念有多种定义，本教材参考相关教材，将药事管理（pharmaceutical administration）界定为：药事管理就是对药学事务的管理，或者泛指对药学事业的管理。

这种对药事管理的界定具体表现为，以保证药品的安全性、有效性、经济性、合理性及保障公众身体健康和用药合法权益为目的，在药品的研制、生产、流通、使用等过程中，依据国家相关法律法规、政策、制度，国家实施监督管理以及药学实践单位自身管理的一种职能和活动。

二、药事管理学的概念、研究内容、性质及任务

在现代社会中，药学科学和药学实践的发展日益受到社会、法律、经济等因素的影响，而药学科学与社会科学的诸多学科也相互交叉、相互渗透，逐渐形成以管理学、法学、社会学、政策学、经济学等社会科学为基础理论和方法来源，具有自然科学和社会科学双重属性的学科——药事管理学。它与其他药学学科共同为社会提供安全、有效、经济、合理的药物及药物信息和药学服务，具有专业性、政策性、综合性的特点。通过对它的研究和学习，必定对药事管理的发展起到促进作用。

（一）药事管理学的概念及研究内容

1. 药事管理学的概念　19 世纪末 20 世纪初，随着药物研制较快发展，药品品种和数量迅速增长，大量新药上市，药品市场日益繁荣。在这种趋势下，确保药品的质量，规范新药的研发，规范药品的生产、经营活动，以及正确宣传药品知识，指导公众合理用药，都需要政府制定相应的法律法规来规范，从而保证药品的研制、生产、流通、使用等环节的质量安全。因此，需要有一门学科来研究药学事业管理活动中出现的问题。经过长期的药事活动和药品管理实践经验的积累，药学与社会科学的交叉、渗透，药事管理学产生了。

药事管理学作为药学高等教育教学形态中的一门具体课程，它是以医药专业知识为基础，运用相关社会科学的原理和方法，研究药学实践各领域中与药品安全性、有效性、经济性、合理性等问题有直接关系的管理事项或活动及其基本规律；研究药品监督管理法律法规、政策、制度贯彻实施过程中的社会与人文因素的影响及其作用规律；研究药事管理活动与职能对药学实践各领域效益影响作用及其规律，从而实现对药学实践各领域的科学管理，最终促进药学事业发展的一门科学。

1949 年以后，药事管理学科的发展逐渐活跃，尤其在 1985 年版《药品管理法》正式颁布实施后，我国药事管理学科建设受到政府、药学界人士的广泛关注，使药事管理学科得到了更加快速的发展。而后，随着我国改革开放的不断深入和社会主义市场经济的不断发展，药品的研制、生产、流通、使用过程中均出现了许多新情况和新问题，药品监督管理体制也发生了重大变化，因此，2001 年国家对 1985 年版的《药品管理法》进行了修改、完善，使

药事管理学迈上新台阶，并在学科建设、人才培养、师资队伍建设等方面取得长足进步。

2. 药事管理学研究的主要内容　本部教材将药事管理学的主要内容概括为：药学及药事管理概述；药品与药品监督管理；国家药物政策与管理制度；药事管理法；中药管理；特殊管理药品的管理；药包材、药品标识物与广告管理；药品不良反应监测与上市后再评价；新药研究与药品注册管理；药品生产和流通管理；医疗机构药事管理。

（二）药事管理学的性质和任务

1. 药事管理学的性质　一方面，药事管理学是运用管理学、社会学、法学、经济学等社会科学的有关理论和原理探讨现代药事管理活动中基本规律和一般方法的科学，因此，它具有社会科学的特征；另一方面，药事管理学作为药学的一个分支，它是药学研究的另一个系统，它研究药学的社会职能，药品的研制、生产、流通、使用以及药学教育和政府对药品、药事单位的监督管理等。药事管理学要求我们综合掌握多学科的知识，特别要掌握药学的基础知识和管理学的专业知识；要按照国家的有关法律法规，对药学事业进行管理；根据管理的经验总结基本规律和管理方法。所以，药事管理学具有专业性、政策性和综合性等特点。

2. 药事管理学的任务　药事管理学的任务是促进药学事业的发展，具体体现为解决药学实践中存在的问题，保证社会公众用药安全、有效、经济、合理，为维护公众的切身利益服务；通过研究国内外各个历史时期的药事管理的理论、实践等对其进行客观的评价；研究药事管理的性质、任务、目标、过程、组织职能、管理方法、手段和现代科学技术、方法、手段在药事管理中的运用，探讨现代药事管理的理论、知识、规律、技术和方法，并展望该学科的发展。

> **资料链接**

药事管理学研究基本程序和研究方法

1. 药事管理学研究基本程序

（1）课题选择：确定研究课题首先要确定研究对象，这样就明确了研究的方向和目标。课题的选择包括问题的提出、研究课题的论证、明确课题的研究目的和性质。

（2）计划实施：计划实施包括查阅文献资料、提出研究假设、理论说明或解释、研究提纲的拟定、研究方法的确定、收集资料、整理资料。

（3）总结评价：总结评价包括资料分析和研究报告的撰写。资料分析使收集到的资料更具科学性，对理论或实践都会产生重要意义；撰写研究报告是反映研究成果的书面表达，是对整个研究过程、方法和结果的综合论述。

2. 药事管理学的研究方法

（1）归纳研究法：归纳研究法应用广泛，是通过对典型事物的观察，从其特点入手，分析研究事物发展变化的一般规律。

（2）演绎研究法：演绎研究法是指通过研究者对前人的研究成果进行分析，利用归纳研究法找到一般规律性，并加以简化，是一种从一般到特殊的研究方法。

（3）实验研究法：实验研究法是研究原因与结果的关系。在药事管理中遇到的许多问题都可以采用实验研究法进行研究。

三、药事管理学在医药卫生事业管理中的作用

医药卫生事业是一个整体，一般称为卫生事业。卫生事业是一项社会事业，它的总体目标是保证社会公众的身体健康，提高对卫生事业的管理效率和效益，繁荣卫生事业，进而为我国社会经济发展服务。

1. 药事管理学是卫生事业管理的重要组成部分 医学、药学和公共卫生三者是一个相互依存、相互制约的有机整体。药学作为这一整体的一个重要组成部分，在拥有独立学科体系的同时，还与另外两者有着紧密的联系，共同组成了医药卫生事业管理的主要内容，而作为专门对药学事业管理的学科——药事管理学，理所当然也就成为医药卫生事业管理的一个重要组成部分。

2. 药事管理学为卫生事业的发展提供了保障 药事管理学作为卫生事业管理理论的一部分，重视药事管理学在卫生事业管理中的作用，将促进医药卫生事业的发展和完善。

从我国社会和经济发展的实际来看，完善药品监督管理体制是推动医药卫生体制改革，实现我国"人人享有基本医疗卫生服务"总体目标的重要保证。药品作为药学事业和医学事业这一有机整体的物质基础，有着举足轻重的作用。由于药品的特殊性，需要采取法律、行政等手段对药品的研制、生产、流通、使用等环节进行严格的科学管理，从而保证药品的安全性、有效性和可获得性。药事管理学在这一过程中至关重要，其根本目的就是研究药学实践领域中与药品有关的各项管理活动及其基本规律，它为医药卫生事业的发展提供了保障。

3. 药事管理学的发展促进了医药卫生事业的发展 随着药学事业的发展，在药学实践中出现许多新的问题和现象，这就促使药事管理学也在不断地更新理论，调整研究的重点。例如，在卫生事业领域中，医疗机构服务质量的高低与社会公众息息相关，它将直接影响国民的健康水平。而在医疗机构中，药学作为医疗工作的重要组成部分，随着改革的深入，它的服务模式也在不断的发展。公众在患病的时候，要求临床提供更安全、有效、经济、合理的治疗药物。药事管理学在医疗机构中的主要工作内容就是对临床用药的科学管理和提供促进临床科学、合理用药的药学技术服务。

随着医药卫生事业的发展，临床药学的兴起增强了医院药学的活力，使医院药学逐步由单纯的对药品的管理转向了以患者合理用药为核心的系统管理。医疗机构药事管理作为药事管理学研究的对象之一，它的主要任务是根据各级政府卫生行政部门有关医院药学管理的法规，制定药事管理规章制度，对医院药学的各环节进行管理，使药学工作实现规范化、科学化、法治化、国际化。由此可见，药事管理学在医院药学中具有重要作用，同时也说明了药事管理学的完善与发展对医药卫生事业的发展起到积极的作用。

第三节 药事管理的发展历程

由于历史文化背景的差异、社会经济发展不平衡等诸多原因，各国药事管理的发展水平不尽相同。一些国家在古代便产生了药事管理的萌芽，并经过长期的发展，逐步建立了专门的药事管理机构，制定了一系列的法律法规，在药事管理方面日渐成熟。我国在借鉴这些国家药事管理发展经验的同时，也在不断地寻找适合我国药事管理发展的方式和方法，进而促进我国药学事业实现规范化、科学化、法治化、国际化的管理目标。

一、国外药事管理发展历程

（一）古代的药事管理

据史书记载，约公元前 3500 年，在古代东方国家，医药业已逐渐从其他职业中分化出来，并且有一定的发展。其医药知识、技术以及医药卫生管理，早在欧洲文化发展之前就产生了。

从考古发掘的一根玄武面柱上所刻楔形文字中显示，公元前 18 世纪，巴比伦王朝法令中已有关于医药方面的刑律。在埃及古寺院废墟的发掘中发现有关医药学的书籍，书籍中记载的内容显示，当时古埃及人在药品的采集、配制和管理上已相当专业化。

公元 754 年，阿拉伯人在巴格达城建立的药房被认为是当时一所独立配制和发售药物的专门机构。1407 年，意大利城热那法典使药剂师成为法律认可的一种专门性职业。药房和药剂师的出现和发展标志着医药分业，这对药学事业的发展和进步起到至关重要的作用。

由于药学工作专业化的快速发展，药事管理法律法规也日益增多。公元 10 世纪，阿拉伯政府的法律严厉制裁贩卖假药、陈药这种犯罪行为。公元 13 世纪，西西里的药事法规规定了药业从医药中分化出来，在官方监督管理下，储药仓库属药房范围；药剂师应对配制药品的可靠性、质量一致性等进行检验；另外也规定了从行业中选出优秀者担任检查人员。

随着药品品种、药物处方的增多，以及医生用药过程中出现的越来越多的复杂情况，药品标准化问题成为药品管理中一项重要的工作。1140 年，欧洲药学权威、萨勒诺大学校长编纂的《解毒剂汇编》成为当时药物调配的标准。1546 年德国的考斯德编写的药谱被官方作为纽伦堡市的药物标准使用，这就是公认的欧洲第一部药典《纽伦堡药典》。至 1666 年，《纽伦堡药典》被修订 5 次，它对很多国家的药典编纂起到重要作用。

（二）近代和现代的药事管理

中世纪晚期，欧洲许多国家已出现药学行业协会，其任务除了维护药店店主、药剂师的利益和调节他们之间的矛盾外，就是对药学技术人员进行教育。随着社会经济的发展，这些地方行业协会逐渐成为全国性组织，如 1617 年创立的伦敦药剂师协会，于 1841 年成为大英药学会，它们对药学事业的发展起到了重要的作用。各国政府为确保公众用药安全有效，通过药品管理立法，授权国家卫生行政部门设立强有力的药政机构，对药品质量进行监督管理。例如，美国的卫生与人类服务部下设食品药品管理局；英国的卫生社会保险部下设药政局；日本原厚生省下设药物局。

1865 年，美国药学会公布了一项标准的州制药法令，建议各州成立药学协会。1906 年颁布了《纯净食品和药品法》。1914 年制定了《联邦麻醉剂法令》。1938 年颁布了《联邦食品、药品和化妆品法案》，它是美国关于食品和药品的基本法，自 1938 年颁布以来，历经数次修改，成为世界同类法中较全面的一部法律。日本的药事管理法律法规起源于 19 世纪，第一个法规是 1847 年颁布的《医务工作条例》，规定了医师如何调配药品；第二个法规是 1884 年制定的《医药条例》；第三个是 1925 年颁布的《药剂师法》，它是从《医药条例》中分出来的，后来发展成为 1943 年的旧《药事法》。经过几十年的药学实践，2009 年 6 月 1 日起日本开始实施新《药事法》。

19 世纪，制药工业迅速发展，成为各国国民经济中一个重要的工业部门，药学成为一门独立学科的同时逐渐分化出药剂学、药物化学、药理学和药事管理学等分支学科。现代药学的发展使药学在社会中成为一个相对独立的系统，即药学事业。药事管理成为一门学科，并且对药学事业的发展起到越来越重要的作用。

二、我国药事管理发展历程

（一）中国古代的药事管理的发展情况（公元前 1027 年~1840 年）

周武王时代，即公元前 11 世纪，我国建立了最早的医药管理制度。据《周礼》记载，六官体制中，把巫祝划入春官之列，把医师归于天官管辖，其中医师是官名，为众医之长，其职权是"掌众医之政令，聚毒药以供医事"；同时记载了当时的医疗分工制度，把宫廷医生分为食医、疾医、疡医和兽医；另外还有病例和死亡报告制度、考核俸禄制度。

秦朝时期，设立了医药行政管理机构，设有太医令丞，掌管医药的政令；设有侍医，负责皇帝的医药。后汉时期，医药管理机构开始分设，药丞、方丞各一人，药丞主药，方丞主方。

隋唐时期，医药管理机构进一步扩大，分工也越来越细化。《隋书·百官志》记载设有尚药局、药藏局。而唐政府设有药藏局，局内有药库，由药丞、药监等专职的人员负责进行药品的收发和储存工作。

宋朝设置的药事管理机构有御药院和尚药局；其中前者掌管帝王用药，后者则为掌管药物的最高药政机构。1076 年在京师开封道，太医局创立"卖药所"，又称"熟药所"，出售丸、散、膏等成药。元政府除设有御药院、典药局等管理机构外，还设置面向民间的药事机构或药局。这些机构既制药，也售药，并且行使药事管理的职能。

明清时期，政府的药事机构进一步健全，从中央到地方各级政府都有各类人员管理药物。从明代开始，民间药铺逐渐发展，较有名的有北京西鹊年堂、武汉叶开泰药室、北京同仁堂等。

（二）我国近代及现代药事管理的发展情况（1840 年至今）

1840 年，鸦片战争爆发。期间，西方资本主义国家深入中国内地，设医院、售西药，西医西药开始输入我国。1905 年清政府对其机构进行变革，始建全国卫生行政机构。1912
年成立的中华民国南京临时政府，在内务部设卫生司，是主管全国卫生工作的行政部门，其
下有 4 个科，第四科主办药政管理工作。1928 年，南京国民政府公布的《全国卫生行政系
统大纲》中设卫生部，1931 年卫生部改为卫生署，但 1947 年又恢复卫生部建制。

　　在这期间，国民政府先后公布了一些药政法规，如 1929 年 1 月的《药师暂行条例》，
同年 8 月的《管理药商规则》，1944 年 9 月的《药师法》等。1929 年成立药典编纂委员会，
于 1930 年颁布《中华药典》。1907 年，中华药学会成立，1942 年正式更名为中国药学会。

　　1949 年以后，中央人民政府进一步确定了药事管理的管理体制，设立了卫生部，负责
管理药政、药检，药品生产、流通、使用、药物科研和药学教育。

　　1953 年 8 月颁布的《中华人民共和国药典》（Chinese Pharmacopoeia，Ch. P.，以下简称
《中国药典》），对我国药品名称的统一，制剂规格、剂量和药品质量的监督检查等都起到了
一定的规范促进作用。1957 年药典委员会改组，由卫生部选聘委员组成，改名为卫生部药
典委员会，颁布了《中国药典》（1963 年版）。1963 年，卫生部、化工部、商业部发布了
《关于药政管理的若干规定》，这是 1949 年以后颁布的第一个有关药政管理的综合性法规文
件。1965 年卫生部会同化工部制定了《药品新产品管理办法》，该办法第一次明确了新药的
定义和临床、生产审批的具体要求。

　　1966～1976 年，"文化大革命"期间，药学事业遭到了严重的破坏。

　　1976 年以后，我国药事管理工作得到恢复并走上健康发展的轨道。为了加强药品标准
的制定和药品质量的监督管理工作，1979 年恢复成立了药典委员会，1980 年颁布了《中国
药典》（1977 年版），并制定了部颁标准。1984 年，由全国人民代表大会常务委员会讨论通
过并颁布了《药品管理法》，1985 年 7 月 1 日起正式施行，标志着中国的药事管理工作进入
了法制管理的新阶段。1997 年，发布的《中共中央、国务院关于卫生改革与发展的决定》，
强调要依法加强药品的管理。1998 年 4 月 16 日，原国家药品监督管理局（State Drug Ad-
ministration，SDA）正式成立。1998～2000 年重新修订《药品管理法》，于 2001 年 12 月 1
日起开始实施。2003 年原 SDA 更名为国家食品药品监督管理局（SFDA）。2009 年 4 月发布
的《中共中央、国务院关于深化医药卫生体制改革的意见》和《医药卫生体制改革近期重
点实施方案（2009～2011 年)》，对如何规范药品生产流通及加强药品监管等工作作出总体
要求。

三、药事管理学学科发展历程

　　随着药学事业的发展，药事管理逐步成为一个体系。它分为药品质量监督管理、药品生
产流通管理、药品使用管理、药学教育等，包括了国家对药学事业的管理，对药学事业中各
部门管理和对药品的管理。对药学事业的管理经过长期实践经验的积累，并且通过教学、科
研活动，形成了初期的药事管理学。

　　美国的药事管理学学科形成较早，在 19 世纪就已经萌芽。20 世纪初，药事管理学被美
国列为药学教育的基本课程。20 世纪 30 年代，药事管理学传入中国。50 年代后，日本和欧
洲一些国家在药事管理学方面也有较大的发展。在此主要介绍美国和我国药事管理学学科的

发展历程。

（一）美国药事管理学学科发展历程

1910年，美国药学教育大纲中规定把商业药学作为基本课程。1916年，美国药学教员协会划分了物理与化学、药剂学与配制、植物学与生药学、生理学与药理学、微生物与免疫学、商业与法律药学6个分部。1928年将商业与法律药学分部更名为药学经济学分部，该名称的修改标志着药事管理学学科的开端。

20世纪30年代，混乱的药品生产流通领域使很多从事商业药学的学者开始认识到，只强调药品经济方面的因素对于药学的发展是有反面作用的。1938年颁布的《联邦食品、药品和化妆品法案》使药事法规的教育变得越来越重要。1948年，在美国药学院协会年会上第一次提出了"药事管理"一词。1950年，药学经济学分部再次更名为药事管理学科。这个时期的药事管理学的课程有药品市场、药房管理、药事法学等。

20世纪60年代，临床药学兴起，使药师的职责由面向药品变为面向患者。药学实践环境与药物治疗合理性之间关系的研究越来越受到重视，美国各药学院先后开设了社会学相关课程。到了90年代，社会学、心理学、市场学、管理学共同构成了药事管理学的基础。1993年，美国药学院协会药事管理学分会正式更名为"社会和管理药学"分会。

（二）我国药事管理学学科发展历程

我国的药事管理学始于20世纪30年代，当时有部分院校的药学院系开设了药物管理法及药学伦理、药房管理课程。

1949年以后，我国政府接管了全部医药教育机构，并对其进行了改造。1952年开始进行院系调整；1955年全国高等医学院系有南京药学院、沈阳药学院和北京药学院、上海第一医学院、四川医学院的3个药学系等；中等药科学校有重庆药剂士学校、江西南昌药剂士学校等。

1980年，卫生部药政管理局举办了全国药政干部进修班，正式开设了"药事管理"课程。尤其是在1984年颁布了《药品管理法》后，我国药事管理学学科建设受到政府有关部门、药学院系及药学界人士的广泛关注。1985年华西医科大学在药学各专业本科生中开设"药事管理学"必修课程。1987年原国家教委将"药事管理学"列入药学专业的主干课程。目前，已有百余所高校开设了"药事管理学"课程。另外，国内有几所大学已经在本科教育中将"药事管理"作为一门专业，旨在培养具有扎实的药学专业知识、法学相关知识及管理技能，能对医药社会问题进行分析、评估和研究，探索药学事业科学发展规律的复合型高级人才，如中国药科大学在国际医药商学院招收药事管理专业学生，学制四年，毕业授予理学学士学位；沈阳药科大学在工商管理学院招收药事管理专业学生，毕业授予管理学学士学位。药事管理学教育的不断深化，使药事管理学科也在快速发展。

为了规范药事管理学教材的内容，1988年全国高等医药院校药学专业教材评审委员会决定编写《药事管理学》规划教材。1993年，由吴蓬教授主编的《药事管理学》出版，2004年吴蓬教授主编的《药事管理学》（第3版）列入"普通高等教育'十五'国家级规划教材"。2006年，教育部确定将吴蓬、杨世民教授主编的《药事管理学》（第4版，人民卫生出版社)、孟锐教授主编的《药事管理学》(第1版、第2版,科学出版社)、刘红宁教授主编的《药事管理学》(高等教育出版社)教材列入"普通高等教育'十一五'国家级规划教材(本科)"。

为了深化对药事管理学的理解及培养高层次的药事管理人才,经国务院学位委员会药学评议组分组讨论同意,于1990年在药剂专业中招收药事管理研究方向的硕士研究生。1992年,华西医科大学药学院吴蓬教授在药剂学专业下招收了我国药事管理方向的第一个硕士研究生。2000年,黑龙江中医药大学药学院孟锐教授在药剂专业下招收该方向的硕士研究生,由此该校成为我国中医药类院校中第一个招收药事管理方向硕士研究生的学校,为培养熟悉中医药知识的药事管理人才作出了贡献。2000年,沈阳药科大学招收了我国药事管理方向的第一个博士研究生。

1985年,首开《药事管理学》必修课时,当时仅有四所院校的9名教师从事药事管理学学科的教学工作。1987年,原国家教委将药事管理学列为药学专业的主干课程后,各个高校相继开课,师资队伍也日益壮大起来。2005年7月25日,由教育部确定的首届"全国医药高等院校'药事管理学'骨干教师高级研修班"在黑龙江中医药大学举办,此次骨干教师高级研修班的成功举办对增强该学科教师的专业知识技能以及提高教师的业务素质起到了促进作用。

1986年7月,中国药学会第十七届常务理事会决定,成立我国药事管理分科学会(后改为专业委员会)。药事管理分科学会成立后,从1986年开始到2008年,共举办了11次学术交流与讲座,这些学术交流活动对药事管理学学科建设和发展起到了重要作用。

资料链接

中国医药产业在"十一五"期间的主要发展目标

2006年国家发展和改革委员会研究制定并颁布了《医药行业"十一五"发展指导意见》,旨在引导建立具有较强国际竞争能力的医药产业,推动部分领域进入世界领先行列,为向医药强国转变打下坚实基础。中国医药产业的主要发展目标有:

1. 在化学原料药领域 实现20个市场增长潜力较大、附加值较高的产品产业化。

2. 在化学药物制剂领域 争取有5个制剂产品取得美国或欧盟国家的上市资格。

3. 在中药产品领域 开发上市20到30个质量标准完善,药效机理清楚,安全、高效、稳定、可控的现代中药产品。

4. 在重大、急性传染性疾病和慢性严重疾病领域 争取有10到15个拥有中国自主知识产权的创新药物和新型疫苗实现产业化。

5. 在医疗器械产品领域 新增10到20种数字化、无创或微创的诊疗设备和医用材料进入产业化。

本章小结

通过对本章的学习，我们对药学、药学事业、药事管理和药事管理学等相关内容有了初步的了解。

本章第一节首先介绍了药学的概念、现代药学的发展及重要作用和药学的基础知识，对药学教育中的四大专业课程即药物化学、药物分析学、药理学、药剂学作了简要概述，旨在使我们认识到学习药事管理学的前提是要掌握一定的药学基础知识。随后，我们引入了药学事业的概念和任务，为进一步学习药事管理学的知识作了铺垫。另外，在第一节的最后介绍了药学技术人员，较全面地阐述了药师和执业药师的职责及执业药师考试、注册、继续教育等方面内容。在资料链接中，对我国执业药师队伍的发展目标进行了叙述。

第二节主要介绍了药事管理学的相关内容，分别对药事管理和药事管理学作出定义，并概述了药事管理学的研究内容。药事管理学具有专业性、政策性和综合性等特点。突出介绍药事管理学在医药卫生事业管理中的作用，即药事管理学是卫生事业管理的重要组成部分、药事管理学为卫生事业的发展提供了保障、药事管理学的发展促进了医药卫生事业的发展。在资料链接中，介绍了药事管理学的研究程序和方法，使大家进一步了解药事管理学的内容。

本章最后概括性地介绍了药事管理和药事管理学学科的发展历程，包括国外药事管理的发展历程、我国药事管理的发展历程，分别按照古代、近代、现代的顺序进行阐述。在药事管理学学科的发展历程中，我们主要介绍了美国和我国的药事管理学学科的发展，其中我国药事管理学学科的发展，分别从药事管理学课程的开设情况、教材建设情况、人才培养情况、师资建设和学术交流等方面作了介绍。

第二章

药品与药品监督管理

✏ **案例导入**

假"糖脂宁胶囊"事件

2009 年 1 月 17 日、19 日，新疆喀什地区莎车县两名女性糖尿病患者在服用了标识为广西某制药厂生产的"糖脂宁胶囊"（批号 081101）后，出现疑似低血糖并发症，相继死亡。国家食品药品监督管理局（SFDA）接到报告后，立即责成新疆维吾尔自治区食品药品监督管理局与广西壮族自治区食品药品监督管理局紧密配合，控制问题药品，配合警方做好协查工作。

根据新疆维吾尔自治区药品检验所检验报告，标识为广西某制药厂生产的"糖脂宁胶囊"（批号 081101），非法添加了格列苯脲和格列吡嗪，其中每粒含有格列苯脲最高达 12.3mg。格列苯脲降糖作用比较强，如果严重超量使用，有可能造成休克，甚至死亡。该事件涉及的药品违法添加了化学物质，且使用量超过正常剂量的 6 倍。

1 月 24 日，新疆维吾尔自治区食品药品监督管理局向广西壮族自治区食品药品监督管理局发出核查函。广西壮族自治区食品药品监督管理局立即派人赶往该药厂，抽检该药厂 2008 年生产所有批次的"糖脂宁胶囊"。经过核查，认定该药厂是依法批准的药品生产企业，现场核查没有发现生产批号为 081101 的"糖脂宁胶囊"。该药厂 2008 年共生产 8 个批次的"糖脂宁胶囊"，经检测，均未检出格列苯脲和格列吡嗪。

后经调查，导致两名患者死亡的药品为非法生产的假药，假药是非法制造者通过"义诊"方式的销售渠道流入到消费者手中的。

新疆维吾尔自治区食品药品监督管理局随后在新疆全区范围内查扣该药，并及时下发用药警示，要求各地迅速在当地新闻媒体上滚动播出，警示患者立即停止购服此问题药品，同时全方位开展"糖脂宁胶囊"查控工作。

1 月 30 日，卫生部发出紧急通知，要求立即停用批号为 081101 的"糖脂宁胶囊"，一经发现与该批药品有关的不良事件，要全力做好医疗救治工作，确保患者生命安全。

尽管这起事件是因假冒正规厂家生产"糖脂宁胶囊"而导致的糖尿病患者死亡事

件，但对于药品生产经营企业以及药品监督管理部门都有着十分现实的警示意义，即药品质量安全丝毫马虎不得。

（资料来源：新华网 http：//www.xinhuanet.com/）

思考
1. 药品在什么情形下被判定为假药？
2. 药品质量安全监管对人们日常生活有何重要意义？
3. 药品监督管理组织在药品质量安全监管中各有什么职能？

从这个案例中，我们可以看到，由于药品本身的特殊性，药品质量安全的监督管理就显得格外的重要。那么究竟什么是药品？药品的特殊性体现在哪些方面？对于药品质量安全的监督管理，国家相关部门又有怎样的职能？通过本章的学习，大家可以了解和掌握药品的相关知识、药品监督管理组织体系以及药品监督管理等主要内容。

第一节 药品

药品是药事管理的基本要素，而且它是人类生活中不可缺少的消费品，是用于预防、治疗和诊断疾病，调节人体功能的特殊商品，与人类生存、繁衍关系密切。医药产品和药学服务直接关系到公众的生命与健康。我国是药品的生产和消费大国，因此需要在药品的研制、生产、流通、使用等各个环节进行严格监督和控制，以保证其质量，从而保证公众用药的安全、有效、经济、合理，维护公众身体健康和用药的合法权益。

一、药品的定义与分类

（一）药品的定义

《药品管理法》第一百零二条将药品定义为：药品（drugs），是指用于预防、治疗、诊断人的疾病，有目的地调节人的生理机能并规定有适应证或者功能主治、用法和用量的物质，包括中药材、中药饮片、中成药、化学原料药及其制剂、抗生素、生化药品、放射性药品、血清、疫苗、血液制品和诊断药品等。

资料链接

各国药事法规中对药品的定义

1. 美国的《联邦食品、药品和化妆品法案》中对药品的定义 该法第二章中有如下用语定义，药品是指：①在《美国药典》、《美国顺序疗法药典》或《国家处方集》或者以上法典的增补本所收载的物品；②用于人或者其他动物疾病的诊断、治愈、缓解、治疗或预防的物品；③可影响人或其他动物的躯体的结构或任何功能的物品（食品除外）；④作为①②或③所述的任何物品的成分。

2. 日本《药事法》中对药品的定义　该法所谓的药品，是指下列物品：①日本药局方收载的物品；②是以诊断、治疗或预防人或动物疾病为目的的物品，不是器具器械（包括牙科材料、医疗用品和卫生用品）（准药品除外）；③是以影响人或动物身体构造或功能为目的的物品，不是器具器械（准药品和化妆品除外）。

3. 英国《药品法》中对药品的定义　该法对药品的定义是：主要或全部以医学目的应用于人体或动物的任何物质或物品。医学目的为以下几点的任何一种：①治疗或预防疾病；②诊断疾病或确定某种生理状况的存在、程度、范围；③避孕；④诱导麻醉；⑤其他预防或干预某种生理功能的正常运作。

（二）药品的分类

药品有多种分类方法，按照药品的物质性质进行划分，可将其分为中药与天然药物、化学药品、生物制品三大类；根据药品的给药途径不同，又可将其分为口服药、外用药、注射用药等；临床上则按照药品的临床药理作用不同将药品分为中枢神经系统药物、植物神经系统药物等。

然而，从药品管理意义上来讲，可以从以下不同角度对药品进行分类。从药学的历史发展角度分类，将药品分为现代药和传统药；从国家对药品注册管理的角度分类，将药品分为新药、仿制药、进口药品和医疗机构制剂；从国家对药品质量进行监督管理的角度分类，将药品分为合格药品、假药和劣药；从药品的安全性及其易引起滥用而造成危害的角度，将以下的几类药品设定成为特殊管理的药品，即麻醉药品、精神药品、医疗用毒性药品和放射性药品等；从药品使用途径与安全管理角度分类，将药品分为处方药和非处方药；从药品的社会价值和社会功能角度分类，将药品分为国家基本药物和国家储备药品。

二、药品的特性

众所周知，药品不仅可以治病，而且还可以致病，使用得当合理，可以取得良好的治疗效果，如果不合理地使用药品，不仅不能达到防病治病的目的，轻则延误治疗，重则加重病情，甚至危及生命。所以，药品的特性对合理用药起着至关重要的作用。根据药品的特征，将药品的特性分为质量特性和商品特性两个方面。

（一）质量特性

1. 安全性　药品的安全性是指按规定的适应证、用法用量使用药品后，人体产生不良反应的程度。大多数药品均有不同程度的毒副作用，只有在它的效用及效益大于风险时，才可以使用。

2. 有效性　药品的有效性是指在规定的适应证、用法用量的条件下，能满足预防、治疗、诊断人的疾病，有目的地调节人的生理功能的要求。有效性是药品的基本特性，如果在按照规定的适应证或功能主治和用法用量下使用，对防治疾病没有效果，则不能称之为药品，更不能作为药品来使用。

3. 高质量性　药品必须达到国家法定的质量标准，否则即为不合格药品，不能保证其疗效。若患者使用了不合格药品，可能出现异常生理现象、毒副作用，甚至危及生命。因此，从药品质量方面讲，药品只有合格药品与不合格药品的区分，而没有其他等级的划分。

4. 均一性　药品的均一性是指原料药品及药物制剂的每一单位产品，都必须符合安全性、有效性的规定要求。原料药品的单位产品，如一箱药、一袋药、一桶药等。药物制剂的单位产品，如一片药、一支注射剂、一包颗粒剂等。由于人们用药剂量一般与药品的单位产品有密切关系，若有效成分含量不均一，则可能出现用药无效或用量过大而中毒，甚至死亡。

5. 时效性　药品的时效性具有两重含义，一是指药品有效期，药品有效期是指药品在一定的储存条件下，能够保持质量不变的期限。药品有一定的使用期限，在规定的时间内，质量是可以保证的，一旦超过有效期，即为不合格药品，不可继续使用，必须销毁。二是指药品一旦有需求，必须保证及时供应，因此药品生产以及流通部门平时就应有适当的储备，保证公众防病治病时的用药需求。

（二）商品特性

1. 生命相关性　药品是一种特殊的商品，与其他商品比较，其不同之处是，它与公众的生命健康息息相关，并且每种药品具有各不相同的适应证、用法用量及禁忌，如不合理用药会影响公众的健康，甚至危及生命。因此，生命相关性是药品的基本特性。

2. 经济性　经济性是指药品在生产、流通过程中形成的价格水平。药品具有价值与使用价值，在其生产、流通过程中的价格也受价值规律的影响。若价格过高，超过了一般公众的消费能力，就会限制其在市场上的流通和使用。因此，药品的经济性对药品实现其价值、患者用药以及企业的生存发展都有较大影响。

3. 高度专业性　药品不仅仅是一种消费品，在销售、使用时，必须通过医师、药师指导才能达到使用目的，消费者往往处于一种被动消费的状态，这和其他商品有很大的区别，如处方药必须根据病情，按照处方的说明，合理选择、使用药品。不仅如此，药品的研制与生产过程更需要多学科专家合作才能进行，为此制药工业也被称为高科技产业，药品也被称为指导性商品。

三、药品标准

（一）药品标准的概念

药品标准，是指国家对药品的质量规格及检验方法所作的技术规定，是药品的生产、流通、使用及检验、监督管理部门共同遵循的法定依据。

《药品管理法》第十条、第十二条和第三十二条规定，"药品必须符合国家药品标准"，"药品必须按照国家药品标准进行生产"，"中药饮片必须按照国家药品标准炮制"，"不符合国家药品标准或者不按照药品监督管理部门制定的中药饮片炮制规范炮制的，不得出厂"。依据上述法律规定，如果药品不符合国家药品标准，生产经营者或医疗机构就应当承担行政法律责任和民事法律责任，甚至刑事法律责任。

药品标准的内容一般包括：①名称、成分或处方的组成；②含量及其检查、检验的方法；③制剂的辅料；④允许的杂质及其限量、限度；⑤技术要求以及作用、用途、用法、用量；⑥注意事项；⑦贮藏方法；⑧包装等。

由于药品的特殊性，许多药品标准除了质量规格和检验方法以外，还包括药品生产工艺和饮片炮制规范等内容。

（二）国家药品标准及体系

1. 国家药品标准 国家药品标准是指国家为保证药品质量所制定的质量指标、检验方法以及生产工艺等技术要求，包括药典标准、局颁标准和注册标准。国家药品标准是法定的、强制性标准。制定药品标准必须坚持质量第一，充分体现"安全有效，技术先进，经济合理"的原则，其检验方法应根据"准确、灵敏、简便、快速"的原则，既要考虑实际条件，又要反映新技术的应用和发展，标准中各种限度的规定应密切结合实际，要能保证药品在研制、生产、流通、使用过程中的质量。

2. 国家药品标准体系 我国国家药品标准体系由三种形式的国家药品标准构成：药典标准、局颁标准和注册标准。

（1）**药典标准**：《中华人民共和国药典》（Chinese Pharmacopoeia, Ch. P.，以下简称《中国药典》）是由国家药典委员会编写，具有国家法律约束力的，记载我国药品的标准、规格的法典，是药品的研制、生产、流通、使用以及监督管理部门检验药品的共同依据。迄今为止，《中国药典》共出版了8部，分别是1953年版、1963年版、1977年版、1985年版，1990年版，1995年版，2000年版，2005年版。从1980年起，每5年修订颁布新版药典，现行版为2005年版。另外从1985年开始，《中国药典》同时发行英文版本。

药典标准主要收载医疗必需、临床常用、疗效肯定、质量稳定、副作用小、优先推广使用的药品，而且质量控制标准比较成熟，能够反映我国医药科学技术水平。

（2）**局颁标准**：未列入《中国药典》的其他标准，由国家药品监督管理部门另行成册颁布，称为局颁标准。药品局颁标准的收载范围是：①国家药品监督管理部门批准的新药；②疗效肯定，但质量标准仍需进一步改进的药品；③上版药典收载，而新版药典未收入，疗效肯定，国内仍然生产使用，需要统一标准的品种；④原来地方标准收载，医疗常用，疗效较好，但生产地较多，需要统一标准的品种。

（3）**注册标准**：药品注册标准是指国家药品监督管理部门批准给特定申请人的药品标准，对于申请人及接受申请人技术转让生产该药品的药品生产企业是法定的、强制性标准。药品注册标准的项目及其检验方法的设定，应当符合SFDA发布的技术指导原则及国家药品标准编写原则与细则的有关要求。申请人应当在原料的质量和生产工艺稳定的前提下，选取有代表性的样品进行标准的研究工作。

药品质量标准的制定，必须依据药品的生产工艺和生产条件，具有针对性。不同企业的生产工艺和生产条件不同，药品质量标准也会不同，所以同一种药品国家批准给不同申请人的注册标准可以是不同的。再加上新药的质量标准不够成熟，同一种药品使用不同的注册标准具有其合理性。注册标准的这一特点，决定了不能以这个企业的注册标准去监督检验另一个企业生产的同种药品，而只能依据该企业的注册标准来监督检验该企业生产的该种药品。

（三）其他药品标准

1. 省级药品监督管理部门制定、修订的中药炮制规范 目前我国还不具备普遍核发中药材和中药饮片批准文号的条件，必须针对每个中药材品种的具体情况，分阶段分品种逐步实施，对于条件成熟的中药材和中药饮片品种，由国家药品监督管理部门会同国家中医药管理部门确定公布实施批准文号管理的品种目录，同时公布其国家药品标准。对国家药品标准中没有规定的品种，由省级药品监督管理部门制定、修订炮制规范。省级药品监督管理部门制定、修订的炮制规范报国家药品监督管理部门备案，以便国家药品监督管理部门全面掌握全国中药饮片炮制规范管理情况。

2. 省级药品监督管理部门审核批准的医疗机构制剂标准 我国医疗机构制剂的质量标准尚未实现国家统一管理。依据《医疗机构制剂注册管理办法（试行）》的规定，目前医疗机构制剂的质量标准由省级药品监督管理部门审核批准。在具体申请程序上，医疗机构可以直接向省级药品监督管理部门提出申请，也可以向省级药品监督管理部门委托的设区的市级药品监督管理部门提出申请。向市级药品监督管理部门提出申请的，市级药品监督管理部门根据省级药品监督管理部门的委托进行形式审查和现场考察以及质量标准复核，最后由省级药品监督管理部门批准生效。所以，医疗机构制剂质量标准的审核批准机关是省级药品监督管理部门。

（四）**药品试行标准及试行标准的转正**

新药经批准生产后，其药品标准为试行标准，试行期为 2 年。其他药品经批准后，需要进一步考察生产工艺及产品质量稳定性的，其药品标准也可批准为试行标准。试行期满，原试行标准即失去法律效力。因此，试行期满之前，按照试行标准生产药品的企业，必须及时提出试行标准转为正式标准的申请。

实践中，把对试行标准进行审查决定是否转为正式标准的过程称为试行标准的转正。试行标准转正按以下程序办理：

（1）生产试行标准的药品，药品生产企业应当在试行期届满前 3 个月，向所在地省级药品监督管理部门提出转正申请，填写《药品补充申请表》，报送该药品在标准试行期内的质量考核资料及对试行标准的修订意见。

（2）省级药品监督管理部门应当在收到药品试行标准转正申请后 10 日内完成审查，将审查意见和有关资料报送 SFDA。

（3）SFDA 组织国家药典委员会对药品试行标准进行全面审评。国家药典委员会应当根据该药品标准在试行期间的执行情况、国内外相关产品的标准和国家有关要求，对该药品标准是否需要进行复核提出意见。需要进行标准复核的，组织有关的药品检验所进行药品试行标准复核和检验工作。

（4）申请人在收到标准复核和检验的通知后，需要补充试验或者完善资料的，应当在 50 日内完成对有关试验或者资料的补充和完善，并报送所在地省级药品监督管理部门。

（5）SFDA 对国家药典委员会报送的资料进行审核，以《国家药品标准颁布件》的形式批准药品试行标准转正。试行标准期满未按照规定提出转正申请或者该试行标准不符合转正要求的，由 SFDA 撤销该试行标准和依据该试行标准生产药品的批准文号。

如果有多个药品生产企业生产的同一品种的试行标准需要转正，其转正时的检验及复核，由中国药品生物制品检定所或者 SFDA 指定的药品检验所进行；不同申请人申报的同一品种的试行标准转正，不得低于已批准的药品标准，并应结合自身工艺特点增订必要的有关物质检查等项目；标准试行截止期不同的同一品种，以先到期的开始办理转正。标准试行期未满的品种，由国家药典委员会通知申请人提前向省级药品监督管理部门办理转正申请。如果申请人未在规定的期限内提出转正申请，标准试行期届满就意味着试行标准法律效力的终止。但如果申请人按期提出试行标准的转正申请，则试行标准的法律效力延续到试行标准转正申请程序结束，在此期间药品生产企业可以继续按照试行标准生产该药品。

> **资料链接**

《美国药典/国家处方集》简介

《美国药典/国家处方集》（U. S. Pharmacopoeia /National Formulary，以下简称 USP/NF）由美国政府所属的美国药典委员会编辑出版。USP 于 1820 年颁布第一版，1950 年以后每 5 年颁布一次修订版，到 2005 年已颁布至第 29 版。NF 于 1883 年出版第一版，自 1980 年第 15 版起并入 USP，但仍分两部分，前面为 USP，后面为 NF。

USP/NF 正文药品名录分别按法定药品名称字母顺序排列，各药品条目大多数列有药品名称、结构式、分子式、美国化学文摘社登记号、成分和含量说明、包装和贮藏规格、鉴定方法、干燥失重、炽灼残渣、检测方法等常规项目；正文之后还有对各种药品进行测试的方法和要求的通用章节及对各种药品的一般要求的通则。

对于在美国制造、销售的药物和相关产品而言，USP/NF 是唯一由美国食品药品管理局（FDA）强制执行的法定标准。此外，对于制药和质量控制所必需的规范，如测试、程序和合格标准，USP/NF 还可以作为明确的逐步操作指导。

第二节　药品监督管理组织体系

药品监督管理组织体系属于国家药事管理组织体系范畴，主要由药品行政监督管理组织体系和技术监督管理组织体系两部分组成。其主要职能是依据法律法规的授权，按照法定的程序和标准，对药品、药事组织和相应从业人员进行必要的监督管理。其中，对药品质量的监督管理是药品监督管理组织体系的核心职能。药品质量监督管理要把质量第一、科学化和法治化高度统一，要以专业性监督管理和社会公众性监督管理相结合为原则，以法律手段和行政手段行使国家监督管理权为体现。

一、药品行政监督管理组织体系

药品行政监督管理组织体系主要是指国家和省级政府设置的药品监督管理部门以及地

市、县级的药品监督管理部门。1998 年 4 月以前，我国药品监督管理的职能主要由县级以上卫生行政部门行使。1998 年，为了加强药品的统一管理，国务院组建了原 SDA，作为其直属机构。同时将原属卫生部行使的药政、药检职能，原国家医药管理局行使的药品生产、流通监督管理职能，国家中医药管理局行使的中药生产、流通监督管理职能划归原 SDA 行使。

2003 年 3 月，第十届全国人大一次会议通过了《国务院机构改革方案》，根据该改革方案，国务院决定在原 SDA 的基础上组建国家食品药品监督管理局（State Food and Drug Administration，SFDA），并对其职责进行了相应的调整，在继续承担原有职能的基础上，增加了对食品、保健品、化妆品安全管理的综合监督、组织协调和依法组织开展对重大事故查处的职能，并行使对保健品的审批职能，并于 2003 年 4 月 16 日正式挂牌。

2008 年 3 月，依据《国务院关于部委管理的国家局设置的通知》，设立 SFDA（副部级），为卫生部管理的国家局。2008 年 7 月根据《国家食品药品监督管理局主要职责内设机构和人员编制规定》的通知，SFDA 的职责进行了调整：①取消已由国务院公布取消的行政审批事项；②将药品、医疗器械等技术审评工作交给事业单位；③将综合协调食品安全、组织查处食品安全重大事故的职责划给卫生部；④将卫生部食品卫生许可，餐饮业、食堂等消费环节、食品安全监管和保健食品、化妆品卫生监督管理的职责，划入 SFDA。

目前，我国药品行政监督管理机构可分为国家级、省（自治区、直辖市）级、市（地）级和县（市）级。

（一）国家药品行政监督管理组织体系

1. 机构设置　根据 SFDA 的职责，SFDA 内设办公室（规划财务司）、政策法规司、食品许可司、食品安全监管司、药品注册司（中药民族药监管司）、医疗器械监管司、药品安全监管司、稽查局、人事司、国际合作司（港澳台办公室）、直属机关党委、离退休干部局等机构。主要内设机构见图 2-1。

2. 主要职责　SFDA 负责对药品（中药材、中药饮片、中成药、化学原料药及其制剂、抗生素、生化药品、放射性药品、血清、疫苗、血液制品和诊断药品等）、医疗器械、卫生材料、医药包装材料等的研制、生产、流通、使用进行行政监督和技术监督；负责食品卫生许可，餐饮业、食堂等消费环节食品安全监管和保健食品、化妆品卫生监督管理的职责；负责保健食品的审批。SFDA 的主要职能有：

（1）制定药品、医疗器械、化妆品和消费环节食品安全监督管理的政策、规划并监督实施，参与起草相关法律、法规和部门规章草案。

（2）负责消费环节食品卫生许可和食品安全监督管理。

（3）制定消费环节食品安全管理规范并监督实施，开展消费环节食品安全状况调查和监测工作，发布与消费环节食品安全监管有关的信息。

（4）负责化妆品卫生许可、卫生监督管理和有关化妆品的审批工作。

（5）负责药品、医疗器械行政监督和技术监督，负责制定药品和医疗器械研制、生产、流通、使用方面的质量管理规范并监督实施。

（6）负责药品、医疗器械注册和监督管理，拟订国家药品、医疗器械标准并监督实施，组织开展药品不良反应和医疗器械不良事件监测，负责药品、医疗器械再评价和淘汰，参与制定《国家基本药物目录》，配合有关部门实施国家基本药物制度，组织实施处方药和非处方药分类管理制度。

（7）负责制定中药、民族药监督管理规范并组织实施，拟订中药、民族药质量标准，组织制定中药材生产质量管理规范、中药饮片炮制规范并监督实施，组织实施中药品种保护制度。

（8）监督管理药品、医疗器械质量安全，监督管理麻醉药品、精神药品、医疗用毒性药品及放射性药品，发布药品、医疗器械质量安全信息。

（9）组织查处消费环节食品安全和药品、医疗器械、化妆品等的研制、生产、流通、使用方面的违法行为。

（10）指导地方食品、药品有关方面的监督管理、应急、稽查和信息化建设工作。

（11）拟订并完善执业药师资格准入制度，指导监督执业药师注册工作。

（12）开展与食品药品监督管理有关的国际交流与合作。

（13）承办国务院及卫生部交办的其他事项。

（二）省级及省级以下药品行政监督管理组织体系

2008年，国家对省级及省级以下食品药品监督管理体制进行调整，将食品药品监督管理机构省级以下垂直管理改为由地方政府分级管理，业务接受上级主管部门和同级卫生部门的组织指导和监督。对省、市、县三级食品药品监督管理机构与同级卫生部门职能进行整合，以切实加强食品药品安全监管，落实地方各级政府食品药品安全综合监督责任。省级食品药品监督管理机构作为省级政府的工作机构，由同级卫生部门管理。市、县食品药品监督管理机构作为同级政府的工作机构，在调整有关职能的基础上，保持队伍和人员相对稳定，保证其相对独立地依法履行职责，保证其对消费环节食品安全和药品的研制、生产、流通、使用全过程的有效监管。其行政编制分别纳入市、县行政编制总额，审批权限由省一级行使调整为市、县两级机构编制部门分别行使。市、县食品药品监督管理机构所属技术机构的人员编制、领导职数，由市、县两级机构编制部门管理。

省级及省级以下药品监督管理部门的主要职能有：对本行政区域内药品的研制、生产、流通、使用等环节行使行政监督和技术监督以及综合监督、组织协调等工作，集中体现了其对药品等的质量监督管理职能。药品质量监督管理是省级及省级以下药品监督管理部门工作的核心内容。

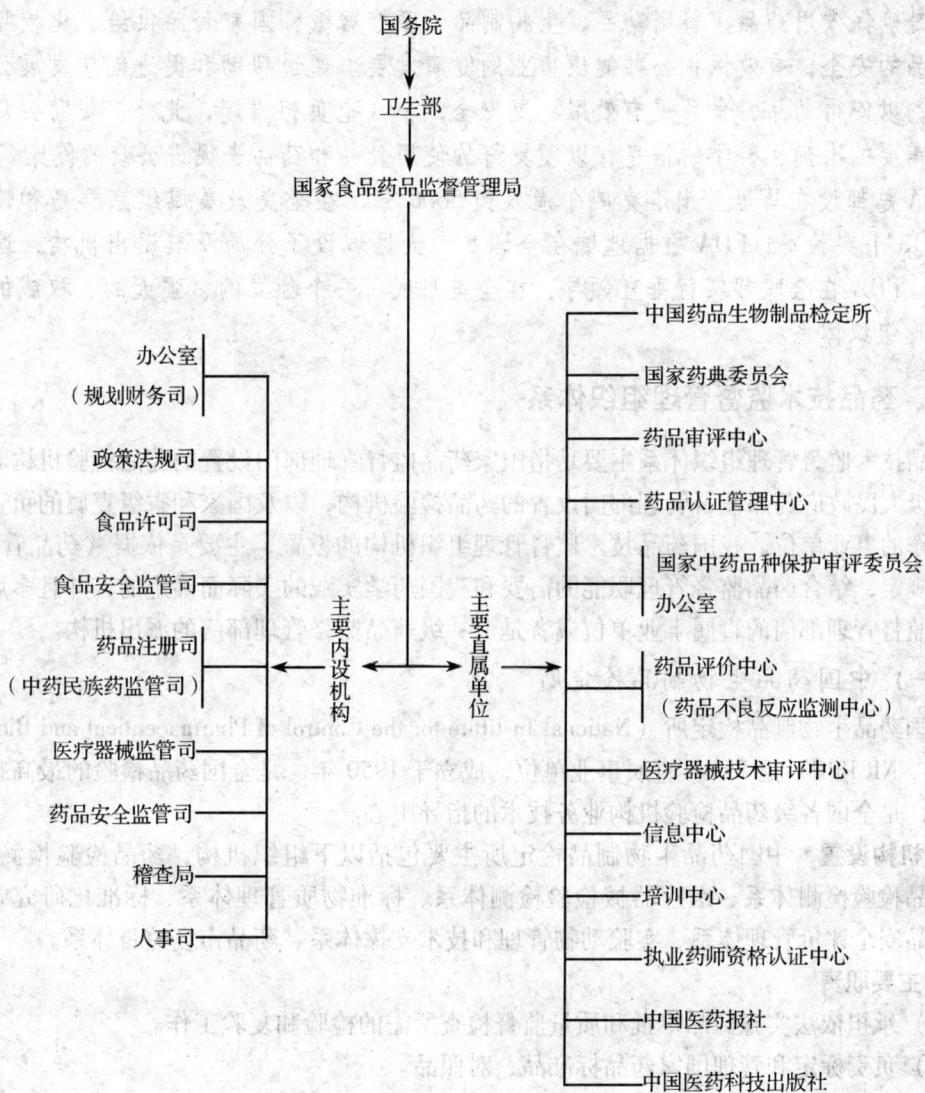

图 2-1　SFDA 机构设置示意图

资料链接

美国食品药品管理局

　　美国食品药品管理局（U. S. Food and Drug Administration，FDA）是联邦政府的第一个消费者保护机构，隶属于联邦卫生与人类健康服务部（U. S. Department of Health & Human Services，HHS），是世界上第一个尝试对食品和药品进行广泛监督管理的机构，是美国《联邦食品、药品和化妆品法案》等重要药政管理法规的执法机构。FDA 的主要职责是确保人用药品、兽用药品、生物制品、医疗器械、国家食品供给、化妆品和放射性制品的安全，有效保护公共健康事业的健康发展。通过帮助和促进创新发展公共健康事业，以使得药品、食品更有效用、更安全，公众也负担得起，此外，帮助公众获得他们所需要的准确、科学的信息，以便更好的使用食品和药品来促进公众的健康。

FDA总部设在马里兰州洛克威尔渔人街5600号，在全美及美属维京群岛和波多黎各拥有13个实验室，FDA根据地域在全国5个大区域设了分局及其派出机构，遍布全美各州。FDA在全联邦实行垂直领导，在全美形成了一个独立的、强大的、权威的药品监督管理组织体系。

二、药品技术监督管理组织体系

药品技术监督管理组织体系主要是指国家药品监督管理部门设置的药品检验机构和省级及地市级人民政府药品监督管理部门设置的药品检验机构，以及国家和省级直属的负责技术业务工作的事业单位。我国药品技术监督管理组织机构的设置，主要是依据《药品管理法》的有关规定，结合药品监督管理职能的需要和我国药学实践的实际而确定的，并且多属于同级药品监督管理部门的直属事业单位或者是上一级药品监督管理部门的派出机构。

（一）中国药品生物制品检定所

中国药品生物制品检定所（National Institute for the Control of Pharmaceutical and Biological Products，NICPBP）是SFDA直属事业单位，成立于1950年，是全国药品检验的最高技术仲裁机构，是全国各级药品检验机构业务技术的指导中心。

1. 机构设置　中国药品生物制品检定所主要包括以下组织机构：药品检验检测体系、生物制品检验检测体系、医疗器械检验检测体系、标准物质管理体系、标准化研究管理体系、药品安全评价管理体系、实验动物管理和技术支撑体系、药品市场监督体系。

2. 主要职责

（1）承担依法实施药品审批和质量监督检查所需的检验和复验工作。

（2）负责标定和管理国家药品标准品、对照品。

（3）负责组织药品、医疗器械的质量抽查检验工作并提供质量公告的技术数据。综合上报药品质量信息和技术分析报告。

（4）受SFDA委托，对省级药品检验所及口岸药品检验所进行实验室技术考核及业务指导；对药品生产企业、药品经营企业和医疗机构中的药品检验机构或人员进行业务指导。

（5）受SFDA委托，承担生物制品批签发的具体业务工作。

（6）对有关直接接触药品的包装材料和容器、药用辅料的药用要求与标准进行实验室复核并提出复核意见。

（7）承担司法机构委托的对涉嫌"足以危害人体健康"的假药进行药品含量和杂质成分等的技术鉴定。

（8）承担药品、生物制品、医疗器械注册检验；协助SFDA参与药品、医疗器械行政监督。

（9）受 SFDA 委托，承担有关药品、医疗器械、保健食品广告的技术监督。

（10）对有关药品、生物制品注册标准进行实验室复核并提出复核意见。

（11）受 SFDA 委托，承担药学研究、工程类高级技术职称的评审；受 SFDA 委托，承担 SFDA 科技管理办公室的工作。

（12）承担国家委托的检定、生产用菌毒种、细胞株和医用标准菌株的收集、鉴定、保存、管理和分发。

（13）承担国家啮齿类实验动物保种、育种、供种和实验动物质量检测工作。

（14）承担国家药物安全评价工作。

（15）承办 SFDA 和相关部门交办的其他事项。

（二）国家药典委员会

国家药典委员会（Chinese Pharmacopoeia Commission）成立于 1950 年，负责组织编纂《中国药典》及制定、修订国家药品标准，是国家药品标准工作法定的专业管理机构。1998年国务院组建原 SDA，同年 9 月将卫生部药典委员会划归于原 SDA，并更名为国家药典委员会，现属于 SFDA 直属事业单位。

1. 机构设置　国家药典委员会的常设办事机构实行秘书长负责制，内设办公室、人事处、业务综合处、药品信息处、中药处、化学药品处、生物制品处等处室，以及卫标发展中心、《中国药品标准》杂志社等分支机构。

2. 主要职责

（1）编制《中国药典》及其增补本。

（2）组织制定和修订国家药品标准以及直接接触药品的包装材料和容器、药用辅料的药用要求与标准。

（3）负责药品试行标准转为正式标准的技术审核工作。

（4）负责国家药品标准及其相关内容的培训与技术咨询。

（5）负责药品标准信息化建设，参与药品标准的国际交流与合作。

（6）负责《中国药品标准》等刊物的编辑、出版和发行；负责国家药品标准及其配套丛书的编纂及发行。

（7）承办 SFDA 交办的其他事项等。

（三）国家食品药品监督管理局药品审评中心

国家食品药品监督管理局药品审评中心（Center for Drug Evaluation，SFDA）是 SFDA 的直属事业单位，为其药品注册技术审评机构，并为药品注册提供技术支持。

1. 机构设置　国家食品药品监督管理局药品审评中心内设九部，分别是审评管理与协调部、审评一部、审评二部、审评三部、审评四部、审评五部、人力资源部、信息部和财务部。

2. 主要职责

（1）为药品注册提供技术支持。

（2）负责组织对药品注册申请进行技术审评。

（3）承办 SFDA 交办的其他事项。

（四）国家食品药品监督管理局药品认证管理中心

国家食品药品监督管理局药品认证管理中心（SFDA Certificate Committee for Drugs, CCD）为 SFDA 直属事业单位，是专门从事药品认证管理的机构。

1. 机构设置 国家食品药品监督管理局药品认证管理中心内设办公室、检查一处、检查二处、检查三处、信息管理处等部门。

2. 主要职责

（1）参与制定、修订《中药材生产质量管理规范（试行）》（中药材 GAP）、《药物非临床研究质量管理规范》（GLP）、《药物临床试验质量管理规范》（GCP）、《药品生产质量管理规范》（GMP）、《药品经营质量管理规范》（GSP）和《医疗器械生产质量管理规范》（医疗器械 GMP）及其相应的实施办法。

（2）对依法向 SFDA 申请 GMP 认证的药品、医疗器械生产企业、中药材 GAP 认证的企业（单位）和 GCP 认定的医疗机构实施现场检查等相关工作。受 SFDA 委托，对药品研究机构组织实施 GLP 现场检查等相关工作。

（3）受 SFDA 委托，对有关取得认证证书的单位实施跟踪检查和监督抽查；负责对省（自治区、直辖市）食品药品监督管理局药品认证机构的技术指导；协助 SFDA 依法开展医疗器械 GMP 的监督抽查等相关工作。

（4）负责药品 GMP 认证检查员库及其检查员的日常管理工作，承担对药品、医疗器械认证检查员的培训、考核和聘任的具体工作，组织有关企业（单位）的技术及管理人员开展 GLP、GCP、GMP、中药材 GAP、GSP 等规范的培训工作。

（5）承担进口药品 GMP 认证及国际药品认证互认的具体工作，开展药品认证的国内、国际学术交流活动。

（6）承办 SFDA 交办的其他事项等。

（五）国家中药品种保护审评委员会办公室

国家中药品种保护审评委员会办公室为 SFDA 直属事业单位，是国家中药品种保护审评委员会的常设办事机构，加挂国家食品药品监督管理局保健食品审评中心牌子，是专门负责中药品种保护、保健食品技术审评以及相关工作的机构。

1. 机构设置 国家中药品种保护审评委员会设置七个内设机构，分别为综合处、信息处、中药保护一处、中药保护二处、保健食品一处、保健食品二处和保健食品三处。

2. 主要职责

（1）负责国家中药品种保护审评委员会的日常工作。

（2）负责组织国家中药保护品种的技术审查和审评工作。

（3）配合 SFDA 制定或修订中药品种保护的技术审评标准、要求、工作程序以及监督管理中药保护品种。

（4）负责组织保健食品的技术审查和审评工作。

（5）配合 SFDA 制定或修订保健食品技术审评标准、要求及工作程序。

（6）协助 SFDA 制定保健食品检验机构工作规范并进行检查。

（7）承办 SFDA 交办的其他事项等。

（六）国家食品药品监督管理局药品评价中心

国家食品药品监督管理局药品评价中心（Center for Drug Revaluation，SFDA）为 SFDA 直属事业单位，是专门承担基本药物、非处方药的筛选及药品再评价工作的机构。2006 年中央机构编制委员会办公室批复国家食品药品监督管理局药品评价中心加挂"国家药品不良反应监测中心"（National Center for ADR Monitoring，China）牌子，对其实行一套机构、两块牌子管理，在开展国内外药品、医疗器械不良反应（事件）监测工作时，均以"国家药品不良反应监测中心"的名义实施。

1. 机构设置　国家食品药品监督管理局药品评价中心设置五个内设机构，分别为办公室、基本药物处、药品临床评价处、药品不良反应监测处、医疗器械监测与评价处。

2. 主要职责

（1）承担国家基本药物目录制定、调整的技术工作及其相关业务的组织工作。

（2）承担非处方药目录制定、调整的技术工作及其相关业务的组织工作。

（3）承担药品再评价和淘汰药品的技术工作及其相关业务的组织工作。

（4）承担全国药品不良反应监测的技术工作及其相关业务的组织工作，对省（自治区、直辖市）药品不良反应监测中心进行技术指导。

（5）承担全国医疗器械上市后不良事件监测和再评价的技术工作及其相关业务组织工作，对省（自治区、直辖市）医疗器械不良事件监测机构进行技术指导。

（6）承办 SFDA 交办的其他事项等。

（七）国家食品药品监督管理局培训中心

国家食品药品监督管理局培训中心（Training Center，SFDA）为 SFDA 直属事业单位，是 SFDA 唯一的培训教育基地，是一个面向食品药品监管系统，面向全国食品药品行业，以系统培训和行业的继续教育为主，具有教育、科研、咨询诸功能的教育培训实体。

1. 机构设置　国家食品药品监督管理局培训中心设置八个职能部门，分别为办公室、教务处、教研室、培训一处、培训二处、培训三处、培训四处、综合处。

2. 主要职责

（1）根据 SFDA 的职能对食品药品监督执法专业队伍进行法规、专业技能培训。

（2）对食品药品行业的高、中层管理干部和专业技术人员进行继续教育。

（3）对食品药品及相关行业各类人员进行岗位培训、职业技术教育和资格认证培训。

（4）为各类培训教育提供教学计划、教学大纲、考试大纲、科目指南、教材、参考资料，以及开展科研、咨询、组织专题研讨等。

（八）国家食品药品监督管理局执业药师资格认证中心

国家食品药品监督管理局执业药师资格认证中心（SFDA Center for Qualification of Licensed Pharmacist）主要承担执业药师资格考试、注册、继续教育等专业技术业务组织工作，是 SFDA 直属事业单位。

1. 机构设置　国家食品药品监督管理局执业药师资格认证中心内设三个职能处（室），分别为办公室、考试处、注册与继续教育处。

2. 主要职责

（1）承担执业药师资格考试、注册、继续教育等专业技术业务组织工作。

（2）受 SFDA 委托，起草执业药师业务规范。

（3）承办 SFDA 交办的其他事项。

资料链接

中国药学会简介

中国药学会（Chinese Pharmaceutical Association，CPA）成立于 1907 年，是由全国药学科学技术工作者自愿组成依法登记成立的学术性、公益性、非盈利性的法人社会团体。现有注册会员 8 万多人，高级会员 3000 余人，团体会员 53 个。学会下设 7 个工作委员会，19 个专业委员会，主办 20 种学术期刊。

中国药学会的主要任务是开展药学科学技术的国内外学术交流；编辑出版、发行药学学术期刊、书籍；发展同世界各国及地区药学相关团体、药学科技工作者的友好交往与合作；举荐、表彰、奖励在科学技术活动中取得优异成绩的药学科技工作者；开展对会员和药学科技工作者的继续教育培训等。

第三节　药品监督管理

药品监督管理是指各级药品监督管理部门依据法律法规赋予的权利，对药品的研制、生产、流通、使用等各环节所涉及的有关机构和人员的管理，其目的是保证药品的质量，维护公众用药安全。药品监督管理的实质是药品质量的监督管理，是国家药品行政管理的重要组成部分。对药品实施有效的监督管理，关系到广大消费者的用药安全，关系到公众生命健康权益的维护和保障。

一、药品监督管理的原则及分类

（一）药品监督管理的原则

1. 以社会效益为最高原则　药品安全监管工作是我国医药卫生事业的重要组成部分，医药卫生事业的发展应遵循的原则是：坚持为人民服务的宗旨，正确处理社会效益与经济效益的关系，把社会效益放在首位。药品的使用目的是预防、治疗、诊断人的疾病，直接关系到人的生命健康。当公众的生命安全得不到保障时，社会效益就无从谈起。因此，药品质量监督管理要以社会效益为最高原则。

2. 质量第一原则　药品监督管理的核心是质量，所以必须最大限度地保证药品的质量，这既是药品监督管理工作的出发点，又是其工作的目的。因此要实施全面的药品质量监督管理，最大限度地实现保证作用。

3. 以事实为依据，依法实施监督管理的原则　在药品监督管理过程中，必须一切从实际出发，以客观事实为依据，以法律为准绳，坚持依法实施监督管理的原则。该原则体现在三个方面：一是任何药品监督管理行为必须具有法律法规的依据；二是在药品监督管理法律法规规定的权限范围内实施监督管理；三是使用药事管理法律法规准确无误。

（二）药品监督管理的分类

1. 按照药品监督管理的过程，药品监督管理可以分为预防性药品监督管理和一般性药品监督管理。

预防性药品监督管理是指药品监督管理部门为防止危害后果的发生，依据药品监督管理法律法规的规定，对药品的研制、生产、流通、使用环节进行事前审批、验收或审核等监督管理活动。主要包括开办药品生产经营企业的审批，GCP 认定，GLP、GMP 和 GSP 认证，委托生产的审批，药品注册审批等。

一般性药品监督管理是指药品监督管理部门，定期或不定期对辖区内发生的药品的研制、生产、流通、使用环节进行监督检查，以保证药事管理法律法规得到正确的贯彻和实施。这种监督属于事中监督，如监督抽验、定点监测、飞行检查。对于通过 GMP 和 GSP 认证的企业，进行的跟踪检查也属于这种类型。对于检查中发现的问题，及时采取措施，对检查中发现的违法行为，及时责令改正，对于严重的违法行为及时实施行政处罚，对于触犯刑律的，及时移交司法机关追究刑事责任。

2. 按照药品监督管理的行为方式，药品监督管理可以分为依职权的药品监督管理和依申请的药品监督管理。

依职权的药品监督管理是指药品监督管理部门根据法律法规的授权，对于药品的研制、生产、流通、使用活动是否遵守药事管理法律法规，进行监督管理，发现问题及时采取措施，发现违法行为及时纠正和实施行政处罚，维护药事管理法律法规的正确实施，保证公众用药安全、有效。依职权的药品监督管理是药品监督管理的主要行为方式。

依申请的药品监督管理是指药品监督管理部门只在管理相对人提出申请的情况下，才能依法采取的药品监督管理行为，如药品生产许可证和经营许可证审批、药品注册审批、GMP 和 GSP 认证审评等。申请是管理相对人根据药事管理法律法规的规定，为获得某种资格的单方面意思表示，是药品监督管理部门采取相关监督管理行为的先决条件。对于管理相对人的申请，药品监督管理部门必须在法律法规规定的期限内实施相应的管理行为，并对相对人的申请作出正式答复。药品监督管理部门未在法律法规规定的期限内答复的，即构成违法，要承担相应的法律责任。

二、药品行政监督管理

药品行政监督管理是国家药品监督管理的一个重要组成部分，是使政府职能得以顺利实现的重要手段，也是行政机关依法行政的重要保证。药品行政监督管理是代表国家对药品在研制、生产、流通、使用过程中的质量监督，以保证药品的安全性、有效性、经济性及合理性。药品行政监督管理包括以下几个方面：

（一）监督检查与实施行政处罚

药品监督管理部门有权按照法律法规的规定，对药品的研制、生产、流通、使用环节进行全过程的监督检查，接受监督检查的单位不得拒绝和隐瞒。监督检查时，接受监督检查的单位享有法律所规定的权利，也必须履行法律所规定的义务。药品监督管理部门除了一般性监督检查，还应当对通过 GMP、GSP 认证的药品生产经营企业进行认证后的跟踪检查。对企业贯彻实施 GMP、GSP 情况实施动态的监督管理。

行政处罚是行政部门对违反行政法律规范的公众、法人或其他组织给予制裁的具体行政行为。药品监督管理部门对监督检查中发现的违反药事管理法律法规的行为，要严格遵守《行政处罚法》的规定，依法实施行政处罚，可以及时制止违法行为，维护正常的药品生产经营秩序和使用秩序，保证公众用药安全、有效。

（二）发布药品质量公告

国家和省级药品监督管理部门应当定期公告药品质量抽查检验的结果，为保证公告的严肃性、权威性，在质量抽查检验结果公告之前必须进行严格分析研究。如果出现公告内容不当，就会给其公信力造成影响，同时也会给管理相对人造成一定的负面影响。《药品管理法》第六十六条规定，公告不当的，必须在原公告范围内予以更正。

药品质量抽验与药品质量公告关系密切，药品质量公告是药品质量抽验的必然结果。药品质量抽验和药品质量公告是药品监督管理的重要方式，使用正确得当，有利于提高药品在研制、生产、流通、使用过程中对质量的重视程度，促进社会质量意识的提高。药品质量公告还可以使社会公众了解药品的质量状况，有利于公众正确的选择购买和使用药品，使假劣药失去市场。

（三）采取行政强制措施

药品监督管理部门对有证据证明可能危害公众健康的药品及有关材料可以采取查封、扣押的行政强制措施，并在 7 日内作出行政处理决定；药品需要检验的，必须自检验报告书发出之日起 15 日内作出行政处理决定。

药品监督管理部门对可能危害公众健康的药品及相关材料，采取查封、扣押这两种行政强制措施，是在没有确凿证据证明药品管理相对人存在任何违法行为的情况下，而采取的强制措施。因此，行政强制措施是对紧急情况的控制，目的在于防止可能存在质量问题的药品在社会上扩散，防止能够证明可能存在的违法行为的证据的转移和灭失，不带有惩罚性，不属于行政处罚。药品监督管理部门实施查封、扣押的行政强制措施以后，有两种可能的后果，一是经过进一步的调查，证明确实存在危害人体健康的药品和违法行为，依法作出正式的行政处罚决定或行政处理决定；另一种是经过进一步的调查，证明先前怀疑的药品和有关材料不存在危险或违法行为，应当及时解除行政强制措施，恢复正常的药品生产流通秩序和药品使用秩序。

（四）行使监督权，实施法律制裁

《药品管理法》以及相关法律法规的颁布与实施为加强药品监督管理，保证药品质量，维护公众用药权益提供了法律保障。在赋予药品监督管理部门权力的同时，也对行使权利规定了明确的程序和应负的法律责任，以规范、制约、监督行政权利的行使，防止滥用权利。《药品管理法》第八章药品监督中，既赋予了药品监督管理部门履行职责所必须的权利，又规定了行使职权必须严格遵守的程序和所要承担的义务；在《药品管理法》第九章法律责任中，明确规定了药品监督管理部门和药品检验机构违反《药品管理法》应当承担的法律责任。药品监督管理部门与管理相对人都必须在法律规定的范围内活动，各自享有权利，又必须承担相应的义务。

资料链接

药品质量受权人制度

药品质量受权人制度是药品生产企业授权其药品质量管理人员对药品质量管理活动进行监督和管理，对药品生产的规则符合性和质量安全保证性进行内部审核，并由其承担药品放行责任的一项制度。

药品质量受权人主要职责包括：遵守和实施有关产品质量的法规或技术要求，负责最终产品的批放行，参与或负责药品研发和技术改造，实施（必要时并建立）质量体系，监控企业内部的质量审计或自检，监管质量控制部门，同时还应参与外部质量审计（供应商审计）、参与验证以及药品不良反应报告、产品召回等工作。

三、药品技术监督管理

药品技术监督管理是为药品行政监督管理提供检验、检测、技术评审等与药学专业技术密切相关的监督管理。药品是一种特殊商品，保证药品的安全是一项系统工程，药品安全问题涉及药品的研制、生产、流通、使用的各个环节，任何一个环节出现问题都可能导致公众用药安全的问题。实现对药品的科学监管，必须以科学的技术规范作为依托。药品技术监督管理包括以下几个方面：

（一）药品监督检验

1. 药品质量监督检验　药品质量监督检验是药品质量监督管理的重要组成部分，也是法定的药品检验机构为了国家药品监督管理的需要所进行的药品检验，属于第三方检验。药品质量监督检验是检验机构代表国家在药品的研制、生产、流通、使用过程中对药品进行的质量检验，其检验结果的准确与否，直接关系到药品监督管理部门具体行政行为的科学性与公正性。

药品质量监督检验根据其目的和处理方法不同，可分为抽查性检验、药品注册检验、技术仲裁检验、进出口药品检验及补充检验等类型。

（1）抽查性检验：抽查性检验是由药品监督管理部门授权的药品检验机构，根据法定的药品标准，对药品的研制、生产、流通、使用过程中的药品进行抽查检验，以了解药品质量问题和发展趋势，从而对各个环节实施有效的监督管理，监督药品生产、经营企业和医疗机构严格按照药品标准生产、流通、使用药品，杜绝假劣药品，确保公众用药安全、有效。抽查性检验是药品检验机构为药品监督管理提供技术支持的重要方式。

（2）药品注册检验：注册检验是指法定的药品检验机构为协助药品监督管理部门完成药品注册审评而进行的药品检验。依据《药品注册管理办法》的相关规定，申请药品注册必须进行药品注册检验。药品注册检验包括对申请注册的药品进行的样品检验和药品标准的复核。样品检验是指药品检验所按照申请人申报的药品标准对样品进行的检验。药品标准复核是指药品检验机构对申报的药品标准中检验方法的可行性、科学性、设定的项目和指标能否控制药品质量等进行的实验室检验和审核工作。药品注册检验是药品注册审评的重要技术依据。

（3）技术仲裁检验：技术仲裁检验是指对有质量争议的药品进行检验，必要时要抽查所涉及的企事业单位的质量保证体系条件，分清质量责任，以保护当事人的合法权益。处理办法由仲裁质量监督部门进行裁决和调解，这是法制监督的重要组成部分。

（4）进出口药品检验：进出口药品检验是指由特定的药品检验机构对进出口药品进行的药品检验，进口药品检验按照《进口药品管理办法》和有关规定执行，由口岸药品检验所进行检验；出口药品按照出口合同约定的标准进行检验。

（5）补充检验：补充检验是针对执法实践过程中遇到掺杂、掺假的药品，以药品标准规定的检验方法进行检验不能得出正确检验结论的情况而专门设立的一种检验方法。《药品管理法实施条例》第五十八条规定，对有掺杂、掺假嫌疑的药品，在国家药品标准规定的检验方法和检验项目不能检验时，药品检验机构可以用补充检验方法和检验项目进行药品检验；经国家药品监督管理部门批准后，使用补充检验方法和检验项目所得出的检验结果，可以作为药品监督管理部门认定药品质量的依据。

2. 药品检验异议　药品检验异议是指当事人对药品检验机构的检验结果有异议的，可以自收到药品检验结果之日起 7 日内向原药品检验机构或者上一级药品监督管理部门设置或者确定的药品检验机构申请复验，也可以直接向国家药品监督管理部门设置或者确定的药品检验机构申请复验。受理复验的药品检验机构必须在国家药品监督管理部门规定的时间内作出复验结论。

> **资料链接**

委托检验

委托检验是国家药品监督管理部门设置或确定的药品检验机构，充分利用其技术及设备的优势，为某些不具备检验技术和检验条件的药品生产企业、经营企业和医疗机构提供技术服务的一种方式。接受委托的药品检验机构，按照委托单位提供的检验依据和检验项目进行检验，只对送检的样品负责。委托检验的结果由委托单位根据自己的委托目的进行使用和处理。检验结果提供给相关的药品的研制、生产、流通、使用单位，不作为监督执法的依据。

（二）药品技术审评及药品的认证管理

药品的技术审评是指相关部门按照 SFDA 颁布的《药品注册管理办法》等规章，对上市的新药、仿制药和进口药品，实行严格规范的技术审评和行政审批。药品技术审评分为专业审评和综合审评两个阶段。审评一般原则包括：预防用生物制品临床前安全性评价技术审评、疫苗生产用细胞基质研究审评、生物制品质量控制分析方法验证技术、病毒安全性技术审评、重组制品生产用哺乳动物细胞质量控制技术评价。

药品认证的目的是保证药品质量，保证用药的安全和有效。认证及认定的办法有《中药材生产质量管理规范（试行）》（中药材 GAP）、《药物非临床研究质量管理规范》（GLP）、《药物临床试验质量管理规范》（GCP）、《药品生产质量管理规范》（GMP）、《药品经营质量管理规范》（GSP）。

（三）药品不良反应监测与上市后再评价

药品不良反应是指合格药品在正常用法用量下出现的与用药目的无关的或意外的有害反应。我国《药品管理法》第三十三条、第三十八条、第四十二条以及第七十一条规定，对已上市药品进行不良反应监测和再评价，对于疗效不确切、不良反应大或者其他原因危害人体健康的药品，应当撤销批准文号或者进口药品注册证书。这些规定为我国控制药品不良反应危害提供了基本法律依据。我国药品不良反应监测机构也会定期组织检查药品生产、经营企业的药品不良报告和监测工作的开展情况。

药品上市后再评价是指通过对已经批准上市的药品进行不良反应监测结果分析、药物经济学分析、药物流行病学相关研究等处理，对其安全性、有效性、经济性、合理性作出科学的评估。因此，为加强上市药品的安全监管，规范药品不良反应报告和监测的管理，保障公众用药安全，2004 年 SFDA 根据《药品管理法》制定了《药品不良反应报告和监测管理办法》，明确实行药品不良反应报告和监测制度。

本章小结

通过对本章的学习，我们可以对药品及药品监督管理的相关知识有一定的了解和掌握。

本章第一节首先介绍了药品的定义和药品的分类，并且把部分国外药事法规中对药品的定义作为小资料进行补充，使我们更加全面地掌握了药品的概念。药品作为一种特殊的消费品，其特性分为质量特性和商品特性两个方面。同时简要地介绍了药品标准，其中包括药品标准、国家药品标准及体系、其他药品标准和药品试行标准及试行标准的转正。

第二节主要介绍了我国药品监督管理组织体系，根据各个组织体系的职能不同将其分为药品行政监督管理组织体系和药品技术监督管理组织体系。药品行政监督管理组织体系主要包括国家药品行政监督管理组织体系和省级及省级以下药品行政监督管理组织体系；药品技术监督管理组织体系主要包括中国药品生物制品检定所、国家药典委员会、国家食品药品监督管理局药品审评中心、国家食品药品监督管理局药品认证管理中心、国家中药品种保护审评委员会办公室、国家食品药品监督管理局药品评价中心、国家食品药品监督管理局培训中心、国家食品药品监督管理局执业药师资格认证中心等。

第三节概括性地介绍了药品监督管理的相关内容，包括药品监督管理的原则和分类以及药品行政监督管理和药品技术监督管理。药品行政监督管理包括监督检查与实施行政处罚；发布药品质量公告；采取行政强制措施；行使监督权，实施法律制裁。药品技术监督管理包括药品监督检验；药品技术审评及药品的认证管理；药品不良反应监测与上市后再评价。其中药品监督检验是药品监督管理的重要组成部分，根据其目的和处理方法不同，可分为抽查性检验、药品注册检验、技术仲裁检验、进出口药品检验及补充检验等类型。

第三章
国家药物政策与管理制度

案例导入

"环磷酰胺" 药品短缺事件

2006 年，用于治疗白血病的药物环磷酰胺发生短缺，因而贻误了对许多患者的抢救和治疗，严重影响了对病情的有效控制，引发了一些地方众多白血病患者及家属集体投诉的事件，引起了社会广泛的关注。

环磷酰胺作为一种白血病化疗用的基本药物，不仅疗效好，而且价格便宜。环磷酰胺注射液每支 3.0 元，而一些替代药物，如异环磷酰胺每支 200 元左右，这种价格的药品如长期使用，普通百姓无力承受。国内曾有很多家企业生产环磷酰胺，但目前已都陆续停产或转产其他品种。上海某制药企业原是上海地区唯一生产环磷酰胺的国有药厂，但由于价格长期偏低，生产成本不断提高，企业无力负担，2006 年 5 月也终于停产，造成该药品在上海地区的短缺。据统计，我国有 400 万白血病患者，其中一半是儿童。这样的药品发生短缺，将对群体性患者的生命和健康带来严重的威胁。

用药短缺的问题在各地医疗机构都普遍存在。据一些医疗机构和临床医务人员的反映，从上世纪 90 年代以来，医院临床用药短缺的案例开始比较突出并呈增长趋势，越来越多的地区出现医院用药短缺，短缺的品种也越来越多。造成药品短缺这一问题的主要原因有如下几点：

1. 药品生产、流通企业不愿生产或销售廉价和销量少的药品。在市场经济条件下，企业追求利润最大化，在有多个不同利润水平的产品面前，企业当然选择生产或销售能获得最大利润的产品。但同类药品中，生产、销售利润高的并不一定是疗效最好的，临床必需的不一定是有市场竞争力的。

2. 药品审批监管不严。我国每年有大量的仿制药上市，很多是低水平重复生产的替代品。这些替代品和原研药相比，主要成分相同，疗效并没有明显改变，有些只是改变剂型、包装，甚至仅改变药品名称，但按新药定价政策价格却可以翻几倍甚至几十倍。比如，过去医院大量使用的普通红霉素，现在市场上的仿制药竟有 47 种之多，它们之间没有明显的疗效差别，但价格都是普通红霉素的 10 倍以上。大量仿制药的上市，冲击了廉价药品的市场。

3. 药品目录管理没有起到应有的作用。目前国家药品目录管理存在着多头管理、重复管理和管理重点错位的问题。这些目录的制定和监管，分散在不同的行政管理部门，目录之间存在着品种的大量重叠。医药企业为了使产品得到行政保护而扩大市场销售，设法让其产品进入各种目录。

（资料来源：乌日图. 瞭望，2007，16：40）

思考

1. "环磷酰胺"药品短缺事件产生的主要原因是什么？
2. 如何避免"环磷酰胺"药品短缺类似事件的发生？
3. 我国都有哪些相关的政策法规可以解决"环磷酰胺"药品短缺事件中所涉及的问题？

从上述案例中我们可以看到，因一些医院临床常用药品和必需药品发生短缺而贻误了对患者的抢救和治疗，严重影响到公众的身体健康，应引起社会各界的共同关注。健康是人类的基本权利。正如任何人都有权享用初级医疗保健一样，人人都应该享有预防和治疗疾病的基本药物。然而，现实情况表明，人人享有基本药物仅仅是社会公众的愿望，药物的市场可供性、个人或社会可获得性，以及药物的如何使用构成了一道道障碍。改变这一状况的措施就是政府制定、完善和实施国家药物政策（National Medicine Policy，NMP），并努力使其转化为国家的法律法规，以使所有相关部门、个人和利益集团协调一致，实现人类的这一基本权利。

第一节　国家药物政策概述

国家药物政策（NMP）是政府给医药界提出的目标、行动准则、工作策略与方法的指导性文件。它明确了药物政策的总体目标，规定了政府各部门在医药方面的行动原则，以利于政府各部门及社会各界对国家医药工作的目标与策略有全面和一致的认识，便于协调行动，达到政府要求。同时，它也是制定法律法规和规章制度的重要依据，其经各国权力机关批准颁布实施后，立法机构要据此制定相应法规确保其执行。

自 20 世纪 70 年代以来，世界卫生组织（WHO）为提高全人类的健康水平，在成员国中致力于宣传和推行 NMP，取得了举世瞩目的成绩。

一、国家药物政策概念

国家药物政策（NMP）是由政府制定的在一定时期内指导药品的研制、生产、流通、使用和监督管理的总体纲领，它由一系列政策目标和政策措施构成，包括药品研制政策、生产流通政策、使用政策和监督管理政策等内容，是国家卫生与医疗保障政策的基本组成部分。

WHO 对 NMP 的定义进行了阐述，认为 NMP 主要包括三层含义：①NMP 是政府在药物领域的义务和行动框架。WHO 认为 NMP 是国家对其行动的目标和指南作出的承诺、承担的义务，它表示了政府为药物部门设立了一个中长期目标，明确了实现这些目标的主要策略。NMP 同时也是一个协调有关药物的社会各部门的行动框架。②NMP 是政府的一个正式文件。有了这样一个表明政府愿望、目标、决策和承诺的正式文件，就可以明确政府行动的目标和责任，避免政府的一些举措与做法发生冲突。③NMP 的制定是一个系统的磋商过程。NMP 必然涉及相关人或团体的利益，因此，一个公开、公平、公正的 NMP 应该体现社会各利益方的愿望和要求，制定 NMP 前应与所有利益方进行磋商。

资料链接

世界卫生组织简介

世界卫生组织（World Health Organization，WHO）是联合国负责卫生的专门机构，也是最大的专门机构之一，是国际上最大的政府间卫生组织。1948 年 4 月 7 日，随着《世界卫生组织组织法》的正式生效而宣告成立，并将每年的 4 月 7 日设定为"世界卫生日"。现有 193 个成员国和 2 个准成员国。WHO 总部设在瑞士日内瓦。我国是 WHO 的创始国之一。1972 年第 25 届世界卫生大会恢复了中华人民共和国的合法席位后，中国出席了之后 WHO 的历届大会和地区委员会会议。

WHO 的宗旨是使全世界人民获得可能的最高水平的健康。WHO 的核心职能包括：对卫生至关重要的事项提供领导并在需要联合行动时参加伙伴关系；制定研究议程，促进开发、传播和应用具有价值的知识；制定规范和标准并促进和监测其实施；阐明合乎伦理并以证据为基础的政策方案；提供技术支持，促进变革并发展可持续的机构能力和监测卫生情况并评估卫生趋势。

二、国家药物政策的目标

从广义上看，一个国家的药物政策应当促进该国药物领域的公平和持续发展，它的总体目标是使该国社会公众平等地得到基本药物，这些药物应是质量合格、安全有效，满足社会公众用药的基本需求，使有限的社会医药资源得到最大限度的合理使用。

WHO 将 NMP 的主要目标设定为三方面：促进药品的可及性、提高药品质量与合理用药。其中药品可及性包括可获得、有供应与可负担的含义；药品质量要求所有药品是安全、有效的；合理用药指促进医务人员和消费者经济、有效地使用治疗的药物。

三、国家药物政策的主要内容

（一）国家药物政策的基本内容

1. 制定法规　包括药品管理立法与规章条例的制定；制定药品质量保障措施。

2. 药品遴选　包括制定和实施基本药物的遴选原则、遴选程序、遴选标准，促进基本药物目录的推行。

3. 药品供应　保障药品供应，提高药品可获得性是 NMP 的根本问题。建立药品供应体系，建立药品采购机制，加强流通监管。

4. 合理用药　满足患者临床所需药物，所用剂量及疗程符合个体情况，所耗经费对患者和社会均属低廉。

5. 药品规范化管理　由导向性政策向强制性政策发展，对药品实行严格的规范化管理，保证药品的安全性、有效性、经济性及合理性。

6. 监测与评价　包括建立药品监测机构，确定和落实监测目标、内容、程序、责任；定期评价监测指标，开展监测与评价研究。

7. 新药创制　不断为公众预防、治疗和诊断疾病研制、提供良好的药品是药学事业的首要任务。研发新药是防治疾病，保障社会公众健康的关键环节。

(二) 基本医疗保障制度中的药物政策

在过去 30 余年中，随着经济体制的改革，中国实现了持续的经济增长，居民的生活水平得到了显著的提高。但在医疗服务与保障等方面，"看病难、看病贵"现象极为普遍，城市内部、城乡之间、低收入与高收入人群之间享有的医疗服务差距逐渐拉大。新时期医疗保障问题已经成为最突出的社会问题之一。

基本医疗保障制度的建立与发展，对保障社会公众基本医疗需求、促进经济社会发展、维护社会和谐稳定具有重大意义，且有利于提高社会公众对疾病风险的抵御能力，保障社会公众的身体健康。我国基本医疗保障体系主要包括城镇职工基本医疗保险、城镇居民基本医疗保险、新型农村合作医疗和城乡医疗救助，分别覆盖城镇就业人口、城镇非就业人口、农村人口和城乡困难人群。

为保障参保公众享有基本的医疗服务并有效控制医疗费用的过快增长，政府加强了对医疗服务的管理，制定了《基本医疗保险药品目录》（以下简称《药品目录》），通过《药品目录》对基本医疗保险用药范围进行规范。

《药品目录》分为"甲类目录"和"乙类目录"。"甲类目录"的药品是在《国家基本药物目录》的基础上遴选全国通用的临床治疗必需，使用广泛，疗效好，同类药品中价格低的药品。"乙类目录"的药品是在《国家基本药物目录》的基础上遴选，各省、自治区、直辖市可根据当地经济水平、医疗需要和用药习惯，适当进行调整的药品。

(三) 国家药品储备制度

随着我国改革开放的不断深入和经济全球化的进程加快，环境污染问题日益严重，传染病流行的机会大大增加，与环境危害相伴的公共卫生问题日益凸现。比如，2003 年首发在广东的传染性非典型肺炎疫情，短短几个月就扩散到全国数百个县。所以，建立和完善国家药品储备制度以应对突发公共卫生事件已是必然需要。

国家药品储备制度是以提供应对突发性自然灾害、突发性公共卫生事件所需药品和医疗器械为目的，对保障国家稳定生产、维护公众正常生活具有重要作用。它的职能是保证特殊时期的药品及时供给，保障社会公众的生命安全。多年来，国家药品储备制度在应对灾情、疫情及突发事故对药品和医疗器械的紧急需求的过程中发挥了重要作用。

1997 年，在中央统一政策、统一规划、统一组织实施的原则下，我国建立了中央与地方两级医药储备制度，实行统一领导、分级负责的管理体制，实行品种控制、总量平衡、动态管理、有偿使用，以保证储备资金的安全、保值和有效使用。中央主要负责储备重大灾情、疫情及重大突发事故和战略储备所需的特种、专项药品及医疗器械；地方主要负责储备地区性或一般灾情、疫情及突发事故和地方常见病、多发病防治所需的药品和医疗器械。

资料链接

北京奥运会期间，我国建立奥运药品储备制度

北京奥运会期间，比赛运动员、国际及各国奥组委工作人员、记者以及中外观众和游客共有数十万人进入北京，若奥运会期间遭遇天气灾害等突发公共卫生事件，原有的药品储备必然紧缺。因此，北京市政府拨出专门款项，在奥运会开幕前，北京市增加价值共计 3500 万元左右的药品储备。

为保障奥运会期间的城市药品、医疗器械安全、及时地供应，北京市食品药品监督管理局打造物流基地、质控平台、应急配送、安全检测和双语药学服务等项目在内的药品和医疗器械市场，确定了奥运会期间所需药品的品种名录和数量。

北京市建成 4 个现代化的大型药品储备及配送物流中心，保障奥运会期间北京整个城市的药品供应。若奥运会期间，比赛场馆、奥运村内外或整个城市出现突发公共卫生事件，需要紧急供应药品时，北京的药品保障网络可以在 3 小时以内，将指定品种、数量的药品送达事故地点。

在奥运会期间，奥运村内设中心药房，主要为运动员准备所需药品，各场馆医疗站的药品则以急救、外伤药品为主。所有注册的运动员、裁判、奥组委官员及其家属和中外记者等奥运会注册人员，均可享受北京市政府和奥组委联合提供的完全免费的医疗和用药服务。

第二节 国家基本药物制度

国家基本药物制度是 NMP 的核心，实现 NMP 的目标必须借助于国家基本药物制度的推行来完成。同时，它也是提高社会公众对药品可获得性等问题的重要保障条件之一。推行国家基本药物制度的目的是加强国家对药品的研制、生产、流通、使用等环节的科学管理和宏观调控，合理配置药品资源，满足社会公众的用药需求。

一、国家基本药物制度概述

(一) 国家基本药物制度相关概念

1. 国家基本药物　国家基本药物（National Essential Drugs，NED）是国家为了使本国社会公众获得基本医疗保障，既要满足社会公众用药需求，又能从整体上控制医药费用，减少药品浪费和不合理用药，由国家主管部门从目前应用的各类药物中经过科学评价而遴选出具有代表性的、可供疾病预防与治疗时优先考虑选择的药物。

2. 国家基本药物制度　国家基本药物制度（National Essential Drug System，NEDS）是根据药品的研制、生产、流通、使用和监督管理等环节制定的，有利于促进合理推广和使用国家基本药物的有关法律、条例、策略和措施。

建立国家基本药物制度的目的是通过及时、充足供应安全、有效、经济、合理的药物来满足社会公众的需求，确保社会公众有药可用。因此，系统、完善的国家基本药物制度是提高社会公众对药品的可获得性，促进合理用药等问题的有效手段，同时，又加强了国家对药品的研制、生产、流通、使用等环节的科学管理和宏观调控。可见，国家基本药物制度既满足了社会公众防病治病的需求，又使国家有限的卫生资源得到高效的使用。

3. 药品可获得性　药品可获得性（access to drugs）指一国药品政策的目标应当是追求所有需要药品的人能够以可承受的价格获得所需的药品。

(二) 基本药物制度发展历程

1. 世界基本药物制度发展历程　20 世纪是世界科技、经济突飞猛进的时代，人类在医药科技领域取得了重大进展，如医药工业迅猛发展、新药大量上市、药品数量激增等。然而，全球药物资源的配置却显得极不均衡，不合理用药现象十分突出。在多数发达国家，很多药品不但供应充分，甚至有过度使用现象，而占全球人口近八成的发展中国家，不但药品质量低劣、药效低下，常常无法获得最基本的药物，并难以负担高额的药品费用。

对此，在 1975 年第 28 届世界卫生大会上，WHO 针对发展中国家面临的用药问题，提出了新的药物政策。此后，1977 年，基本药物的概念在 WHO 报告中正式提出，即能够满足大部分人口卫生保健需要的药物。同年 10 月，经过 WHO 基本药物专家委员会的遴选，WHO 出版了《基本药物示范目录》（Essential Drugs List，EDL）（第 1 版）。1978 年，国际初级卫生保健会议确定"基本药物供应"为初级卫生保健的八大要素之一，极大地推动了各国基本药物的规划和实施。1981 年，WHO 设立了基本药物行动委员会，以加强组织工作和技术援助，推动基本药物政策的执行。

WHO 于 1985 年进一步扩展了基本药物的概念，将基本药物政策与合理用药有机结合在一起，成为 WHO 的一项重要策略。为适应时代和社会发展需求，WHO 于 2002 年进一步更新了基本药物的概念，即基本药物是根据公共卫生相关性、安全性和有效性以及相对成本 - 效果比等标准遴选出的，能够满足社会公众卫生保健需求的药物。

至 20 世纪末，已有 157 个国家拥有本国的《基本药物目录》，71 个国家把《基本药物目录》作为政府机关公务员享受医疗保险的依据，至少 135 个国家制定了治疗指南和（或）

处方手册，为合理用药提供了客观指导。

2. 我国基本药物制度发展历程 1979 年我国政府响应 WHO 的倡导，开始国家基本药物政策的制定工作，卫生部和原国家医药管理总局于 1981 年颁布了《国家基本药物目录》（西药），1992 年再次进行了基本药物的遴选工作。1994 年完成了中药部分的遴选工作，西药基本药物的再次遴选工作也于 1995 年完成。

1997 年，《中共中央、国务院关于卫生改革与发展的决定》（以下简称为《决定》）指出："国家建立并完善基本药物制度，对纳入《国家基本药物目录》和质优价廉的药品，制定鼓励生产、流通的政策。"《决定》首次以法规的形式确定推行基本药物制度，对促进我国医药事业的健康发展、规范药品管理、实施临床合理用药产生了深远影响。随后在 1998 年、2000 年、2002 年、2004 年均对《国家基本药物目录》进行了调整。

2009 年，《关于建立国家基本药物制度的实施意见》、《国家基本药物目录管理办法（暂行）》和《国家基本药物目录（基层医疗卫生机构配备使用部分）》（2009 版）同时发布，这标志着我国建立国家基本药物制度工作正式实施。

二、推行国家基本药物制度的目的和意义

（一）推行国家基本药物制度的目的

1975 年，WHO 提出制定并推行基本药物制度，旨在使其成员国，特别是发展中国家大部分人口得到基本药物供应。国家基本药物制度利用有限的医药卫生资源，保障社会公众用药安全、有效、经济、合理。

我国以占世界 2% 的卫生资源服务世界人口的 22%，并且卫生资源的 80% 在城市，农村只占卫生资源的 20%，农村基本上仍处于缺医少药的状态。可见，我国医疗卫生的公平性、可获得性存在着突出的问题。在"以药养医"的体制下，大量高价药品被不合理使用甚至滥用，造成医药卫生资源的浪费，这也是"看病贵"的重要原因之一。推进国家基本药物制度，纠正不合理用药行为，减少浪费，充分、合理地利用有限的医药卫生资源，有利于以有限的资金和资源实现"人人享有初级卫生保健"的目标。

1. 提供安全、有效、经济、合理的基本药物，确保公众用药需求 基本药物不仅要在数量上能够满足人们卫生保健的基本需求，更应保证其安全、有效、经济、合理。基本药物是科学遴选出的成本 - 效果比最优的药物，可满足绝大多数医疗需求。

作为推行国家基本药物制度的基础和重要手段，《国家基本药物目录》是在以国家基本药物遴选标准，综合评价药品的有效性、安全性、质量、价格和可获得性的过程中产生的。基本药物的遴选和调整更关注药品上市后的再评价结果，它要通过临床试验研究和收集药品不良反应报告及运用循证医学的方法收集相关资料制作的系统评价报告，对药品在各种临床条件下的有效性、安全性和经济性进行全面评价。

2. 保证公众基本用药的生产供应和使用，确保方便、及时地获得 药品的特殊属性决定了药品的生产、流通不能完全靠市场调节。政府通过加强对药品生产、采购、配送、使用等环节的监管，确保基本药物的生产供应。

通过建立保障供给的基本药物生产、配送体系，逐步实现基本药物的招标生产和集中配

送。政府举办的医疗卫生机构使用的基本药物，由省级人民政府指定的机构公开招标采购，并由招标选择的配送企业统一配送。建立药物短缺监测报告处理机制，对生产供应不足的基本药物，采取措施确保其生产供应；对因利润低而生产供应不足的基本药物，运用价格杠杆机制促进其生产；对用量小、生产销售成本高的急救用基本药物，可采取政府补贴或税收减免等政策保障其生产；对治疗特殊病、罕见病的药物加大公共财政支持力度；对由突发公共卫生事件导致基本药物需求急剧增加的，可采取强制许可和进口等各种措施。

（二）推行国家基本药物制度的意义

建立国家基本药物制度不仅有利于优化医药资源配置、保障社会公众基本用药所需，也有利于克服医药资源浪费与短缺现象，促进社会医药资源分配公平；不仅有利于整顿治理药品生产供应保障体系，促进医药市场健康发展，也有利于引导规范医疗服务行为，保障社会公众用药安全，降低患者医药费用。总之，建立国家基本药物制度对于促进和改善民生，体现社会公平，维护社会公众健康，推动卫生事业发展，都具有十分重要的意义。

1. 整顿治理药品生产供应保障体系，促进医药市场健康发展　建立国家基本药物制度可有效遏制我国医药市场秩序混乱、价格虚高、不公平交易、商业贿赂等现象；也能规范基本药物的配送和使用，提高合理用药水平，有效控制药品价格，降低药品在医疗卫生费用中的比重，降低社会公众基本用药负担。

2. 优化医药资源配置，保障群众基本用药所需　建立国家基本药物制度可建立起良好的药品质量保证体系，有效改善基本药物短缺或浪费现象，为我国公费医疗、医疗保险提供科学、合理、规范的用药依据；同时，使用基本药物可减少医源性疾病和药品不良反应的发生，提高临床合理用药水平，提高药品资源的利用效率，减轻政府财政负担。基本药物制度将在全民用药权益获得和降低医疗费用方面发挥重要作用，对保障社会公众安全、有效用药和人人享有卫生保健具有十分重要的意义。

三、国家基本药物制度的推行

（一）国家基本药物制度的推行目标

建立国家基本药物制度是国家为维护人民健康，保障公众基本用药权益实施的一项惠民工程，是医药卫生领域重大的体制机制改革，对于保证基本药物的足额供应和合理使用，改革医疗机构"以药养医"机制，减轻公众基本用药负担具有重要意义，也有利于促进药品生产流通企业资源的进一步优化和整合。

国家基本药物制度以不断提高人民群众健康水平、满足公众基本医疗用药需求、实现覆盖城乡居民的基本卫生保健制度、促进人人享有基本卫生保健为总体目标。2009年，每个省（区、市）在30%的政府办城市社区卫生服务机构和县（基层医疗卫生机构）实施基本药物制度，包括实行省级集中网上公开招标采购、统一配送，全部配备使用基本药物并实现零差率销售。基本药物全部纳入基本医疗保障药品报销目录，报销比例明显高于非基本药物。到2011年，初步建立国家基本药物制度；到2020年，全面实施规范的、覆盖城乡的国家基本药物制度。

（二）国家基本药物制度的主要内容

有效的推行措施是基本药物制度实行的重要保障。初始阶段，我国基本药物制度的推行仅仅停留在单一制定《国家基本药物目录》的层面上，所以基本药物在使用的过程中遇到了许多阻碍因素，多方利益集团相互博弈排斥使用基本药物，最终导致基本药物的使用情况与预期制定的目标存在很大的距离。

目前，我国正式启动国家基本药物制度。该项制度的有效推行需要对涉及基本药物的多个环节制定相关政策，保证基本药物的生产，提高群众基本药物可及性，促进合理用药。目前我国基本药物制度的政策框架主要包括国家基本药物目录遴选调整管理、保障基本药物生产供应、合理制定基本药物价格和实行零差率销售、促进基本药物优先和合理使用、完善基本药物的报销、加强基本药物质量安全监管、健全完善基本药物制度绩效评估等方面内容。

1.《国家基本药物目录》遴选调整管理　我国制定的《国家基本药物目录》，主要由国家组织专家通过科学评价，将药品总量控制在一定范围内，按照防治必需、安全有效、价格合理、使用方便、中西药并重、基本保障、临床首选和基层能够配备的原则，结合我国用药特点，参照国际经验，合理确定品种和数量。

（1）品种范围：包括预防、诊断、治疗各类疾病的药物，并且随着药物的发展和防病治病的需要，不断进行补充和修订。

（2）遴选原则：国家基本药物的遴选原则不但应符合国际趋势，与国际接轨，还应与中国国情相结合。在充分考虑我国现阶段基本国情和基本医疗保障制度保障能力的基础上，结合我国用药特点和医疗卫生机构配备的要求，合理确定我国基本药物品种（剂型）和数量。我国遴选《国家基本药物目录》主要遵循如下原则：

1）防治必需：基本药物必须能够满足绝大部分公众卫生保健的需要，在任何时候都应有合适的品种数量保证供给。

2）安全有效：是指现有资料和临床使用经验或通过进一步的研究能够证实其疗效确切、不良反应小且质量稳定。在遴选过程中应适当参考《WHO 基本药物目录》，以现有临床评价结果为主要依据，必要时进行药学质量方面的实验室评价和临床对比验证工作。

3）价格合理：在临床必需、安全有效的前提下，适宜的价格是遴选基本药物的又一重要指标。在评价药品的价格时，必须考虑整个疗程的费用，而不能只考虑药品的单价。

4）使用方便：必须要有合适的剂型和适宜的包装，适于在不同层次、不同规模的医疗机构使用，方便医患双方。同时还应有运输、储藏便利的考虑。

5）中西药并重：中医药是中华民族的优秀文化遗产，要切实做好中医药的继承和发展工作。在遴选基本药物过程中，必须把中药和西药放在同等重要的地位。

6）基本保障：基本药物可以满足公众的基本医疗卫生保健需求，以实现基本用药保障。

7）临床首选：在临床选择用药的过程中，基本药物应作为首先选择。

8）基层能够配备：政府举办的基层医疗卫生机构全部配备和优先使用基本药物。

（3）遴选程序：根据《国家基本药物目录》的遴选原则，卫生部会同有关部门起草《国家基本药物目录》遴选工作方案，经国家基本药物工作委员会审核后组织实施。制定国家基本药物目录的程序有：

1）从国家基本药物专家库中随机抽取专家成立目录咨询专家组和目录评审专家组，咨询专家不参加目录评审工作，评审专家不参加目录制定的咨询工作。

2）咨询专家组根据循证医学、药物经济学对纳入遴选范围的药品进行技术评价，提出遴选意见，形成备选目录。

3）评审专家组对备选目录进行审核投票，形成目录初稿。

4）将目录初稿征求有关部门意见，修改完善后形成送审稿。

5）送审稿经国家基本药物工作委员会审核后，授权卫生部发布。

（4）调整原则：《国家基本药物目录》的调整是在国家基本药物遴选标准的基础上综合评价药品的有效性、安全性、质量、价格及可获得性，定期对《国家基本药物目录》进行更新和调整。

在保持数量相对稳定的基础上，实行《国家基本药物目录》的动态调整管理。根据经济社会的发展，医疗保障水平，疾病谱变化，基本医疗卫生需求，科学技术进步等情况，不断优化基本药物品种、类别与结构比例。国家基本药物目录原则上每3年调整一次。必要时，国家基本药物工作委员会适时组织调整。我国从首次制定《国家基本药物目录》至今，对收载的药品已进行了多次调整，详见表3-1。

表3-1　　　　　　　我国历版《国家基本药物目录》收载药品情况

发布（调整）时间	西药	中药
1982 年	278 个品种	未遴选
1996 年	699 个品种	1699 个品种
1998 年	740 个品种	1333 个品种
2000 年	770 个品种	1249 个品种
2002 年	759 个品种	1242 个品种
2004 年	773 个品种	1260 个品种
2009 年	205 个品种	102 个品种

2. 保障基本药物生产供应　保证基本药物及时、足量、保质供应，是建立基本药物制度，满足社会公众基本用药的重要环节。政府办医疗机构使用的基本药物，由省级人民政府指定机构按《招标投标法》和《政府采购法》的有关规定，以省为单位实行网上集中采购、统一配送。由招标选择的药品生产企业、具有现代物流能力的药品经营企业或具备条件的其他企业统一配送。

3. 合理制定基本药物价格及零差率销售　2009 发布的《关于建立国家基本药物制度的实施意见》规定：基本药物将全部纳入政府定价范围。基本药物定价应既考虑企业有合理的利润空间，鼓励企业生产基本药物，同时又切实降低基本药物价格，以维护社会公众的利益。

国家制定基本药物全国零售指导价格。制定零售指导价格在保持生产企业合理盈利的基础上，压缩不合理营销费用。在国家零售指导价格规定的幅度内，省级人民政府根据招标形成的统一采购价格、配送费用及药品加成政策确定本地区政府举办的医疗卫生机构基本药物具体零售价格。政府举办的基层医疗卫生机构配备使用的基本药物实行零差率销售。

4. 促进基本药物优先和合理使用　保证医疗卫生机构配备使用基本药物，是国家基本药物制度有效推行的关键环节之一。各地根据医疗卫生机构的诊疗范围和服务功能，在目录内配备药品。其他各类医疗机构按规定比例使用基本药物。同时，通过相关配套措施来规范医疗卫生机构的用药行为，确保基本药物的合理使用。

患者还可以凭处方到零售药店购买药物。零售药店按规定配备执业药师或其他依法经资格认定的药学技术人员为患者提供购药咨询和指导，对处方的合法性与合理性进行审核，依据处方正确调配、销售药品。

5. 完善基本药物的医保报销政策　通过经济手段引导社会公众首先使用基本药物。基本药物全部纳入基本医疗保障药品报销目录，报销比例明显高于非基本药物，降低个人自付比例。

6. 加强基本药物质量安全监管　为了使药品质量有保障，用药更安全，应进一步加强基本药物质量安全监管。完善基本药物生产、配送质量规范，对基本药物定期进行质量抽检，并向社会及时公布抽检结果。加强和完善基本药物不良反应监测，建立健全药品安全预警和应急处置机制，完善药品召回管理制度，保证用药安全。

7. 健全完善基本药物制度绩效评估　为了促进基本药物制度不断完善，对基本药物制度实施情况进行绩效评估，发布监测评估报告等相关信息。政府组织相关部门统筹利用现有资源，完善基本药物采购、配送、使用、价格和报销信息管理系统，充分发挥行政监督、技术监督和社会监督的作用。

资料链接

德里模式与基本药物推广

德里模式是指印度德里在基本药物政策实施过程中的基本经验。因德里模式推行在德里，且在整个印度产生了良好的社会效益和经济效益，WHO 已将它推荐给其他的各个成员国。德里模式的内容包括：

1. 基本药物目录的遴选及使用　德里药品政策的里程碑是制定了《基本药物目录》。为了确保《基本药物目录》在所有医院有效使用，只有10%的药品支出可以超出《基本药物目录》，但在专科医院可达20%。

2. 建立德里州立中央药品集中管理中心　在德里，只有进入了《基本药物目录》的药物才可以参加集中招标，而且药物的采购、贮存和批发由管理中心统一完成。

3. 制定并推广药物处方集　为了保证正确和合理用药，减少不必要的支出，德里处方集委员会制定并每年修改处方集，发给医生、药剂师等。处方集包括药物疗效、反作用、相互作用及副作用等。

4. 实施药物质量保证方案　为了保证药物的生产是符合 GMP 标准的，推出了 ABC 方案，即：

    A. 加强药品监督单位的监管力度。

    B. 加强实验室控制。

    C. 及时撤回流通领域中不达标的药物。

5. 制定与实施标准治疗指南　为了促进合理用药，在初级医疗保健中心及各医院门诊部都有标准治疗指南。它不仅限制了药物费用的支出，还传递了疾病治疗的标准。

6. 开展基本药物与合理用药的监督与评估　通过卫生部实施监督与评价机制来监督、评价政策及其执行。

第三节　药品分类管理制度

    药品是一种特殊的商品，是治病救人的物质，只有符合国家法定标准的合格药品才能保证疗效，所以对药品的管理不能套用一般商品的管理模式。从保证公众用药安全、有效和提高药品管理水平出发，药品必须要实行分类管理，逐步建成比较完善的、具有中国特色的分类管理制度和工作体系。

    药品分类管理的目的是规范处方药和非处方药的管理，减少不合理用药的发生，切实保证公众用药的安全有效。从药品分类管理的角度来看安全用药，药品分类管理的实施和公众的安全用药有着直接的联系。首先，处方药必须凭医师的处方才能购买，这给安全用药提供了一道屏障而且避免了药品的滥用。其次，药品的分类管理不仅推动了我国医疗制度的改革，而且有利于公众提高自我保健意识。

    药品分类管理是新时期药品监督管理的一项重要政策。世界上许多国家和地区都已通过立法对药品实行分类管理，WHO 也向发展中国家推荐这种管理模式。我国于 2000 年 1 月 1 日正式施行《处方药与非处方药分类管理办法》，逐步与国际上药品管理模式接轨。

一、药品分类管理的基本概念

    1. 药品分类管理　药品分类管理是根据消费者获得、使用药品的权限和药品的安全性、有效性，依其品种、规格、适应证、剂量及给药途径等的不同，将药品分为处方药和非处方药，并作出的相应的管理规定。

    2. 处方药　处方药（Prescription Drugs or Ethical Drugs）是指凭执业医师或执业助理医师处方方可购买、调配和使用的药品。为了保证用药安全，处方药由国家卫生行政部门规定或审定。一般被列入处方药管理的药品应该是有毒性和潜在的不良影响或使用时需要有特定条件的药品。

    3. 非处方药　非处方药（Nonprescription Drugs or Over – The – Counter Drugs，OTC drugs or OTC）是指由国家药品监督管理部门公布的，不需要凭执业医师或执业助理医师处方，消费者自行判断、购买和使用的药品。

    国家根据药品的安全性又将非处方药分为甲、乙两类。甲类非处方药必须在具有《药品经营许可证》的零售药店（房）出售，乙类非处方药经审批后，可以在其他商店（商场、超市、宾馆等）零售。非处方药具如下特点：

（1）适用范围：主要是常见的或时令性的轻微疾病，症状明显，患者及家属容易自行判断，并能准确选购药品。

（2）应用安全：据现有资料与临床使用经验证实，为安全性大的药品。

（3）疗效确切：药物作用的针对性强，适应证明确，易被患者掌握。

（4）质量稳定：药品的理化性质比较稳定，在一般贮存条件下，较长时间（如2年以上）内不易变质。

（5）说明详尽：药品说明书及药品包装说明要力求详细，实事求是，准确无误，而且文字要浅显易懂，以利于操作。

（6）使用方便：以口服、外用、吸入等便于患者自行使用的剂型为主。

二、药品分类管理的目的及意义

（一）药品分类管理的目的

实施药品分类管理的目的是规范处方药和非处方药的管理，改变药品自由销售状况，保障社会公众用药安全有效。从药品监督管理出发，通过制定相应的法律法规，逐步遏制不合理的行为，引导公众正确合理使用药品。

在实行药品分类管理前，消费者可在零售药店购到除麻醉药品、精神药品、医疗用毒性药品、放射性药品和戒毒药以外的所有药品，这就给用药安全、有效造成很大隐患。国家通过实行处方药与非处方药分类管理有效地加强对处方药的监督管理，规范非处方药的监管，防止消费者因自我行为不当导致滥用药物和危及健康。同时，通过规范对非处方药的管理，引导消费者科学、合理地进行自我保健。

（二）药品分类管理的意义

实施药品分类管理是国家从社会、经济发展实际出发所作出的决定。它适应我国社会主义市场经济体制发展并深化改革，加快医药卫生事业健康发展，完善药品监督管理体制，降低国家和个人医疗费用的实际需要。药品的分类管理意义在于：

1. 保障社会公众用药安全　实施药品分类管理，有利于提高药品监督管理水平，保障社会公众用药的安全、有效，否则既浪费了药品资源，又会使公众因滥用药物发生不良事件，甚至危及生命，有的还会产生机体耐药性或耐受性而导致以后治疗的困难。

2. 推动医药卫生事业发展　实施药品分类管理，有利于医药卫生事业健康发展，推动医药卫生制度改革，增强人们自我保健和药疗意识，满足人们在不同层次上对医疗保健消费需求的客观要求。同时，它也促进了合理利用社会医疗卫生资源与药品资源，使我国"人人享有初级卫生保健"目标早日实现，为医药行业调整产品结构，促进医药工业发展提供良好机遇。

3. 提高用药水平　实施药品分类管理，有利于国际合理用药的学术交流，提高用药水平。药品分类管理是国际上药品管理普遍应用的有效方法，WHO在1989年建议各国将这一管理制度作为药品政策立法议题，所以实行药品分类管理，有利于逐步与国际上通行的药品管理模式接轨。

三、药品分类管理措施

(一) 我国药品分类管理制度发展历程

20 世纪 80 年代末, 我国医药管理部门开始对处方药与非处方药分类管理工作进行研究和探讨。1996 年 4 月, 由卫生部等五部局成立了以卫生部为组长单位的推行处方药与非处方药领导小组, 中国药学会设立了国家非处方药领导小组办公室, 开始进行政策研究、非处方药遴选等工作。1997 年 1 月, 《中共中央、国务院关于卫生改革与发展的决定》文件中指出: "国家建立并完善处方药与非处方药分类管理制度", 这是第一次在中央文件中正式提出建立药品分类管理制度。

1998 年, 原 SDA 组建和正式运行以后, 把药品按处方药与非处方药分类管理作为药品监管的重要工作之一, 积极与有关部门进行协调。1999 年 6 月 18 日和 1999 年 12 月 28 日, 原 SDA 分别颁布了《处方药与非处方药分类管理办法》(试行) 和《处方药与非处方药流通管理暂行规定》, 对处方药和非处方药的生产、流通、使用等作出了详细要求, 从此, 我国开始实行药品分类管理制度。

2004 年 3 月 16 日, SFDA 出台了《非处方药注册审批补充规定》, 对非处方药的注册作出了专门规定。同年 4 月, 又印发了《关于开展处方药与非处方药转换评价工作的通知》, 决定从 2004 年开始开展处方药与非处方药转换评价工作, 并对非处方药目录实行动态管理。我国药品分类管理制度逐步走向完善。

为进一步推动药品分类管理工作, 2004 年 6 月, SFDA 发布了《实施处方药与非处方药分类管理 2004~2005 年工作规划》的通知, 要求对零售药店分类进行管理, 并计划开始进行《处方药与非处方药分类管理条例》的立法工作。

(二) 药品分类管理具体规定

目前, 关于药品分类管理的规定主要来自《处方药与非处方药分类管理办法 (试行)》、《处方药与非处方药流通管理暂行规定》及《关于开展处方药与非处方药转换评价工作的通知》。下面将从药品的生产、流通、使用等环节来介绍药品分类管理的具体规定。

1. 部门职责 国家药品监督管理部门负责处方药与非处方药分类管理办法的制定。地方各级药品监督管理部门负责辖区内处方药与非处方药分类管理的组织实施和监督管理。

国家药品监督管理部门负责非处方药目录的遴选、审批、发布和调整工作。

2. 生产 处方药和非处方药生产企业必须具有《药品生产许可证》, 生产品种应取得药品批准文号。生产企业必须将相应的警示语或忠告语醒目地印制在药品包装或药品说明书上。

3. 流通

(1) 药品批发企业: 药品批发企业必须具有《药品经营许可证》, 一方面具有与经营规模、经营范围相适应的一定数量的执业药师, 质量管理负责人具有大学以上学历, 且必须是执业药师; 另一方面具有能够保证药品储存质量要求的, 与其经营品种和规模相适应的常温库、阴凉库、冷库。

药品批发企业必须按分类管理、分类销售的原则和规定，向具有合法经营资格的药品零售企业和医疗机构销售处方药和非处方药，并要按有关药品监督管理规定保存销售记录备查。

（2）**药品零售企业**

1）零售药店：零售药店必须具有《药品经营许可证》，并配备驻店执业药师或药师以上的药学技术人员。《药品经营许可证》、执业药师证书应悬挂在醒目、易见的地方。执业药师应佩戴标明其姓名、技术职称等内容的胸卡。

零售药店必须从具有《药品生产许可证》、《药品经营许可证》的药品生产、批发企业采购处方药和非处方药，并按有关规定保存采购记录备查。

处方药、非处方药应当分柜摆放，不得采用有奖销售、附赠药品或礼品等方式销售。

处方药不得采用开架自选的销售方式，必须凭执业医师或执业助理医师的处方销售、购买和使用。执业药师或药师必须对医师处方进行审核、签字后，依据处方正确调配、销售药品。对处方不得擅自更改或代用。对有配伍禁忌或超剂量的处方，应拒绝调配、销售；必要时，经处方医师更正或重新签字，方可调配、销售。处方必须留存2年以上备查。

非处方药可不凭医师处方销售、购买和使用，但患者可以在执业药师或药师的指导下购买和使用。执业药师或药师应当为患者选购非处方药提供用药指导或提出寻求医师治疗的建议。

2）普通商业企业：在药品零售网点不足的地区，普通商业企业可以销售乙类非处方药，但必须经过当地地市级以上药品监督管理部门审查、批准、登记，符合条件的，颁发乙类非处方药准销标志。

销售乙类非处方药的普通商业企业应根据便民、利民的原则合理布局，销售乙类非处方药时，应设立专门货架或专柜，按规定摆放药品，不得销售处方药和甲类非处方药。

普通商业企业的乙类非处方药销售人员及相关管理人员必须经过专业培训，由省级药品监督管理部门或其授权的药品监督管理部门考核，合格后持证上岗。

普通商业企业必须从具有《药品经营许可证》、《药品生产许可证》的药品批发、生产企业采购乙类非处方药，并按有关规定保存采购记录备查。

连锁超市销售的乙类非处方药必须由连锁总部统一从合法的供应渠道和供应商采购、配送，分店不得独自采购。总部必须具备与所经营药品和经营规模相适应的仓储条件，至少配备1名药师以上技术职称的药学技术人员，负责进货质量验收及日常质量管理工作。

4. 使用　处方药必须由执业医师或执业助理医师处方。医师处方必须遵循科学、合理、经济的原则，医疗机构应据此建立相应的管理制度。

消费者有权自主选购非处方药，并须按非处方药标签和说明书所示内容使用。

医疗机构根据医疗需要可以决定或推荐使用非处方药。

5. 标识及广告　非处方药除标签和说明书应符合规定外，用语还应科学、易懂，以便于消费者自行判断、选择和使用；非处方药的标签和说明书必须经国家药品监督管理部门批准。

非处方药的包装必须印有国家指定的非处方药专有标识（见图3-1）；必须符合质量要求，方便储存、运输和使用；每个销售基本单元包装须附有标签和说明书。

长:高 30:14
红色 M100 Y100
白色

甲类非处方药品

长:高 30:14
绿色 C100 M50 Y70
白色

乙类非处方药品

图 3-1   非处方药专有标识

处方药只允许在国务院卫生行政部门和国家药品监督管理部门共同指定的医学、药学专业刊物上介绍，非处方药经审批后可以在大众传播媒介进行广告宣传。

资料链接

处方药与非处方药的转化

非处方药制定实施后并非一成不变的，每隔3～5年还要进行一次再评价，推陈出新，优胜劣汰，确保非处方药的有效性和安全性。随着医药科技的发展，新药大量上市，对每一种非处方药的认识也在不断深入，有的处方药不太可能成为非处方药，但经过改变剂型或减小规格剂量后也可能变成非处方药，也就是说把那些性能更优良，更安全有效的非处方药增补进去，淘汰一部分过时的非处方药，如目前世界非处方药的主要类别有以下8种：解热镇痛药、镇咳抗感冒药、消化系统药、皮肤病用药、滋补药、维生素、微量元素及添加剂。而下列几类药物可能经转换后上市成为非处方药：止喘药、口服避孕药、肌肉松弛药、心血管药（不包括钙拮抗剂）和抗感染药。

本章小结

通过本章的学习，我们对国家药物政策及相关政策法规有了初步的了解。

首先，本章第一节是对国家药物政策的概述。国家药物政策是国家卫生政策的基本组成部分，是用于指导国家内部有关药品的研制、生产、流通、使用、监督管理等活动的重要纲领性文件，通过对国家药物政策概念的学习，我们对国家药物政策有了初步的认识；学习了国家药物政策的目标和结构体系后，进一步了解组成其各项制度的具体内容。

其次，第二节介绍了国家基本药物制度。通过介绍基本药物制度相关概念及基本药物制度发展历程，我们对基本药物有了初步的了解；然后进一步学习了推行国家基本药物制度的目的和意义，通过纠正不合理用药行为，充分、合理地利用有限的医药卫生资源，来实现

"人人享有初级卫生保健"的目标；最后通过学习国家基本药物目录遴选调整管理机制、基本药物供应保障体系、基本药物优先选择和合理使用制度来了解国家基本药物制度的具体推行模式及措施。

最后，本章介绍了药品分类管理制度的相关内容。学习了处方药、非处方药的概念及各自特点；了解并认识我国实现药品分类管理的目的和现实意义；熟悉我国实行药品分类管理的具体相关规定。

第四章
药事管理法

 **案例导入**

一则关于法律适用的案例

案情　某药品监管人员在日常监督检查中，发现辖区内某中药饮片生产企业在未经批准情况下，擅自购进蜜制罂粟壳并销售。经调查，该企业是从定点罂粟壳批发企业购进该批蜜制罂粟壳，目前已售出部分罂粟壳。

执法分歧　第一种意见认为，应按未经批准擅自购进麻醉药品进行处理。罂粟壳属于麻醉药品，根据《麻醉药品和精神药品管理条例》第三十四条规定，药品生产企业需要麻醉药品作为原料生产药品的，应当经省药品监督管理部门批准，向定点生产企业购买。该企业未经批准擅自购买麻醉药品，应依据《麻醉药品和精神药品管理条例》第七十一条规定进行处理。

第二种意见认为，应按未办理变更许可事项进行处理。根据《罂粟壳管理暂行规定》第二条规定，国家对生产中药饮片和中成药所需罂粟壳的生产、经营和使用实行特殊管理，由于该中药饮片生产企业不属于定点生产、经营企业而销售罂粟壳，属于超范围生产、经营药品，应按《药品管理法实施条例》第七十四条规定进行处理。

第三种意见认为，应根据《药品管理法》第七十三条规定按无证经营处理。根据《药品流通监督管理办法》第九条规定，药品生产企业只能销售本企业生产的药品，不得销售本企业委托生产的或他人生产的药品。依据《药品流通监督管理办法》第三十二条和《药品管理法》第七十三条的相关规定进行处理。

评析　《麻醉药品和精神药品管理条例》第三十四条规定对药品生产企业进行处罚的前提是，企业将麻醉药品作为其生产药品的原料，必须经有关药品监管部门批准。而本案中已知的事实是，该中药饮片生产企业擅自购进蜜制罂粟壳并将部分进行销售，至于剩下的罂粟壳是作为生产药品的原料使用还是继续销售，将直接影响案件的定性和处理结果。因此，对该企业的行为不能直接认定为未经批准擅自购进麻醉药品，而是待药品监管部门核查清楚有关事实后，根据核查的结果再决定如何处理。因此，上述第一种意见有其片面之处。

至于第二种意见，可以这样分析：从该中药饮片生产企业买卖罂粟壳的事实来看，该企业并没有实际进行以罂粟壳为原料的产品生产。《药品管理法实施条例》第七十四条规定了药品生产、经营企业和医疗机构变更药品生产经营许可事项，应当办理变更登记手续而未办理的罚则，这里所谓的"变更许可事项"，是指《药品生产监督管理办法》第十五条第二款规定的企业负责人、生产范围、生产地址的变更。而本案中该企业购进并销售罂粟壳的行为并未发生生产范围的变更，因此也就不存在超范围生产的情形，所以对该中药饮片企业的行为不能依据超范围生产而按照《药品管理法实施条例》第七十四条规定进行处理。

案例中该生产企业属于中药饮片生产加工企业，而非经营企业，根据有关规定，该企业除可以销售企业自己生产的产品外，不能销售其他企业生产的产品。从《药品流通监督管理办法》第三十二条规定来看，该企业销售罂粟壳的行为应被认为是《药品管理法》第七十三条规定的没有取得药品生产、经营许可证的无证生产、经营行为。从法理上分析，之所以将销售其他企业生产的药品确定为无证经营的行为，是因为药品生产企业进行相关的药品生产所取得的只是《药品生产许可证》，而并没有取得《药品经营许可证》，据此，企业有权销售属于本企业生产的产品，而无权销售委托生产和其他企业生产的产品，在此情况下，如销售其他企业生产的产品，因没有取得经营许可证，自然其行为就属于没有取得相应许可证而从事销售活动的行为，对于该类行为也就应按照《药品管理法》第七十三条的规定进行处理。由此可见，上述第三种意见是正确的。

（资料来源：张建兴．企业擅自购进并销售罂粟壳如何处理．中国医药报，2008 - 12 - 06）

思考

1. 针对药品流通，我国都有哪些相关的法律法规进行规范？
2. 涉及具体违法事件时，这些法律法规应如何适用？
3. 《药品管理法》在整个药事管理活动中的地位如何？

上则案例反映了我国药事管理法在调整药事活动中的适用问题。药事管理法是调整与药事活动相关的各种社会关系的法律规范的总和。那么，我国药事管理法都对哪些药事活动进行了规范？整个药事管理法律体系由哪些法律法规构成？《药品管理法》作为药事管理法中的一部重要法律，其主要内容有哪些？本章将对这些内容进行详细的介绍。

第一节　药事管理法概述

药事管理法调整与药事活动相关的各种社会关系。完善健全的药事管理法律体系对于保证药品质量，保障人体用药安全有效，维护公众健康，促进医药事业健康发展具有不可替代的作用。

一、药事管理法

（一）药事管理法的概念

药事管理法是指由国家制定或认可，并由国家强制力保证实施的，调整与药事活动相关的各种社会关系的法律规范的总和，包括相关的法律、法规、规章等。药事管理法的法律依据是《中华人民共和国宪法》（以下简称宪法），药事管理法将宪法第二十一条规定的"国家发展医疗卫生事业，发展现代医药和我国传统医药"作为药事管理的准则，对药事活动进行调整和规范，在保证药品质量，保障人体用药安全，维护公众合法权益方面起到了重要作用。

（二）药事管理法的立法宗旨

药事管理法是广义的概念，不能狭义地等同于《药品管理法》。《药品管理法》只是药事管理法律体系中的一部分，其宗旨不能完全代表药事管理法的宗旨。《药品管理法》的立法宗旨是加强药品监督管理，保证药品质量，保障人体用药安全，维护人民身体健康和用药的合法权益。本书将药事管理法的立法宗旨表述为：围绕药品质量加强对药事活动的管理，保障药品的安全性、有效性、经济性、合理性，维护公众身体健康和用药的合法权益。

（三）药事管理法的渊源

我国法的渊源主要是以宪法为核心的各种制定法，包括宪法、法律、行政法规、地方性法规、经济特区的规范性文件、特别行政区的法律法规、规章、国际条约、国际惯例等。药事管理法律体系在形式上由宪法、法律、行政法规、部门规章、地方性法规和地方规章等组成。这些不同形式的法律文件，依据其制定修改主体及审议颁布程序的不同，具有不同的法律效力等级。

1. 宪法　宪法规定国家的根本制度和根本任务，具有最高的法律地位和法律效力，是其他法的立法根据或基础。任何法律法规都不得与宪法相抵触。宪法是我国所有法律的渊源。宪法第二十一条规定，国家发展医疗卫生事业，发展现代医药和我国传统医药，鼓励和支持农村集体经济组织、国家企业事业组织和街道组织举办各种医疗卫生设施，开展群众性的卫生活动，保护人民健康。

2. 法律　这里所说的法律是指狭义的法律，指全国人民代表大会及其常务委员会制定的规范性法律文件。单独的药事管理法律有《药品管理法》，与药事管理有关的法律有《中华人民共和国刑法》、《中华人民共和国民法通则》、《中华人民共和国广告法》、《中华人民共和国价格法》、《中华人民共和国专利法》等。

3. 行政法规　行政法规是我国国务院根据宪法和法律制定的关于国家行政管理活动方面的规范性文件，其法律效力低于宪法和法律。药事管理行政法规主要有《药品管理法实施条例》、《麻醉药品和精神药品管理条例》、《医疗用毒性药品管理办法》、《放射性药品管理办法》、《中药品种保护条例》、《野生药材资源保护管理条例》等。

4. 部门规章　由国家药品监督管理部门制定的规章主要有《药品注册管理办法》、《药品生产质量管理规范》、《药品经营质量管理规范》等。此外，卫生部、国家发展和改革委员会、国家中医药管理局、国家工商行政管理总局、劳动与社会保障部等部门也在其职权范围内颁布了一些药事管理规章，这些规章也是药事管理法律体系的重要组成部分。

5. 地方性法规 地方性法规是指地方各级国家权力机关依法制定的适用于本行政区的规范性法律文件。地方性法规的法律地位低于宪法和法律。

6. 地方政府规章 地方政府规章是指省（自治区、直辖市）以及省级人民政府所在地的市和国务院批准的较大的市的人民政府，在不与宪法、法律、行政法规相抵触的前提下，根据本行政区域的实际情况所制定的有关药事管理的规范性文件，如《浙江省医疗机构药品和医疗器械使用监督管理办法》。

7. 自治条例和单行条例 民族区域自治地方人民代表大会及其常委会根据宪法、民族区域自治法和其他法律的规定，可以制定自治条例、单行条例、变通规定和补充规定，其中涉及药事管理的内容，称为民族区域自治地方药事管理法规，在民族区域自治地方具有法律效力。

8. 国际药事条约 国际药事条约指我国与外国签订的或批准、承认的某些国际条约或协定，如《麻醉品单一公约》，这些条约或协定可以由全国人大常委会批准承认或同外国缔结，国务院按照职权范围代表中国政府签署承认或同外国缔结。

二、药事管理法律体系

（一）法律体系的概念

法律体系是指由按照一定的原则和标准划分的同类法律规范组成的不同法律部门所构成的一个有机联系的整体。法律体系也称为部门法体系。法律部门，又称部门法，是指一个国家根据不同的原则和标准所划分的本国同类法律规范的总称，是法律体系的有机组成部分。我国的主要法律部门有宪法、行政法、民法、商法、经济法、劳动法和社会保障法、刑法、诉讼程序法。药事管理法律体系中的《药品管理法》属于行政法法律部门。《药品管理法》中关于假药、劣药的认定以及生产销售假药、劣药刑事责任的规定则属于刑法范畴。

（二）药事管理法律体系的概念

药事管理法律体系是国家制定和认可并依靠国家强制力保证其实施的，以保障药品质量的形成、保持和实现为目的的行为规范的总称。它以宪法为最终依据，以《药品管理法》和《药品管理法实施条例》为主干，由数量众多的药事管理法律、法规、规章及其他药事管理规范性文件，按照一定的标准、原则、功能和层次组成的相互配合、相互补充、相互协调、相互制约的规则系统。整个规则系统组成一张严密的网，对药品的研制、生产、流通、使用和监督管理各个方面进行严格的法律调整，以保证药品质量能够可靠地的形成和保持，并最终在患者身上得到实现，最大限度地实现药品的安全性、有效性、经济性及合理性。

（三）药事管理法律体系的特征

药事管理法律体系除了具有法律体系的一般特征，如规范性、客观性、系统性外，还具有以下几个特征：

1. 以维护公众健康为宗旨 对药品的研制、生产、流通和使用的全过程进行严格的法律规范，为保障药品的安全性、有效性、经济性、合理性和维护公众健康提供强有力的法律基础。

2. 以规范药品管理为目标　为了实现维护公众健康的宗旨，药事管理法律体系以规范药品管理为目标，即对药品的研制、生产、流通、使用和监督管理各个环节进行全方面、系统的规范管理。随着诸多专项管理法律法规的出台，我国药事管理法律体系日趋完善。

3. 以质量管理为核心　药品的质量与公众健康息息相关。药事管理法律体系以质量管理为核心。为了保证药品的质量，药事管理法律体系中有许多法律规范和一系列的技术规范对影响药品质量的各个环节进行指导与管理。随着药事管理活动向规范化、科学化、法治化和国际化方向发展，对一些重要的技术规范法制化的需求不断突出。在现代药事管理法律体系中，以医药科学技术为基础的技术法律规范将占据重要地位。

> **资料链接**

我国的药事管理立法概况

我国药事管理立法大体经历了三个阶段：

1. 新中国成立前的药事管理立法　我国现代药事管理立法，始于1911年辛亥革命之后。1912年成立的中华民国南京临时政府采用新制，在内务部下设卫生司，为全国卫生行政主管部门，下属第四科主办药政工作。1928年，国民党政府改卫生司为卫生部。1911年至1949年间，先后发布的主要药事管理法规有《药师暂行条例》（1929年）、《管理药商规则》（1929年）、《麻醉药品管理条例》（1929年）、《购用麻醉药品暂行办法》（1935年）、《管理成药规则》（1930年）、《细菌学免疫学制品管理规则》（1937年）、《药师法》（1943年）等。由于特殊的政治历史原因，新中国成立前的药事管理立法比较粗陋，未能得到有效施行。

2. 新中国成立到改革开放以前的药事管理立法　新中国成立以后，为了配合戒烟禁毒工作和清理旧社会遗留下来的伪劣药品问题，卫生部制定了《关于严禁鸦片烟毒的通令》、《关于管理麻醉药品暂行条例的公布令》、《关于麻醉药品临时登记处理办法的通令》、《关于由资本主义国家进口西药检验管理问题的指示》等一系列行政性很强的规范性文件。1958年至1965年间，我国制药工业迅速发展，国家有关部委制定了一系列加强生产管理的规章，如《关于综合医院药剂科工作制度和各级人员职责》、《关于药政管理的若干规定》、《管理毒药、限制性剧药暂行规定》、《关于药品宣传工作的几点意见》等。

3. 改革开放以来药事管理立法的发展　改革开放以后，国家明确提出了建设社会主义法治国家的宏伟目标，开始了建设法治国家的探索和实践。1978年国务院颁布了新时期第一个纲领性药事管理文件——《药政管理条例（试行）》，国务院和其有关部门颁布了一系列配套行政法规和部门规章，如《麻醉药品管理条例》、《新药管理办法（试行)》、《卫生部关于医疗用毒药、限制性剧药管理规定》等。这些法规和规章，对保证药品质量，维护人体用药的安全有效，维护社会公众身体健康，发挥了积极的作用。但许多法规和规章缺乏法律责任的具体规定，执法主体不明确，法律效力有限。1984 年 9月 20 日，第六届全国人民代表大会常务委员会第七次会议审议通过了《药品管理法》，1985 年 7 月 1 日起正式施行。2001 年 2 月 28 日，第九届全国人大常委会第二十次会议审议通过了《药品管理法（修订草案)》，自 2001 年 12 月 1 日开始实施。为了贯彻实施新修订的《药品管理法》，2002 年 8 月 15 日国务院公布了《药品管理法实施条例》，于2002 年 9 月 15 日起施行。

第二节　药事管理法律体系内容

　　我国药事管理法律体系存在着以法律效力的层级性为顺序的纵向结构，在具体领域还存在着横向结构。本节按照横向结构对药事管理法律体系进行介绍，即介绍其在药品研制、生产、流通、使用、上市后再评价以及其他专项管理方面的法律规范情况。

一、药品研制与生产法律体系

（一）《药品管理法》

1. 对药品研制的规定　《药品管理法》第四条规定，国家鼓励研究和创制新药，保护公民、法人和其他组织研究、开发新药的合法权益。

　　《药品管理法》第二十九条规定，研制新药，必须按照国家药品监督管理部门的规定如实报送研制方法、质量指标、药理及毒理试验结果等有关资料和样品，经国家药品监督管理部门批准后，方可进行临床试验。药物临床试验机构资格的认定办法，由国家药品监督管理部门、国务院卫生行政部门共同制定。完成临床试验并通过审批的新药，由国家药品监督管理部门批准，发给新药证书。

　　《药品管理法》第三十条规定，药物的非临床安全性评价研究机构和临床试验机构必须分别执行《药物非临床研究质量管理规范》（GLP）、《药物临床试验质量管理规范》（GCP）。此条规定使 GLP 和 GCP 具有法律上的强制约束力。实施 GLP 和 GCP 将促使药物研究更加严谨、科学、规范。

2. 对药品生产的规定　《药品管理法》第二章专门对药品生产企业进行了法律规定。《药品管理法》第七条规定，开办药品生产企业，须经企业所在地省级药品监督管理部门批准并发给《药品生产许可证》，凭《药品生产许可证》到工商行政管理部门办理登记注册。无《药品生产许可证》的，不得生产药品。《药品生产许可证》应当标明有效期和生产范围，到期重新审查发证。

　　《药品管理法》第九条规定，药品生产企业必须按照国家药品监督管理部门依据本法制定的《药品生产质量管理规范》（GMP）组织生产。药品监督管理部门按照规定对药品生产企业是否符合 GMP 的要求进行认证；对认证合格的，发给认证证书。GMP 的具体实施办法、实施步骤由国家药品监督管理部门规定。这个规定赋予了 GMP 法律效力及强制执行力。

（二）《药品管理法实施条例》

《药品管理法》是一部与公众生活密切相关的重要法律，它能否全面、正确地得到贯彻实施，直接关系到公众的身体健康和生活质量。为了切实贯彻实施《药品管理法》，2002 年国务院制定了《药品管理法实施条例》，其法律效力低于《药品管理法》。《药品管理法实施条例》细化了《药品管理法》中的部分内容，如明确了具体办理《药品生产许可证》的规定；针对《药品管理法》第十三条委托生产药品的内容，提出了接受委托生产药品的受托方必须是持有与其受托生产的药品相适应的 GMP 认证证书的药品生产企业，疫苗、血液制品和国家药品监督管理部门规定的其他药品，不得委托生产。

（三）GLP、GCP 和 GMP

为提高药物非临床研究的质量，确保实验资料的真实性、完整性和可靠性，保障公众用药安全，原 SDA 根据《药品管理法》制定了《药物非临床研究质量管理规范》（GLP）。GLP 适用于为申请药品注册而进行的非临床研究，药物非临床安全性评价研究机构必须遵循此规范。GLP 现行版本从 2003 年 9 月 1 日起施行。

《药物临床试验质量管理规范》（GCP）是为保证药品临床试验的科学性、可靠性和重现性而制定的规范。GCP 保护了志愿受试者和患者在新药研究中的安全和利益，同时规定了生产者申请临床实验所要出具的有价值的临床资料。GCP 对临床试验全过程的标准进行了规定，包括方案设计、组织实施、监察、稽查、记录、分析总结和报告。凡进行各期临床试验、人体生物利用度或生物等效性试验，均须按此规范执行。GCP 现行版本是从 2003 年 9 月 1 日起施行的。

我国提出在制药企业中推行《药品生产质量管理规范》（GMP）是在 20 世纪 80 年代初。1982 年，中国医药工业公司参照一些先进国家的 GMP 制定了《药品生产管理规范》（试行稿），并开始在一些制药企业试行。1988 年，根据《药品管理法》，卫生部颁布了我国第一部 GMP，作为正式法规执行，并于 1992 年和 1998 年对 GMP 进行了两次修订。2001 版《药品管理法》要求强制实施 GMP。通过强制实施 GMP，我国药品生产企业生产环境和生产条件发生了根本性转变，制药工业总体水平显著提高。药品生产秩序的逐步规范，从源头上提高了药品质量，有力地保证了公众用药的安全。

（四）《药品生产监督管理办法》

药品生产监督管理是指药品监督管理部门依法对药品生产条件和生产过程进行审查、许可、监督检查等管理活动。为加强药品生产的监督管理，SFDA 根据《药品管理法》、《药品管理法实施条例》制定了《药品生产监督管理办法》。现行有效的是 2004 年 8 月 5 日颁布的版本。该办法对开办药品生产企业的申请与审批、药品生产许可证管理、药品委托生产的管理等方面进行了详细的规定。

（五）《医疗机构制剂配制质量管理规范》（试行）

医疗机构制剂是指医疗机构根据本单位临床需要而常规配制、自用的固定处方制剂。

《医疗机构制剂配制质量管理规范》（试行）是根据《药品管理法》的规定，参照GMP的基本原则制定的。《医疗机构制剂配制质量管理规范》（试行）是医疗机构制剂配制和质量管理的基本准则，适用于制剂配制的全过程。该规范于2000年12月5日经原SDA局务会议通过，于2001年3月13日发布，此规范自发布之日起开始施行。

二、药品流通法律体系

药品流通是指药品从药厂生产出来到由患者消费获得的过程。药品流通一般包括药品批发和零售两个环节，是连接生产企业和消费终端的桥梁。

（一）《药品管理法》与《药品管理法实施条例》

《药品管理法》与《药品管理法实施条例》第三章药品经营企业管理专门对药品经营企业进行了一系列的规定。《药品管理法》第十四条规定，开办药品批发企业，须经企业所在地省级药品监督管理部门批准并发给《药品经营许可证》；开办药品零售企业，须经企业所在地县级以上地方药品监督管理部门批准并发给《药品经营许可证》，凭《药品经营许可证》到工商行政管理部门办理登记注册。无《药品经营许可证》的，不得经营药品。《药品经营许可证》应当标明有效期和经营范围，到期重新审查发证。《药品管理法》第十六条规定，药品经营企业必须按照国家药品监督管理部门制定的《药品经营质量管理规范》（GSP）经营药品。药品监督管理部门按照规定对药品经营企业是否符合GSP的要求进行认证；对认证合格的，发给认证证书。GSP的具体实施办法、实施步骤由国家药品监督管理部门规定。《药品管理法》第十七条规定了进货检查验收制度，要求验明药品合格证明和其他标识；不符合规定要求的，不得购进。《药品管理法》第二十条规定，药品经营企业必须制定和执行药品保管制度，采取必要的冷藏、防冻、防潮、防虫、防鼠等措施，保证药品质量。药品入库和出库必须执行检查制度。

《药品管理法》及《药品管理法实施条例》第七章对药品价格和广告的管理进行了明确规定。

《药品管理法》第五十五条规定，依法实行政府定价、政府指导价的药品，政府价格主管部门应当依照《价格法》规定的定价原则，依据社会平均成本、市场供求状况和社会承受能力合理制定和调整价格，做到质价相符，消除虚高价格，保护用药者的正当利益。药品的生产企业、经营企业和医疗机构必须执行政府定价、政府指导价，不得以任何形式擅自提高价格。药品生产企业应当依法向政府价格主管部门如实提供药品的生产经营成本，不得拒报、虚报、瞒报。依法实行市场调节价的药品，药品的生产企业、经营企业和医疗机构应当按照公平、合理和诚实信用、质价相符的原则制定价格，为用药者提供价格合理的药品。第五十六条规定，药品的生产企业、经营企业和医疗机构应当遵守国务院价格主管部门关于药价管理的规定，制定和标明药品零售价格，禁止暴利和损害用药者利益的价格欺诈行为。

针对药品广告过多、过滥，对药品的功效作虚假宣传，误导消费者的现象，2001年修订后的《药品管理法》加强了对药品广告的管理。《药品管理法》第六十条规定，药品广告须经企业所在地省级药品监督管理部门批准，并发给药品广告批准文号；未取得药品广告批准文号的，不得发布。处方药可以在国务院卫生行政部门和国家药品监督管理部门共同指定的医学、药学专业刊物上介绍，但不得在大众传播媒介发布广告或者以其他方式进行以公众为对象的广告宣传。《药品管理法》规定省级药品监督管理部门应当对其批准的药品广告进行检查，对于违反本法和《广告法》的广告，应当向广告监督管理机关通报并提出处理建议，广告监督管理机关应当依法作出处理。

（二）药品流通法律体系中的规章

药品流通法律体系中专门的规章有 SFDA、国家工商行政管理总局审议通过的《药品广告审查办法》、原 SDA 颁布的《药品经营质量管理规范》（GSP）等。

《药品经营质量管理规范》（GSP）于 2000 年 3 月 17 日经原 SDA 局务会审议通过，自 2000 年 7 月 1 日起施行。它以加强药品经营质量管理，保证公众用药安全有效为目的，依据《药品管理法》等有关法律、法规制定。GSP 明确规定药品经营企业应在药品的购进、储运和销售等环节实行质量管理，建立包括组织结构、职责制度、过程管理和设施设备等方面的质量体系，并使之有效运行。GSP 是药品经营质量管理的基本准则，适用于我国境内经营药品的专营或兼营企业。GSP 的内容主要分为两部分，一部分是药品批发的质量管理，另一部分是药品零售的质量管理。

（三）药品流通法律体系中的其他规范性文件

其他规范性文件主要有自 2004 年 1 月 1 日起施行的《药品进口管理办法》、自 2004 年 4 月 1 日起施行的《药品经营许可证管理办法》、自 2007 年 5 月 1 日起施行的《药品流通监督管理办法》等。

为整顿药品流通秩序，规范药品购销行为，原 SDA 于 1999 年颁布实施了《药品流通监督管理办法》（暂行）（以下简称《暂行办法》）。随着药品流通监督管理工作的发展，《暂行办法》中的一些条款已经不能适应药品流通监督管理的需要，SFDA 对《暂行办法》进行了修订，于 2006 年 12 月发布新的《药品流通监督管理办法》，自 2007 年 5 月 1 日起施行。

为加强药品监督管理，规范互联网药品交易，SFDA 根据《药品管理法》、《药品管理法实施条例》及其他相关法律法规，于 2005 年 9 月 29 日颁布了《互联网药品交易服务审批暂行规定》，规范了互联网药品交易服务。

三、药品使用法律体系

（一）《药品管理法》及《药品管理法实施条例》

《药品管理法》及《药品管理法实施条例》均在第四章对医疗机构的药剂管理进行了详细规定。《药品管理法》第二十二条规定，医疗机构必须配备依法经过资格认定的药学技术人员，非药学技术人员不得直接从事药剂技术工作；《药品管理法》第二十五条规定了医疗制剂的品种及调剂使用条件，并明确规定医疗机构配制的制剂不得在市场销售；第二十六条规定医疗机构购进药品，必须建立并执行进货检查验收制度。第二十七条规定了处方调配制度，第二十八条规定医疗机构必须制定和执行保证药品质量的药品保管制度。

（二）《医疗机构制剂配制质量管理规范》（试行）

《医疗机构制剂配制质量管理规范》（试行）是医疗机构制剂配制和质量管理的基本准

则，适用于制剂配制的全过程。这里主要涉及的是其关于医疗机构制剂使用方面的规定，包括医疗机构制剂应明确规定使用期限，制剂配发必须有完整的记录或凭据。制剂在使用过程中出现质量问题时，质量负责部门应及时进行处理，出现质量问题的制剂应立即回收并记录。

（三）其他医疗机构药事管理法律规范

为规范医疗机构药品购销活动，提高药品采购透明度，卫生部等五部委于 2000 年颁布了《医疗机构药品集中招标采购试点工作若干规定》，鼓励医疗机构实行药品集中招标采购，并规定了具体管理措施。为进一步规范药品集中招标采购，五部委于 2004 年 9 月 23 日发布《关于进一步规范医疗机构药品集中招标采购的若干规定》，2009 年 1 月 17 日卫生部、国家发展和改革委员会等部委联合发布《进一步规范医疗机构药品集中采购工作的意见》等。

2002 年卫生部、国家中医药管理局颁布《医疗机构药事管理暂行规定》，对医疗机构的药事管理组织、药学部门的设置，药品供应、制剂、调剂和研究管理以及医疗机构药学人员管理进行了较为全面的规定。

四、药品不良反应监测与上市后再评价法律体系

（一）药品不良反应监测

药品不良反应是指合格药品在正常用法用量下出现的与用药目的无关的或意外的有害反应。药品不良反应报告和监测是指药品不良反应的发现、报告、评价和控制的过程。

1.《药品管理法》中的相关规定 国家实行药品不良反应报告制度。药品生产企业、药品经营企业和医疗机构必须经常考察本单位所生产、经营、使用的药品质量、疗效和反应。发现可能与用药有关的严重不良反应，必须及时向当地省级药品监督管理部门和卫生行政部门报告。

对已确认发生严重不良反应的药品，国务院或者省级药品监督管理部门可以采取停止生产、销售、使用的紧急控制措施，并应当在 5 日内组织鉴定，自鉴定结论作出之日起 15 日内依法作出行政处理决定。

2.《药品不良反应报告和监测管理办法》中的相关规定 为加强上市药品的安全监督管理，规范药品不良反应报告和监测的管理，保障公众用药安全，国家药品监督管理部门制定了《药品不良反应报告和监测管理办法》，此办法经卫生部、国家食品药品监督管理局（SFDA）审议通过，于 2004 年 3 月 4 日起施行。

《药品不良反应报告和监测管理办法》规定国家实行药品不良反应报告制度。药品生产企业、药品经营企业、医疗机构应按规定报告所发现的药品不良反应。它同时还对不良反应的评价与控制、相关责任主体的违法处罚进行了规定，对不良反应相关概念进行了解释。

（二）药品上市后再评价

药品上市后再评价是指通过对已经批准上市的药品进行不良反应监测结果分析、药物经济学分析、药物流行病学相关研究等处理，对其安全性、有效性、经济性及合理性作出科学

的评估。

1.《药品管理法》中的相关规定 《药品管理法》第三十三条规定，国家药品监督管理部门组织药学、医学和其他技术人员，对新药进行审评，对已经批准生产的药品进行再评价。同时，《药品管理法》还规定国家药品监督管理部门对已经批准生产或者进口的药品，应当组织调查；对疗效不确切、不良反应大或者其他原因危害人体健康的药品，应当撤销批准文号或者进口药品注册证书。已被撤销批准文号或者进口药品注册证书的药品，不得生产或者进口、销售和使用；已经生产或者进口的，由当地药品监督管理部门监督销毁或者处理。

2.《药品管理法实施条例》中的相关规定 国家药品监督管理部门对已批准生产、销售的药品进行再评价，根据药品再评价结果，可以采取责令修改药品说明书，暂停生产、销售和使用的措施；对不良反应大或者其他原因危害人体健康的药品，应当撤销该药品批准证明文件。

专门的《药品再评价管理办法》目前正在起草中。

（三）药品召回

药品召回，是指药品生产企业（这里所指生产企业包括进口药品的境外制药厂商）按照规定的程序收回已上市销售的存在安全隐患的药品。

为加强药品安全监督管理，保障公众用药安全，根据《药品管理法》、《药品管理法实施条例》、《国务院关于加强食品等产品安全监督管理的特别规定》，SFDA制定了《药品召回管理办法》并于2007年12月10日公布实施。

五、药品专项管理法律规范

（一）药品标准管理法律规范

药品标准，是指国家对药品的质量规格及检验方法所作的技术规定，是药品的生产、流通、使用及检验、监督管理部门共同遵循的法定依据。

药品标准体系主要由国家药品标准体系和其他药品标准构成。国家药品标准体系由三种形式的国家药品标准构成，即药典标准、局颁标准、注册标准。药典是记载国家药品标准的法典，由国家组织药典委员会编纂，现行版本为2005年版；未列入药典的其他药品标准，由国家药品监督管理部门另行成册颁布，成为局颁标准；药品注册标准，是指原SDA批准给申请人特定药品的标准，生产该药品的药品生产企业必须执行该注册标准。

其他药品标准主要有省级药品监督管理部门制定、修订的中药炮制规范和省级药品监督管理部门审核批准的医疗机构制剂标准。

（二）特殊管理药品法律规范

《药品管理法》第三十五条规定，国家对麻醉药品、精神药品、医疗用毒性药品、放射性药品实行特殊管理。管理办法由国务院制定。特殊管理的药品一方面与一般的药品一样，具有医疗和科学价值，在诊断、治疗和预防疾病等过程中有一定的作用，但是在另一方面，由于这四类药品具有特殊的生理、药理作用，如果管理不当或使用不当，则会引发诸如公共卫生、社会治安和经济方面的问题。比如，由于麻醉药品和精神药品的易成瘾性、易产生药物依赖性，滥用麻醉药品和精神药品会对人体和社会造成极大的危害，这已成为当今世界上存在的严重社会问题和公共卫生问题。《药品管理法》第四十五条规定了麻醉药品和国家规定范围内的精神药品的进出口必须持有相应许可证。

《麻醉药品和精神药品管理条例》于2005年11月1日起施行。它是为了加强麻醉药品和精神药品的管理，保证麻醉药品和精神药品的合法、安全、合理使用，防止流入非法渠道，根据《药品管理法》和其他有关法律的规定而制定的条例。医疗用毒性药品是指毒性剧烈、治疗剂量与中毒剂量相近，使用不当会致人中毒或死亡的药品。我国在医疗用毒性药品管理方面主要有《医疗用毒性药品管理办法》，该办法于1988年12月27日发布施行。

放射性药品是指用于临床诊断或者治疗的放射性核素制剂或者其标记药物。我国在放射性药品管理方面主要有《放射性药品管理办法》，该法于1989年1月13日发布施行。

此外，还有一些关于特殊管理药品的规范性文件，如2005年发布的《麻醉药品和精神药品邮寄管理办法》；2005年发布的《麻醉药品和精神药品生产管理办法（试行）》；2006年发布的《医疗机构制备正电子类放射性药品管理规定》；2006年发布的《放射性药品说明书规范细则》等。

（三）中药管理法律规范

为保护和合理利用野生药材资源，1987年国务院制定了《野生药材资源保护管理条例》；为规范中药材生产，保证中药材质量，国家药品监督管理部门相继颁布了《中药材生产质量管理规范（试行）》（中药材GAP）、《中药材生产质量管理规范认证管理办法（试行）》及《中药材GAP认证检查评定标准（试行）》；国务院于1992年颁布了《中药品种保护条例》，规定了中药保护品种的等级划分和具体保护措施；SFDA于2009年2月发布实施《中药品种保护指导原则》。

（四）药品知识产权及信息服务管理法律规范

1. 药品行政保护条例　为兑现国际承诺，解决国外专利药品在我国的知识产权保护问题，1992年国务院授权原国家医药管理局制定颁布了《药品行政保护条例》，规定了药品行政保护的申请与审批程序、保护内容及期限等。2000年4月，原SDA制定了《药品行政保护条例实施细则》，于同年10月24日发布施行。

2. 互联网药品信息服务管理暂行规定　为规范互联网信息服务业务，保障互联网信息服务的合法性、真实性和安全性，2000年10月20日，国务院发布了《互联网信息服务管理办法》，该办法也适用于互联网药品信息服务。SFDA针对互联网药品信息服务的特点，于2004年7月8日颁布《互联网药品信息服务管理办法》，2005年9月29日颁布《互联网药品交易服务审批暂行规定》。这些规范性文件的颁布实施，表明我国互联网药品信息服务法律规范已经建立并逐步完善。

（五）国家药品储备管理法律规范

《药品管理法》第四十三条明确规定，国家实行药品储备制度，国内发生重大灾情、疫情及其他突发事件时，国务院规定的部门可以紧急调用企业药品。1999年6月15日，原国家经济贸易委员会对《国家药品医疗器械储备管理暂行办法》进行了修订，颁布了现行的《国家医药储备管理办法》。

六、执业药师管理法律规范

1.《执业药师资格制度暂行规定》 1994 年，原人事部和原国家医药管理局联合颁发了《执业药师资格制度暂行规定》，翌年原人事部又与国家中医药管理局联合颁发了《执业中药师资格制度暂行规定》。1999 年 4 月，原人事部和原 SDA 对上述两个规定进行了修订，制定了统一的《执业药师资格制度暂行规定》，实施至今。

2.《执业药师注册管理暂行办法》 《执业药师注册管理暂行办法》由原国家医药管理局于 1994 年制定，原 SDA 于 2000 年进行了修订，SFDA 于 2004 年、2008 年对其提出补充意见。它是执业药师资格制度的配套规章，规定我国执业药师实行注册制度，并详细规定了具体注册管理办法。

3.《执业药师资格考试实施办法》和《执业药师继续教育管理暂行办法》 1994 年，原人事部和原国家医药管理局颁布《执业药师资格考试实施办法》，1999 年，原人事部和原 SDA 对其进行了修订。2000 年，原 SDA 颁布《执业药师继续教育管理暂行办法》。2003 年 SFDA 对原《执业药师继续教育管理暂行办法》进行了重新修订，颁布了新的《执业药师继续教育管理暂行办法》，进一步完善了我国执业药师管理制度。

七、与药事管理活动相关的法律法规

相关的法律法规主要是指对药事管理法律体系有补充、参考、依据作用的法律规范性文件，如与药品生产领域管理法律体系相关的有《中华人民共和国产品质量法》、《中华人民共和国消费者权益保护法》、《中华人民共和国刑法》等。在《中华人民共和国刑法》、《中华人民共和国民法通则》、《中华人民共和国标准化法》中也有关于药品流通管理方面的规定。

资料链接

日本药事管理法律法规

日本药事法律法规起始于 19 世纪，最早的法规是 1847 年制定的《医务工作条例》，该条例对医师调配药品等作了规定。1889 年制定了《医药条例》，1925 年制定了《药剂师法》。1943 年制定了综合性的《药事法》，《药事法》与其他配套法律法规一起，构成一个层次分明的法律体系，标志着日本药事管理立法日趋完善。

日本的药事管理法律法规分三类：一是由议会批准通过，称为法律，主要有《药事法》、《药剂师法》、《麻醉药品控制法》、《阿片法》、《大麻控制法》、《兴奋剂控制法》等；二是由政府内阁批准通过，称为政令或法令，主要有《药事法施行令》、《药剂师法施行令》等；三是由厚生劳动省大臣批准通过，称为省令或告示，主要有《药事法施

行规则》、《药剂师法施行规则》、《放射性医药品基准》等。

第三节 《药品管理法》概要

《药品管理法》是药事管理法律体系中的一部重要法律。本节介绍其立法历程、特点和主要内容。

一、《药品管理法》的立法历程

《药品管理法》于 1984 年 9 月 20 日由第六届全国人民代表大会常务委员会第七次会议通过，1985 年 7 月 1 日起施行。其主要规定了主管药品监督管理工作的机构，有关药品的研制、生产、销售、进口和出口、包装和分装、商标和广告等管理的制度，药品监督制度，违反药品管理规定生产和销售假药或劣药应承担的法律责任等。该法中有关医疗用毒性药品、放射性药品管理的规定，是防止化学品污染环境的重要措施。

这部法律的诞生填补了国内药事管理法律体系的立法空白，将药品的生产、经营活动和国家对药品的监督管理纳入了法制化的轨道，具有划时代的里程碑意义。近年来，以《药品管理法》为核心，陆续制定颁布了大量药品管理法规与规章，至此，药事管理法律体系已具雏形。《药品管理法》在保证药品质量，打击制售假药、劣药，保障公众用药安全、有效等方面发挥了重要作用。

随着我国改革开放的不断深入和社会主义市场经济的不断发展，医药事业得到了飞速发展，在药品的研制、生产、流通、使用等领域都出现了许多新情况和新问题，药品监督管理体制也发生了重大变化。1985 年施行的这部《药品管理法》暴露出了一些缺点与不足，如法律责任规定的粗疏、面对新形势的滞后、与其他法律衔接的不协调，具体表现在以下方面：①实践中一些行之有效的药品监督管理制度在原法中未作规定；②原法对违法行为规定的处罚过轻，不足以打击制售假药、劣药等违法行为；③药品管理体制和执法主体发生变化。1998 年原 SDA 挂牌成立，它的成立结束了我国药品监督管理长期存在的多头分散、政出多门的局面。1985 版《药品管理法》已经不能完全适应当时的需要，因此，对其进行修改、完善已经势在必行。

为了更好地加强药品监督管理，保障人体用药安全，维护公众身体健康和用药的合法权益，2001 年 2 月 28 日，第九届全国人民代表大会常务委员会第二十次会议审议通过了修订的《药品管理法》，2001 年 12 月 1 日，修订后的《药品管理法》正式实施，这部法律是对我国于 1985 年实施的《药品管理法》的首次修订，条款变化幅度之大、影响之广为国人瞩目，对我国药事管理法制建设而言有重要且深远的意义，加之修订的《药品管理法》正式实施恰逢我国即将正式加入 WTO 之际，这部法律也充分体现了我国药事管理法制化进程已经与国际接轨。

《药品管理法》的宗旨是为了加强药品监督管理，保证药品质量，保障人体用药安全，维护人民身体健康和用药的合法权益。它的调整对象和适用范围是在中华人民共和国境内从事药品研制、生产、流通、使用和监督管理的单位或者个人。

《药品管理法》的修订，是我国法制建设的又一重大成果，它以依法治国、依法行政为根本，以体现政府机构改革成果，加强药品监督管理，适应市场经济发展的需要，解决当前药品生产、经营领域出现的新问题、新情况为出发点，以保证药品质量，保障人体用药安全，维护公众身体健康和用药的合法权益，促进医药事业健康发展为目的，标志着我国药品监督管理依法行政上升到了一个新的高度，其意义重大，影响深远。

资料链接

《药品管理法实施条例》

《药品管理法》是一部与社会公众生活密切相关的重要法律，它能否全面、正确地得到贯彻实施，直接关系到人民群众根本利益。为了切实贯彻实施《药品管理法》，原SDA从2001年3月开始着手起草《药品管理法实施条例》。在调查研究、科学论证的基础上，原SDA先后召开了10多次领导小组会议和局务会议，进行专题研究，并召开了5次专家研讨会。地方各级药品监督管理部门也积极参与起草工作，提出了许多建设性意见。《药品管理法实施条例》（送审稿）经过七易其稿，于2001年7月正式上报国务院审查。

送审稿上报后，原SDA配合国务院法制办先后赴四川、重庆、深圳等地进行调研，进一步听取地方药品监督管理、药品生产经营企业、医疗机构等方面的意见。国务院法制办多次征求了国务院有关部门的意见，同原SDA就有关重点问题和法律衔接问题进行了充分的研究和讨论，经过广泛调研和反复修改后，国务院于2002年8月4日正式公布《药品管理法实施条例》，自2002年9月15日起施行。《药品管理法实施条例》内容分为第一章总则、第二章药品生产企业管理、第三章药品经营企业管理、第四章医疗机构的药剂管理、第五章药品管理、第六章药品包装的管理、第七章药品价格和广告的管理、第八章药品监督、第九章法律责任、第十章附则。共计十章八十六条。

该条例的颁布实施，将对贯彻《药品管理法》，加强药品监督系统自身建设，保证药品质量，保证社会公众用上放心药品起到促进作用。

二、现行《药品管理法》的特点

2001年12月1日实施的《药品管理法》是对1985年版本的首次修订，其内容有了很大的变化，相比1985年版本，现行版本主要有以下特点：

（一）明确政府职责与药品监督体制

新修订的《药品管理法》规定，国家药品监督管理部门主管全国药品监督管理工作。国务院有关部门在各自的职责范围内负责与药品有关的监督管理工作。

省级药品监督管理部门负责本行政区域内的药品监督管理工作。省级有关部门在各自的职责范围内负责与药品有关的监督管理工作。

国家药品监督管理部门应当配合国务院经济综合主管部门，执行国家制定的药品行业发展规划和产业政策。

（二）为解决社会公众和广大医药企业关注的热点问题提供法律依据

针对药品广告过多、过滥，对药品的功效作虚假宣传，误导消费者的现象以及社会公众反映强烈的药品价格问题，新修订的《药品管理法》都作出了相应规定。

《药品管理法》第六十条和第六十二条规定，加强对药品广告的管理，特别是第六十条增加了针对处方药广告的管理。处方药是经医师开具处方才能使用的药品，只应针对医师等专业人员作适当的广告宣传。禁止处方药在大众媒体上做广告宣传的做法，已经为世界上大多数国家所接受。《药品管理法》第六十条规定处方药可以在国务院卫生行政部门和国家药品监督管理部门共同指定的医学、药学专业刊物上介绍，但不得在大众传播媒介发布广告或者以其他方式进行以公众为对象的广告宣传。

药品价格过高，不合理的虚高定价和大折扣、高回扣，大大加重了患者的经济负担，不利于药品行业的健康发展，也容易诱发腐败行为。《药品管理法》第五十五至第五十九条对药品价格作出了相关规定。

（三）增加对药品监督管理部门和人员监督的规定

《药品管理法》明确了违法发给有关证书或者批准证明文件的法律责任；禁止药品监督管理部门、药品检验机构及其工作人员参与药品生产、经营活动；禁止药品监督管理部门、药品检验机构违法收取检验费用；明确与制售假药、劣药有关的失职、渎职行为的法律责任；明确了药品监督系统内实行层级监督管理的规定；明确药品监督管理人员违法行为应承担的法律责任；明确药品检验机构及有关人员玩忽职守应承担的法律责任。《药品管理法》针对不依法履行职责或滥用职权的行为规定了相应的法律责任，这是从法律上提出了建设勤政、廉洁、务实、高效药品监督工作队伍的要求。

三、《药品管理法》的主要内容

《药品管理法》分为十章共一百零六条。第一章总则；第二章药品生产企业管理；第三章药品经营企业管理；第四章医疗机构的药剂管理；第五章药品管理；第六章药品包装的管理；第七章药品价格和广告的管理；第八章药品监督；第九章法律责任；第十章附则。

《药品管理法》的总则部分的具体规定是：第一条，本法的立法目的；第二条，本法的调整对象和适用范围；第三条，发展现代药和传统药及药材资源保护；第四条，鼓励研制新药；第五条，药品监督管理体制；第六条，药品监督检验检测机构的职责。

第二章药品生产企业管理，规定了开办药品生产企业的基本条件和审批程序，核发《药品生产许可证》应遵循的原则。同时该章对企业生产药品以及生产药品所需要原料、辅料的基本要求提出具体规定。该章主要内容概括为：①开办药品生产企业必须具备的条件；②药品生产企业必须按照GMP组织生产，药品必须按国家药品标准和批准的工艺进行生产，以及对生产药品的原料、辅料提出要求；③明确要求药品生产企业必须对生产的药品进行质量检验，不合格的不得出厂；④对药品生产企业可以接受委托生产药品作出规定。

第三章药品经营企业管理，从保证药品经营质量，保证公众用药安全的角度出发，对影响药品经营质量的关键性环节的管理和控制进行了必要的规定。主要内容包括：①开办药品批发企业和药品零售企业的批准机关、批准方式、批准原则、开办程序等规定；②开办药品经营企业的条件；③药品经营企业必须按照 GSP 经营药品，GSP 的认证规定，以及 GSP 具体实施办法、实施步骤；④药品经营企业药品购进行为规定；⑤药品经营企业购销药品记录的规定；⑥药品经营企业销售药品行为规定；⑦药品经营企业药品保管条件和行为规定；⑧城乡集市贸易市场出售中药材及中药材以外药品的规定。

第四章医疗机构的药剂管理，从四个主要方面对医疗机构药剂管理进行了规定：①从事医疗机构药剂技术工作的人员规定；②医疗机构制剂许可证的审批、品种审批及使用管理；③采购及保存药品管理的规定；④调配处方规定。

第五章药品管理，是药品管理法的重要部分，它对药品管理法调整的主要对象"药品"本身提出了具体的、基本的要求，其内容涉及药品的研制、生产直到临床使用的全过程。第五章是对药品实施监督管理的最基本的规定，是保证药品质量，增进药品疗效，保障公众用药安全，维护公众健康的关键部分，可以概括为：①新药的研制和审核批准的法律规定；②关于药品生产批准文号管理的法律规定；③关于药品标准、药品标准品、对照品、药品通用名称及商品名称管理的法律规定；④关于国家药品标准和药典委员会的法律规定；⑤关于购进药品监督管理的法律规定；⑥对一些药品实行特殊管理的法律规定；⑦实行中药品种保护和处方药与非处方药分类管理的法律规定；⑧对药品进口、出口管理的法律规定；⑨对新发现的和从国外引种的药材以及民间习用药材管理的法律规定；⑩对药品从业有关人员卫生要求的法律规定。上述内容在本书其他章节均有详细的介绍，这里着重介绍药品管理中的另一个重要问题，即关于假药和劣药的认定。

《药品管理法》规定，有下列情形之一的，为假药：①药品所含成分与国家药品标准规定的成分不符的；②以非药品冒充药品或者以他种药品冒充此种药品的。

有下列情形之一的药品，按假药论处：①国务院药品监督管理部门规定禁止使用的；②依照本法必须批准而未经批准生产、进口，或者依照本法必须检验而未经检验即销售的；③变质的；④被污染的；⑤使用依照本法必须取得批准文号而未取得批准文号的原料药生产的；⑥所标明的适应证或者功能主治超出规定范围的。

《药品管理法》规定，药品成分的含量不符合国家药品标准的，为劣药。有下列情形之一的药品，按劣药论处：①未标明有效期或者更改有效期的；②不注明或者更改生产批号的；③超过有效期的；④直接接触药品的包装材料和容器未经批准的；⑤擅自添加着色剂、防腐剂、香料、矫味剂及辅料的；⑥其他不符合药品标准规定的。

资料链接

《关于办理生产、销售假药、劣药刑事案件具体应用法律若干问题的解释》

2009 年 5 月 26 日，最高人民法院、最高人民检察院联合发布了《关于办理生产、销售假药、劣药刑事案件具体应用法律若干问题的解释》（以下简称《解释》），于 5 月 27 日起施行。《解释》明确了办理生产、销售假药、劣药刑事案件中的一些法律适用新问题，这是继 2001 年最高人民法院、最高人民检察院发布《关于办理生产、销售伪劣商品刑事案件具体应用法律若干问题的解释》之后，为依法惩治生产、销售假药、劣药犯罪，保障社会公众生命健康安全，维护社会和谐稳定的又一个重要举措。

《解释》共分八条。第一条规定了生产、销售假药"足以严重危害人体健康"的认定标准；第二条规定了生产、销售假药罪的其他两个量刑幅度的适用标准；第三条规定了生产、销售劣药罪的两个量刑幅度的适用标准；第四条规定了医疗机构实施销售假药、劣药行为的定性处理；第五条规定了以生产、销售假药、劣药犯罪共犯论处的情形；第六条规定了犯罪竞合时的定罪处罚原则；第七条规定了对特定时期生产、销售特定假药行为从重处罚；第八条规定了司法解释的效力。主要包括以下重点内容：

1. 完善了生产、销售假药罪"足以严重危害人体健康"的认定标准，使生产、销售假药罪的认定更具有可操作性。

2. 对假、劣药造成的危害后果新增了器官组织损伤、功能障碍的规定，使定罪量刑的标准更符合假劣药品危害的实际情况，更有利于依法定罪量刑。

3. 规定了医疗机构知道或者应当知道是假药、劣药而使用或者销售，以销售假药罪、销售劣药罪追究刑事责任，有利于遏制医疗机构销售假药、劣药现象的蔓延。

4. 规定了为生产、销售假药、劣药的犯罪分子提供帮助或者方便条件的，如提供广告等宣传的，以共犯论处，有利于打击对制售假药、劣药犯罪的帮助行为。

5. 规定在自然灾害、事故灾难、公共卫生事件、社会安全事件等突发事件发生时期，生产、销售用于应对突发事件药品的假药、劣药的，依法从重处罚。

第六章药品包装的管理，对直接接触药品的包装材料和容器、药品包装、药品标签和说明书三方面的监督管理作了规定。

第七章药品价格和广告的管理，与《价格法》、《广告法》和《反不正当竞争法》相衔接，规定了政府价格主管部门对药品价格的管理，明确药品生产企业、经营企业和医疗机构必须遵守有关价格管理的规定，禁止暗中给予、收受回扣等违法行为；并规定药品广告须经药品监督管理部门批准，取得批准文号，规范了药品广告的管理。

第八章药品监督，规定了药品监督管理部门和药品检验机构在药品管理工作中应负的责任、拥有的权利和义务，规定了药品监督管理部门行使行政强制措施和紧急控制措施的情形；设定了药品质量公告和对药品检验结果的申请复验及不良反应报告制度；明确了药品检验部门对药品生产经营企业的业务指导关系。

第九章法律责任，针对本法规定的各种违法行为作出了相应处罚规定，增加了撤销药品批准证明文件，禁止有关人员在一定年限内从事某项行业等处罚种类，并对生产、销售假药、劣药等严重危害人体健康的违法行为加大了处罚力度。

《药品管理法》虽于2001年修订，但随着市场经济的不断发展和国家政治体制改革的不断深入，现行版本已显出诸多不足，如对药品、假药、劣药等概念定义表述不清，一些法律规定的可操作性不强，药品召回制度在《药品管理法》中未得到确认以及对违法行为的处罚尺度备受公众争议等。因此，对现行版本的修订将是近期我国药品监督管理的重要任务之一。

本章小结

本章主要介绍了我国药事管理法。

第一节主要介绍药事管理法的概念、立法宗旨、法律渊源以及药事管理法律体系的概念及特征。药事管理法将"国家发展医疗卫生事业，发展现代医药和我国传统医药"作为药事管理的准则，对药事活动进行调整和规范，在保证药品质量，保障人体用药安全，维护公众合法权益方面起到了重要作用。我国药事管理法律体系以维护公众健康为宗旨，以规范药品管理为目标，以质量管理为核心。资料链接部分介绍了我国的药事管理立法概况。

第二节药事管理法律体系的内容着重介绍了药品的研制、生产、流通和使用环节的法律体系，并介绍了药品不良反应监测和上市后再评价法律体系、药品专项管理法律规范、执业药师管理法律规范和药事管理活动相关的法律法规。药品专项管理法律规范主要介绍了药品标准管理法律规范、特殊管理药品法律规范、中药管理法律规范、药品知识产权及信息服务管理法律规范和国家药品储备管理法律规范。

第三节介绍了我国《药品管理法》的立法历程、现行版本的特点和主要内容。《药品管理法》主要内容部分对全法各章节内容进行了简要的概述，在药品管理部分介绍了假药、劣药的认定。资料链接部分介绍了《药品管理法实施条例》和最高人民法院、最高人民检察院联合发布的《关于办理生产、销售假药、劣药刑事案件具体应用法律若干问题的解释》。

第五章

中药管理

 **案例导入**

一起典型的中药知识产权侵权案

1. 案情介绍 养血清脑颗粒是 A 公司根据中医药传统理论，采用现代制剂工艺，独家研制生产的现代中药，1996 年经卫生部批准为三类新药，1999 年 10 月 23 日由国家知识产权局授权，取得名为"一种治疗头痛的中药"的发明专利，自 1993 年 1 月 9 日专利申请之日起保护 20 年，2004 年被国家中药品种保护审评委员会办公室批准为国家二级中药保护品种，保护期为 2005 年 1 月 24 日至 2012 年 1 月 24 日。

2004 年 12 月 24 日，B 公司声称自己研制了一种产品，名字也叫养血清脑颗粒，并取得了药品批准文号。B 公司在取得药品批准文号后，在多个省市低价投标，严重冲击了 A 公司药品市场，使 A 公司蒙受巨大损失并遭受前所未有的信誉危机。因此，A 公司于 2005 年 5 月，分别向北京市第一中级人民法院和北京市高级人民法院提起诉讼，控诉 B 公司侵犯其养血清脑颗粒发明专利。

在 A 公司提起诉讼后不久的 2005 年 7 月 11 日，B 公司向国家中药品种保护审评委员会办公室递交了中药品种保护申请，并提供虚假临床数据。

2. 案情分析 在 A 公司诉 B 公司侵权案中，B 公司明确表示其实施了与 A 公司专利相同的技术方案，并在被控侵权后才主张以公知技术抗辩。本案的典型之处在于长期以来，制药行业在"等同公知技术还是侵犯专利技术"的本质上难以认定。本案的核心问题在于 B 公司主张的公知技术抗辩是否成立。

在该案审理期间，A 公司聘请多位知名专家组成专家组，作为证人出庭或提供证词。北京某大学还就 A 公司养血清脑颗粒与 B 公司出具的公知技术方案两种处方进行了药效学实验的对比研究。研究结果表明，A 公司养血清脑颗粒对压力和化学因素所致疼痛均有显著作用，与公知技术方案给药组比较有显著性差异。A 公司养血清脑颗粒对压力所致疼痛的镇痛作用显著强于公知技术方案。

北京市高级人民法院的终审判决书中采纳了专家意见，判决指出，由于用量的差异，导致两种药物的功用或功效发生改变，治疗效果产生较大差别。本领域的普通技术人员不通过临床试验等测试方法无法从公知技术中得到 A 公司养血清脑颗粒的技术方案。B 公司侵权产品"养血清脑颗粒"与"公知技术方案"也不属于等同的技术方案。

本案最终以北京市高级人民法院认定 B 公司主观上具有侵权的故意，客观上实施了侵犯他人专利的行为，具有明显的恶意，判处由其承担民事责任，并根据 A 公司要求，自判决之日起七日内赔偿 A 公司经济损失 1 元钱。

对于 B 公司提供虚假临床数据，申报中药品种保护一事，国家食品药品监督管理局（SFDA）已于 2006 年 5 月 26 日发文，"决定不批准 B 公司养血清脑颗粒为中药保护品种"。

3. 点评　推进中药现代化、国际化，路径在创新，核心在专利。A 公司之所以要求赔偿 1 元钱，其目的在于通过这一诉讼，打击侵权行为，"以有限的索赔达到无限的惩罚"。因为知识产权是无形资产，这种资产体现在中药现代化、国际化的增值是无限的，而侵权者所造成的危害是无法用金钱来衡量的。只有创造和保护知识产权，才能加快中药现代化、国际化的进程。

（资料来源：中国保护知识产权网 http://case.ipr.gov.cn/）

思考

1. 中药品种保护的适用范围如何？
2. 中药知识产权保护的措施有哪些？中药品种保护与中药专利保护的区别？
3. 我国中药现代化发展的影响因素有哪些？

由上述案例可以看出，中药品种保护作为一项行政保护措施，在法律效力、保护客体范围和保护期限等方面都与中药专利保护存在很大差别。中药是中华民族优秀文化的重要组成部分，在保障我国公众健康和民族繁衍方面发挥了不可替代的作用。但随着中药产业的进一步发展，资源短缺，质量标准难统一，安全性、可控性差，有效性缺乏科学依据等问题日渐凸显，绝大多数中药产品达不到国际医药产品要求，产品很难进入国际市场。那么，中药应如何走好自主创新之路？政府又应如何引导、规范中药的发展？本章将在中药材及中药饮片的管理、中药知识产权保护及中药现代化等方面详细叙述中药管理的内容。

第一节　中药管理概述

药品管理的核心是质量监督管理，中药管理作为药品管理的重要内容之一，质量管理问题尤为突出。我国政府对中药事业的发展始终给予极大的关注，2009 年 5 月 7 日国务院发布的《关于扶持和促进中医药事业发展的若干意见》中明确指出，要促进中药资源可持续发展，建设现代中药工业和商业体系，加强中药管理。

一、与中药相关的名词

1. 传统药（traditional drugs）　是指用传统医学观点、理论表述其特性，并能用传统医学理论指导其研究与开发、制造与使用的药品。在我国主要是指中药和民族药。

2. 现代药（modern drugs） 是相对传统药而言，主要指用现代医学观点、理论表述其特性，并能用现代医学理论指导其研究与开发、制造与使用的药品。在我国主要是指化学药品（化学原料药及其制剂）、抗生素、生化药品、放射性药品、血清、疫苗、血液制品和诊断药品等。

3. 天然药物（natural medicines） 是指动物、植物、矿物等自然界中存在的有药理活性的天然产物。

4. 中药（traditional Chinese medicine） 是指以我国中医药理论体系中的术语表述其性能、功效和使用规律，并在中医药理论指导下使用的药物，过去称为"官药"或"本草"，主要包括中药材、中药饮片、中成药。

5. 中药材（Chinese crude drugs） 是药用植物、动物、矿物的药用部分采收后经产地初加工形成的原料药材。

6. 中药饮片（prepared slices of Chinese crude drugs） 是指在中医药理论指导下，根据辨证施治和调剂、制剂的需要，对中药材进行特殊加工炮制后的制成品。

7. 中成药（Chinese patent medicine） 是以中药材为原料，在中医药理论指导下，按规定的处方和工艺加工制成的各种剂型、供临床辨证治疗或预防保健使用的中药成方制剂。其使用、携带、贮运方便，有着长效、速效、高效的特点，不仅适用于慢性病和较轻病症的治疗调理，也可用于危重急症的治疗。

8. 道地药材（famous–region drugs） 指一定的药用生物品种在特定环境和气候等因素作用下，形成的产地适宜、品种优良、炮制考究、疗效好、带有地域特点的药材。

9. 民族药（ethnic drugs） 是指少数民族使用的，以本民族传统医药理论和实践为指导的药物，如藏药、蒙药、傣药等。

资料链接

植物内生菌与"道地药材"的形成

植物内生菌（endophyte）是指那些在其生活史的一定阶段或全部阶段生活于健康植物的各种组织和器官内部的真菌或细菌，被感染的宿主植物（至少是暂时）不表现出外在病症，可通过组织学方法或从严格表面消毒的植物组织中分离或从植物组织内直接扩增出微生物 DNA 的方法来内生。内生菌长期生活在植物体内的特殊环境中，植物以其内生菌的组织、细胞及其代谢产物为内环境，而内生菌以宿主植物的组织和细胞及其代谢产物为外环境，两者之间互相进行物质、能量及基因交流，在长期进化过程中与寄主协同进化，在演化过程中两者形成了互惠共生关系。

从生物学上说，"道地药材"的形成应是基因型与环境之间相互作用的产物，可用公式表示：表型 = 基因型 + 环境饰变。所谓表型，指"道地药材"可观察到的结构和功能特性的总和，包括药材性状、组织结构、有效成分含量及疗效等。这里的环境饰变是指由生境引起的表型的任何不同遗传的变化。基因有产生某一特定表型的潜力，但不是决定这一表型的必然实现，而是决定着一系列的可能性，究竟其中哪一个可能性得到实现，要视环境而定。这里的环境除了植物生长的外部环境，如土壤、气候、光照、温度等，还应包括植物体内的内环境。植物体内的内环境可包括生命因子和非生命因子，其中生命因子主要是指植物体内的内生菌。特异性的植物内生菌促进道地药材的形成，具体表现在以下几个方面：①促进有效成分的生成或积累；②促进生长发育；③提高对生物胁迫或非生物胁迫的抵抗力。

二、中药的分类

1. 按自然属性分类　以药物的来源与性质为依据分为植物药、动物药、矿物药。我国有药用价值的天然物质约有 12800 多种，其中植物药约有 11000 余种，动物药近 1600 种，矿物药 80 余种。

2. 按功能分类　以临床功效为依据分为解表药、清热药、泻下药、祛风湿药、化湿药、利水渗湿药、温里药、理气药、消食药、止血药、驱虫药、活血化瘀药、化痰止咳平喘药、安神药、平肝息风药、开窍药、补虚药、收涩药、涌吐药、攻毒杀虫止痒药、拔毒化腐生肌药等，共 20 余类，近 500 种常用中药。

三、中药现代化

(一) 中药现代化的重要意义

质量始终是影响中药发展的重要因素。改革开放以来，我国的中药产业持续发展，已初步形成一定规模的产业体系，但是，我国中药的质量标准体系始终不够完善，质量检测方法和控制技术都比较落后，行业创新能力弱，国际竞争力差，阻碍了中药的现代化进程。因此在 2002 年由科技部、原国家药品监督管理局（SDA）、国家知识产权局、国家中医药管理局、中科院等八部委联合制定的《中药现代化发展纲要》中明确指出：建立完善的中药质量标准和管理体系，研究探索制定符合中药特点，又能为国际普遍认可的，能够实现"安全、有效、稳定、可控"的中药质量标准体系和评价体系。另外，为了贯彻落实《国家中长期科学和技术发展规划纲要（2006～2020 年）》，满足国家经济社会发展和人民健康的需求，进一步加快中医药现代化和国际化进程，2007 年 1 月 11 日科技部、卫生部、SFDA、国家中医药管理局等 16 个部门联合制定并发布《中医药创新发展规划纲要（2006～2020年)》，本着"继承与创新并重，中医中药协调发展，现代化与国际化互相促进，多学科结合"的基本原则，推动中医药传承与创新发展。

(二) 中药现代化指导思想

继承和发扬中医药学理论，运用科学理论和先进技术，推进中药现代化发展；立足国内市场，积极开拓国际市场；以科技为动力，以企业为主体，以市场为导向，以政策为保障，充分利用中医药资源优势、市场优势和人才优势，构筑国家中药创新体系，通过创新和重大关键技术的突破，逐步实现中药产品结构调整和产业升级，形成具有市场竞争优势的现代中药产业。

（三）中药现代化发展基本原则

1. 继承和创新相结合 继承和发扬中医药学特色和优势，充分利用科学理论和先进技术手段，借鉴现代医药和国际植物药的开发经验，努力挖掘中医药学宝库，不断创新，积极开发具有自主知识产权的中药创新产品，全面提高中药的研究开发能力和生产水平。

2. 资源可持续利用和产业可持续发展 在充分利用资源的同时，保护资源和环境，保护生物多样性和生态平衡。特别要注意对濒危和紧缺中药材资源的修复和再生，防止流失、退化和灭绝，保障中药资源的可持续利用和中药产业的可持续发展。

3. 政府引导和企业为主共同推进 政府通过制定国家战略目标、创造良好发展环境，引导中药现代化发展的方向。企业根据市场的需求和发展，围绕国家战略目标，不断创新。

4. 总体布局与区域发展相结合 充分考虑总体布局，同时根据各地区实际情况，发挥区域优势，促进区域经济发展。配合西部大开发战略的实施，通过中药现代化的发展，促进改善西部的生态环境，发展生态经济，提高西部地区的综合经济实力。

5. 与中医现代化协同发展 在推进中药现代化进程的同时，高度重视中医现代化的发展，实现相互促进，协同发展。加强中医药理论的基础研究，建立能够体现中医药优势和特点的疗效评价体系。

（四）中药现代化重点任务

1. 创新平台建设

（1）充分吸纳各方面力量，建立和完善现代中药研究开发平台。开展中药筛选、药效评价、安全评价、临床评价、不良反应监测及中药材、中药饮片（包括配方颗粒）、中成药的生产技术、工艺和质量控制研究。

（2）加强中药国家重点实验室、中药国家工程和技术研究中心建设；发挥优势，突出特色，整体布局，建立种植、研究开发、生产有机配合、协调发展的中药产业基地，促进中药现代化的全面发展。

（3）加强中药研究开发支撑条件平台建设，改善中药研究开发实验条件，提高仪器设备装备水平和实验动物标准，加强信息共享平台建设。

2. 中药的标准化建设

（1）加强中药材规范化种植和中药饮片炮制规范研究，建立中药材和中药饮片的质量标准及有害物质限量标准，全面提高中药材和中药饮片质量。加强常用中药化学对照品研究，建立国家中药标准物质库。

（2）加强符合中药特点的科学、量化的中药质量控制技术研究，提高中成药、中药饮片（包括配方颗粒）、中药新药等的质量控制水平。以中药注射剂为重点，逐步扩大指纹图谱等多种方法在中药质量控制中的应用。

（3）大力推行和实施《中药材生产质量管理规范（试行）》（中药材 GAP）、《药物非临床研究质量管理规范》（GLP）、《药物临床试验质量管理规范》（GCP）、《药品生产质量管理规范》（GMP）及《药品经营质量管理规范》（GSP），对中药的研制、生产、流通、使用等过程加强规范化管理，不断提高中药行业的标准化水平。

3. 基础理论研究

（1）加强多学科交叉配合，深入进行中药药效物质基础、作用机理、方剂配伍规律等研究，积极开展中药基因组学、蛋白组学等的研究。

（2）重视中医药基础理论的研究与创新，特别是与中药现代化发展密切相关的理论研究，如证候理论、组方理论、药性理论，探索其科学内涵，为中药现代化提供发展源泉。

4. 中药产品创新

（1）选择经过长期中医临床应用证明疗效确切、用药安全，具有特色的经方、验方，开发中药现代制剂产品。

（2）在保证中药疗效的前提下，改进中药传统制剂，提高质量控制水平，发展疗效确切、质量可控、使用安全的中药新产品，全面提升中药产品质量。

（3）根据国际市场需求，按照有关国家药品注册要求，进行针对性新药研究开发，实现在发达国家进行药品注册，促进我国中药进入发达国家药品主流市场。

5. 优势产业培育

（1）加强中药提取、分离、纯化等关键生产技术的研究和先进适用技术的推广应用，提高企业的核心竞争力，加速现代中药产品产业化进程，促进中药大品种、大市场、大企业的发展。

（2）加强中药知识产权保护，开发专利产品，注册专用商标，实施品牌战略；逐步改变以药材和粗加工产品出口为主的局面，扩大中成药出口比例，促进产业结构升级，拓展中药国际市场。

（3）推进市场机制下的企业兼并重组，逐步形成一批产品新颖、技术先进、装备精良、管理有素、具有开拓精神的中药核心企业和数个中药跨国企业，使企业成为中药现代化的实施主体。

6. 中药资源保护和可持续利用

（1）开展中药资源普查，建立野生资源濒危预警机制；保护中药种质和遗传资源，加强优选优育和中药种源研究，防止品种退化，解决品种源头混乱的问题。

（2）建立中药数据库和种质资源库，收集中药品种、产地、药效等相关的数据，保存中药材种质资源。

（3）加强中药材野生变家种家养研究，加强中药材栽培技术研究，实现中药材规范化种植和产业化生产；加强植保技术研究，发展绿色药材。

（4）加强中药材新品种培育，开展珍稀濒危中药资源的替代品研究，确保中药可持续发展。

（五）中药现代化主要措施

1. 加强中药现代化发展的整体规划，建立高效、协调的管理机制

（1）加强对推进中药现代化工作的领导，建立部际联席会议制度，加强沟通协调，促进相互合作，形成有利于推进中药现代化发展的高效、协调的管理机制。

（2）各有关部门、各地方应围绕国家中药现代化发展的战略目标和重点任务，结合本部门的职能，根据本地区的优势、特色和实际情况，制定相应的发展规划和重点任务。

2. 建立多渠道的中药现代化投入体系

（1）国家设立中药现代化发展专项计划，加大对中药现代化科技、产业、人才培养等方面的投入。

（2）各级地方政府应结合当地区域经济发展总体规划，根据本地区的优势、特色和实际情况，增加对中药研究开发和中药产业的投入。

（3）中药企业应进一步加大对研究开发经费的投入，到2010年企业研究开发投入达到销售额的5%以上。

（4）充分利用创业投资机制等市场化手段，拓宽中药新药研究开发和产业化的融资渠道，吸引社会资金投入中药现代化发展。

3. 加大对中药产业的政策支持

（1）国家将中药产业作为重大战略产业加以发展，支持中药产品结构的战略性调整，支持疗效确切、原创性强的中药大品种的产业化开发，鼓励企业采取新技术、新工艺及新设备，提升中药产品的科技含量和市场竞争力。

（2）国家支持中药企业积极开拓国际市场，参与国际竞争。鼓励中药企业根据国际市场需求，采取多种形式扩大出口，特别是扩大高附加值中药产品的国际市场份额；鼓励中药产品进入国际医药主流市场。中药产品出口按照科技兴贸有关政策执行。

（3）推进中药材产业化经营。国家鼓励中药材、中药饮片生产的规模化、规范化、集约化，促进中药材流通方式的改变；鼓励中药工商企业参与中药材基地建设，发展订单农业，保证中药材质量的稳定性。各地对发展中药种植（养殖）应给予各项农业优惠政策支持。中药资源保护、可持续利用和综合开发要纳入国家扶贫、西部开发等计划中予以支持。

（4）制定有利于中药现代化发展的价格和税收政策。价格主管部门要制定鼓励企业生产经营优质和具有自主知识产权的中药产品的价格政策；对企业引进先进技术、进行工艺技术改造及企业开展中药共性、关键生产技术研究所需进口设备按有关规定给予税收优惠。

（5）完善中药注册审评办法。对国家重点支持的中药创新产品实行特殊管理程序快速审批，并优先纳入国家基本用药目录和医疗保险用药目录。

4. 加强对中药资源和中药知识产权保护管理力度

（1）根据中药现代化发展的新形势，制定《中药资源保护管理条例》。

（2）从中药资源保护的实际出发，调整保护品种，规范利用野生中药资源的行为，充分体现鼓励中药材人工种植（养殖）的基本政策。

（3）制定中药行业的知识产权战略，积极应对国际专利竞争。进一步加大执法力度。保护中药知识产权，促进中药创新。

（4）加快专利审查速度，缩短审查周期，运用专利制度加速技术产业化，创造良好的经济效益和社会效益。

5. 加速中药现代化人才培养

（1）适应中药现代化发展需要，有计划地培养造就一批中药学术和技术带头人、高级生产管理和经营人才、国际贸易人才、法律人才、实用技术人才及复合型人才。

（2）积极利用中医药专业院校和其他相关专业院校的力量对专业人员进行培训，同时注重在生产和科研实践中培养人才。

（3）利用合资合作积极培养国内急需的中医药现代化专门人才，鼓励有关人员出国学习先进技术和管理经验，培养国际性人才。

（4）加快科技体制改革，建立有利于人才成长、人才流动的运行机制和环境。

6. 进一步扩大中药的国际交流与合作

（1）进一步加强中药的国际交流与合作。加强与世界各国和地区在传统医药政策、法规方面的交流，加强传统药物有关标准和规范管理方面的沟通与协作，为中药现代化创造外部条件。

（2）加强中医药的文化宣传，展示中医药发展成就和科学研究成果；继续鼓励和支持中医药高等院校和医疗机构在国外开展正规中医药教育和医疗活动，促进中医药更广泛地走向世界，服务于人类健康。

7. 充分发挥中药行业协会的作用　中药行业协会应履行行业服务、行业自律、行业代表、行业协调的职能，发挥在规范市场行为、信息交流与技术经济合作、推动企业技术创新和产品质量提升、保护知识产权及相关权益等方面的作用，积极推进中药现代化发展。

第二节　中药材与中药饮片管理

中药材、中药饮片、中成药是中药的三大支柱，也是中药质量管理的主要对象。长期以来，中药材及中药饮片的生产一直缺乏统一的规范，存在种质不清、农药残留量超标、饮片炮制加工技术不规范等问题，导致中药材及中药饮片的质量不稳定，从而进一步导致中药不能发挥应有疗效，甚至出现中毒事件。在中药产业现代化发展进程中，规范中药材和中药饮片的生产加工，以促进中药质量的提高，是重中之重。

野生药材资源是中药资源的重要组成部分，但是由于过度采猎和无序开发，已造成野生药材资源的锐减。在中药的现代化发展中，开展中药材野生变家种家养研究，加强中药材栽培技术研究，加强植保技术研究，发展绿色药材，加强中药材新品种培育，开展珍稀濒危中药资源的替代品研究，已成为保护中药种质和遗传资源，确保中药可持续发展的重要手段。

一、野生药材资源管理

我国于 20 世纪 60～80 年代先后进行了 3 次大规模的中药资源普查，统计结果显示，药用植物约占中药资源全部种类的 87%，药用动物约占 12%，而药用矿物不足 1%。在常用的药材品种中，栽培药材仅占 20%～30%，每年巨大的市场需求量大部分都要靠野生药材资源满足，因此，保护和合理利用野生药材资源在中药可持续发展中尤为重要。目前，野生药材资源保护工作的主要依据是 1987 年 10 月 30 日国务院颁布的《野生药材资源保护管理条例》。另外，各省（自治区、直辖市）根据当地需要保护的野生药材资源情况分别制定了相应的地方性法规，如《黑龙江省野生药材资源保护条例》、《湖南省野生动植物资源保护条例》、《宁夏回族自治区甘草资源保护管理办法》等。

（一）野生药材资源保护原则

《野生药材资源保护管理条例》规定，国家对野生药材资源实行保护、采猎相结合的原则，并创造条件开展人工种养。

（二）国家重点保护野生药材物种的分级与名录

1. 国家重点保护野生药材物种分级　国家重点保护的野生药材物种实行分级管理，具体情况如下：

一级：濒临灭绝状态的稀有珍贵野生药材物种（以下简称一级保护野生药材物种）。

二级：分布区域缩小、资源处于衰竭状态的重要野生药材物种（以下简称二级保护野生药材物种）。

三级：资源严重减少的主要常用野生药材物种（以下简称三级保护野生药材物种）。

2. 国家重点保护野生药材物种名录　该名录与《野生药材资源保护管理条例》同时公布，其中一级4种，二级27种，三级45种。

（1）一级保护的野生药材物种：虎骨（已禁用）、豹骨、羚羊角、鹿茸（梅花鹿）。

（2）二级保护的野生药材物种：鹿茸（马鹿）、麝香（3个品种）、熊胆（2个品种）、穿山甲、蟾酥（2个品种）、蛤蟆油、金钱白花蛇、乌梢蛇、蕲蛇、蛤蚧、甘草（3个品种）、黄连（3个品种）、人参、杜仲、厚朴（2个品种）、黄柏（2个品种）、血竭。

（3）三级保护的野生药材物种：川贝母（4个品种）、伊贝母（2个品种）、刺五加、黄芩、天冬、猪苓、龙胆（4个品种）、防风、远志（2个品种）、胡黄连、肉苁蓉、秦艽（4个品种）、细辛（3个品种）、紫草（2个品种）、五味子（2个品种）、蔓荆子（2个品种）、诃子（2个品种）、山茱萸、石斛（5个品种）、阿魏（2个品种）、连翘、羌活（2个品种）。

国家药品监督管理部门会同国务院野生动物、植物管理部门共同制定国家重点保护的野生药材物种名录。在国家重点保护的野生药材物种名录之外，需要增加的野生药材物种，由省级人民政府制定并抄送国家药品监督管理部门备案。

（三）野生药材物种管理的一些具体措施

1. 采猎管理　禁止采猎一级保护野生药材物种。

采猎、收购二级、三级保护野生药材物种的，必须按照批准的计划执行。该计划由县级以上药品监督管理部门或当地人民政府授权管理该项工作的有关部门，会同同级野生动物、植物管理部门制定，报上一级药品监督管理部门批准。采猎二级、三级野生药材物种时必须持有采药证，需要进行采伐或狩猎的，必须向有关部门申请采伐证或狩猎证。另外，采猎不得在禁止采猎区、禁止采猎期进行，且不得使用禁用工具。

进入野生药材资源保护区从事科研、教学、旅游等活动的，必须经该保护区管理部门批准。进入设在国家或地方自然保护区范围内野生药材资源保护区的，还必须征得该自然保护区主管部门同意。

2. 经营管理　一级保护野生药材物种属于自然淘汰的，其药用部分由各级药材公司负责经营管理，但不得出口。

二级、三级保护野生药材物种属于国家计划管理品种的，由国家药材主管部门统一经营管理，其余品种由产地县级药材公司或其委托单位按照计划收购。二级、三级保护野生药材物种的药用部分，除国家另有规定的除外，实行限量出口。

（四）含濒危药材中药品种处理原则

为了节约资源和保护生态环境，加强濒危野生药材资源的保护和合理使用，SFDA 制定了《含濒危药材中药品种处理原则》，并于 2008 年 6 月 3 日发布。

1. 含濒危药材中药品种技术审评原则　鉴于部分中药品种处方中含有濒危野生药材，根据濒危野生药材管理的相关法规和规定，在技术审评中应遵循以下原则：

（1）中药产业是资源依赖性产业，促进中药产业发展，需要与保护生态环境、保护野生物种资源、保护濒危野生药材资源结合起来，在保证必须的医疗用药前提下，中药生产应最大限度地保护濒危野生药材资源，促进中药资源的可持续利用和中药产业的可持续发展。

（2）相关法律、法规和国际公约的要求，应严格限制濒危的野生药材在中成药生产中的使用。

（3）对野生与栽培、动物与植物以及不同药用部位应区别对待，经过人工种植（养殖）达到规模化生产的，可根据其临床应用价值严格控制在改变剂型、仿制药中的使用。

2. 对具体药材的规定

（1）对含有天然麝香、熊胆、豹骨（虎骨）、象牙等濒危野生药材的品种，不批准已有国家标准中药的改变剂型及仿制，并严格限制含以上濒危药材的新药注册申请。

（2）对含有熊胆粉、羚羊角、穿山甲、金钱白花蛇、蕲蛇、乌梢蛇等药材的品种，不批准已有国家标准中药的改变剂型（原药品生产企业的改剂型除外）及仿制。新药注册申请和已经完成临床试验的注册申请，可根据其临床应用价值，酌情使用。

（3）如果国家相关管理部门颁布新的相关规定，按新的规定执行。

二、中药材生产质量管理

中药材是中药饮片和中成药生产的原料，其质量直接影响着中药的药效。为保证中药材质量，促进中药材规范化、标准化生产，2002 年 4 月 17 日，原 SDA 颁布了《中药材生产质量管理规范（试行）》（Good Agricultural Practice for Chinese Crude Drugs，中药材 GAP），自 2003 年 6 月 1 日起施行。

（一）中药材 GAP 主要内容

1. 适用范围　中药材 GAP 是中药材生产和质量管理的基本准则，适用于中药材生产企业生产中药材的全过程。

2. 原则　中药材 GAP 的核心原则是"道地药材"原则，保证中药材的优良品质。另外，中药材生产企业应运用规范化管理和质量监控手段，保护野生药材资源和生态环境，坚持"最大持续产量"即不危害环境，可持续生产（采收）的最大产量原则，实现资源可持续利用。

3. 内容分类　中药材 GAP 内容包括硬件设施和软件程序管理两方面内容。硬件设施是生产基地的物质基础，包括场地建设、农事机具、药材产地初加工设备及质检仪器等；软件是指管理程序部分，即生产企业根据自己的实际情况，制定出切实可行的、满足中药材 GAP 要求的标准操作规程（Standard Operating Procedure，SOP），规范管理中药材的生产。

4. 基本框架　中药材 GAP 共 10 章 57 条，基本框架如下：

第一章总则：说明中药材 GAP 的目的意义、适用范围及坚持的原则。

第二章产地生态环境：中药材 GAP 要求中药材生产企业按照中药材产地适宜性优化原则，因地制宜，合理布局。

第三章种质和繁殖材料：加强中药材良种选育、配种工作，建立良种繁殖基地，从而保护药用动植物种质资源。

第四章栽培与饲养：对药用动、植物的栽培、养殖的管理分别作了规定。

第五章采收与产地加工：确定适宜采收期，对产地初加工作了规定。

第六章包装、运输和贮藏：对包装要求、运输注意事项及贮藏条件作出说明等。

第七章质量管理：生产企业应设有质量管理部门，对其职责作出规定。

第八章人员及设备：说明对各岗位人员及硬件设施的要求。

第九章文件及档案管理：每种中药材生产全过程的详细记录及各种 SOP。

第十章附则：一些术语的解释说明等。

（二）中药材 GAP 认证管理

1. 中药材 GAP 认证概述　为贯彻执行《药品管理法》及《药品管理法实施条例》，规范中药材 GAP 认证工作并保证其顺利进行，SFDA 于 2003 年 11 月 1 日发布《中药材生产质量管理规范认证管理办法（试行）》和《中药材 GAP 认证检查评定标准（试行）》，同时，开始正式受理中药材 GAP 的认证申请并组织开展认证试点工作。

中药材 GAP 认证一般要经过初审、形式审查、技术审查、现场检查、技术核查等步骤，对于认证合格的生产企业，由 SFDA 发给《中药材 GAP 证书》。

资料链接

认　证

认证，按照国际标准化组织（International Organization for Standardization，ISO）的定义，是指由国家认可的认证机构证明一个组织的产品、服务、管理体系符合相关标准、技术规范（technical specification，TS）或其强制性要求的合格评定活动。质量认证也叫合格评定，是国际上通行的管理产品质量的有效方法，包括产品质量认证和质量体系认证。我国对药品的研制、生产、流通等过程进行的规范化认证管理均属于质量管理体系认证的范畴。

2. 中药材 GAP 认证管理的主要机构及职责

（1）SFDA 负责全国中药材 GAP 认证工作；负责中药材 GAP、《中药材 GAP 认证检查评定标准》等相关文件的制定、修订工作；负责中药材 GAP 认证检查员的培训、考核和聘任等管理工作。

（2）SFDA 药品认证管理中心承担中药材 GAP 认证的具体工作。

（3）省级药品监督管理部门负责本行政区域内中药材生产企业的 GAP 认证申报资料初审和通过中药材 GAP 认证企业的日常监督管理工作。

3. 中药材 GAP 证书管理及认证后跟踪检查　《中药材 GAP 证书》有效期一般为 5 年，生产企业在期满前 6 个月重新申请中药材 GAP 认证。

SFDA 负责组织对取得《中药材 GAP 证书》的企业，根据品种生长特点确定检查频次和重点进行跟踪检查。

在《中药材 GAP 证书》有效期内，省级药品监督管理部门负责每年对企业进行跟踪检查一次，检查情况上报 SFDA。

中药材生产企业《中药材 GAP 证书》登记事项发生变更的，应在事项发生变更之日起30 日内，向 SFDA 申请办理变更手续，国家药品监督管理部门应在 15 个工作日内作出相应变更。

取得《中药材 GAP 证书》的企业，如发生重大质量问题或者未按照中药材 GAP 组织生产的，SFDA 将予以警告，并责令改正；情节严重的，吊销其《中药材 GAP 证书》。

申请中药材 GAP 认证的生产企业要缴纳认证费用，未按规定缴纳的，终止认证或收回《中药材 GAP 证书》；中药材生产企业终止生产中药材或者关闭的，由 SFDA 收回《中药材 GAP 证书》。

> **资料链接**

国外植物药生产质量管理规范介绍

1.《药用植物种植和采集的生产质量管理规范指南》　《药用植物种植和采集的生产质量管理规范指南》（Guidelines on Good Agricultural and Collection Practices for Medicinal Plants）（简称 GACP 指南）由 WHO 于 2004 年发布，详细描述了正确种植和采集药用植物的方法、必要的数据及其过程中相关信息的记录及文件管理必须的技术和措施。适用于药用植物的种植和采集，包括一定的采收后加工过程。各国在使用中可以根据实际情况对该指南进行调整。

2. 欧盟《原药材种植和采集的生产质量管理规范细则》　1998 年 8 月 5 日欧盟决议通过《药用和芳香植物优化种植生产管理规范》（Good Agricultural Practice for Medicinal and Aromatic Plant Production），该规范适用于供欧盟使用和销售的所有植物的种植和初加工过程，如食品、养殖、医药、调味品及芳香工业的植物材料的生产及无性繁殖的生产方法。

2002 年 5 月 2 日，原欧洲药品评价局（现欧洲药品管理局，European Medicines E-valuation Agency，EMEA）和原草药产品工作组（现草药委员会，Committee on Herbal Medicinal Products，HMPC）在《药用和芳香植物优化种植生产管理规范》基础上联合制定并颁布了《原药材种植和采集的生产质量管理规范细则》（Good Agricultural and Collection Practice for Starting Materials of Herbal Origin）。

3. 日本《药用植物种植和生产质量管理规范》 《药用植物种植和生产质量管理规范》（Good Agricultural Practice for Medicinal Plants）于 2003 年 9 月在日本厚生劳动省正式发布，主要涵盖生药、生药制剂、汉方制剂以及相关的原料生药生产、栽培、加工炮制以及品质评价等内容。

三、中药饮片质量管理

中药饮片是中国中药产业的三大支柱之一，是中医临床辨证施治的基础，也是中成药的重要原料，其独特的炮制理论和方法，体现着中医的精深智慧。随着中药饮片炮制理论的不断完善和成熟，它已经成为中医临床防病、治病的重要手段。医疗机构是中药饮片流向患者、发挥作用的重要途径。为保证人体用药安全、有效，国家中医药管理局和卫生部于 2007 年 3 月 12 日共同发布《医院中药饮片管理规范》，对医疗机构中药饮片的采购、验收、保管、调剂、临方炮制、煎煮等进行进一步规范，加强了对医疗机构中药饮片的管理。

（一）中药饮片的用途

1. 生产配方颗粒剂直接冲服 配方颗粒是指运用现代制药技术手段，将传统中药按照规定的生产工艺要求，经提取、分离、浓缩、干燥、制粒、包装等工序制备而成的颗粒制剂。中药配方颗粒剂不必煎煮，直接开水冲服即可，适用于现代快节奏的生活方式，具有用量少、易调剂、携带方便、作用迅速、成分完全等优点。缺点就是有的颗粒溶解度较差，有的价格偏高。目前应用广泛的配方颗粒剂有两种包装形式：一种是单味中药装一小袋，服用时根据处方具体要求，将不同小袋组合起来；另一种是先将中药颗粒按处方搭配好，然后包装成袋。

2. 供生产企业生产中成药 生产企业作为中药饮片的使用单位，根据国家的规定，必须从具有药品 GMP 证书的中药饮片生产企业或具有中药饮片经营资质的药品经营企业购进饮片。

3. 供医疗机构生产或调配中药制剂 同生产企业一样，医疗机构使用的中药饮片也必须是从具有药品 GMP 证书的中药饮片生产企业或具有中药饮片经营资质的药品经营企业购进。

4. 供中医临床调剂处方 中药饮片的临床应用一定要注意以下几个问题：①不同炮制方法的同种药材不可以相互替代；②不同产地的药材不可以相互替代；③同一药材的不同药用部位功效不同；④名称相似的药材不可以随便替代使用；⑤药物用量差异对治疗效果会造成很大影响；⑥煎煮药物时要严格掌握火候。

（二）影响中药饮片质量的主要因素

1. 药材基原 药材基原问题是用药最为重要的问题，它直接影响着饮片的质量及疗效。

一药多源、形态相似、真假易混、质量有别、药效不一一直都是制约中药质量的重要因素。例如，大黄属植物，全世界有60多种，而收录入现行《中国药典》的只有掌叶大黄、唐古特大黄、药用大黄三个品种，实际用药中常见的藏边大黄、河道大黄、华北大黄等，虽也含有蒽醌衍生物成分，但不含双蒽酮苷、番泻苷类，泻下作用差，不属于正品大黄。2008年1月7日，SFDA印发的《中药注册管理补充规定》中明确指出，中药注册申请应明确药材基原、药材产地等。

2. 生态环境　中药材的生长和分布离不开特定的自然环境，"道地药材"的优质就是这个道理。如吉林人参、内蒙古黄芪、宁夏枸杞、山东东阿阿胶、四川黄连、云南三七等道地药材，因其生态环境适宜，所以有效成分含量高、品质优。这些都说明产地生态环境对中药材的质量有重要影响。

3. 采收　中药材在不同生长阶段，所含成分种类及含量是不同的。中药材的质量与采收季节、时间、方法等有密切关系。各类中药材的采收原则都是历代中医药家在实践中总结出来的，如"三月茵陈，四月蒿，五月采收当柴烧"是说茵陈的最佳采收期是幼苗时期；天麻冬季采收者为"冬麻"、春季采收者为"春麻"，"冬麻"质佳、"春麻"质次等等，说明采收期对中药质量的重要性。

4. 加工炮制　《千金翼方》中记载："夫药采取，不知时节，不以干燥，虽有药名，终无药实⋯⋯"充分说明了中药材采收后产地初加工的重要性。而《本草蒙荃》中"凡药制造，贵在适中，不及则功效难求，太过则气味反失。"阐述了炮制方法对中药质量的重要性。目前，加工炮制多是凭经验而定，主观性和随意性强，加之各地炮制工艺不同，很难有一个规范、统一的加工炮制标准，致使中药饮片的质量不一，这是当前中药饮片生产领域亟待解决的问题。

5. 储存条件及养护　中药材对储存条件有特定的要求，如果储存不当就会使中药材产生不同的变质现象，如霉变、虫蛀、泛油、酸败、风化、潮解等，降低质量和疗效。含挥发性成分的薄荷、藿香等久藏或光照太过，成分易散失，丧失药效。这些都说明了储存条件对保证药材质量的重要性。

（三）中药饮片质量管理存在的问题

1. 中药饮片炮制规范不统一　现行《中国药典》收录的中药饮片品种较少，各省（自治区、直辖市）都根据本行政区域使用和炮制中药饮片的习惯，分别制定有适用于本行政区域的中药炮制规范，致使中药饮片的质量参差不齐。

2. 监管不力　国家有关药品管理的法律法规中对中药饮片的规定过于原则，使实际执法的依据不足，对中药饮片的生产和流通环节监管尚未完全到位。而饮片质量是中医中药疗效的最终支撑，"饮片垮，中医垮"，中药饮片的质量问题成为中医药发展的桎梏。

3. 炮制专业技术人员匮乏　中药炮制专业技术力量薄弱，真正专业人才匮乏是目前较突出的问题。现有的从事中药炮制的人员未经过系统的专业培训、知识面窄、识别能力差、不具备为中药饮片质量把关的专业能力。

（四）中药饮片质量管理的相关规定

《药品管理法》规定中药饮片属于药品，因此中药饮片的生产也要遵守药品生产的一般规定，如生产企业必须对其生产的中药饮片进行质量检验，不符合国家标准或省级炮制规范的，一律不得出厂。

中药饮片必须按照国家药品标准炮制；国家药品标准没有规定的，必须按照省级药品监督管理部门制定的炮制规范进行。

中药饮片也可实行批准文号管理，实行批准文号管理的中药材、中药饮片品种目录由国家药品监督管理部门和国家中医药管理局制定。

自 2008 年 1 月 1 日起，所有中药饮片生产企业必须在符合 GMP 条件下生产。凡持有《药品 GMP 证书》的中药饮片生产企业，必须严格按照工艺规程自行炮制生产，且只能生产销售认证范围内的品种。未取得《药品 GMP 证书》的中药饮片生产企业一律不得从事中药饮片的生产经营活动。

中药饮片经营企业、使用单位必须从具有《药品 GMP 证书》的中药饮片生产企业或具有中药饮片经营资质的药品经营企业购进饮片。使用单位从经营企业购进中药饮片时，必须要求经营企业提供中药饮片生产企业的《药品 GMP 证书》复印件。

第三节　中药品种保护

为提高中药品种的质量，避免中药生产的低水平重复，保护中药生产企业的合法权益，鼓励中药研发技术和生产技术创新，促进中药事业发展，国务院于 1992 年 10 月 14 日颁发了《中药品种保护条例》（以下简称《条例》），自 1993 年 1 月 1 日起实施。为加强中药品种保护管理工作，突出中医药特色，鼓励创新，促进提高，保护先进，保证中药品种保护工作的科学性、公正性和规范性，根据《条例》的有关规定，SFDA 在 2009 年 2 月 3 日发布了《关于印发中药品种保护指导原则的通知》，并同时公布《中药品种保护指导原则》，从而构成中药品种保护的主要依据体系。

一、中药品种保护适用范围、保护品种等级划分及保护期限

1. 中药品种保护适用范围　中药品种保护适用于在中国境内生产制造的中药品种，包括中成药、天然药物的提取物及其制剂和中药人工制成品。申报品种必须是执行国家正式药品标准的品种，或者是国务院卫生行政部门批准列入省级药品标准的药品。

申请专利保护的中药品种、存在专利等知识产权纠纷的品种、已被终止保护的品种，不可以申请中药品种保护。

2. 中药保护品种等级划分　依据《条例》受保护的中药品种分为一级、二级：

（1）符合下列条件之一的中药品种，可以申请一级保护：①对特定疾病有特殊疗效的，是指对某一疾病在治疗效果上能取得重大突破性进展。例如，对常见病、多发病等疾病有特殊疗效；对既往无有效治疗方法的疾病能取得明显疗效；或者对改善重大疑难疾病、危急重症或罕见疾病的终点结局（病死率、致残率等）取得重大进展；②相当于国家一级保护野生药材物种的人工制成品，是指列为国家一级保护物种药材的人工制成品；或目前虽属于二

级保护物种，但其野生资源已处于濒危状态物种药材的人工制成品；③用于预防和治疗特殊疾病的，是指严重危害人民群众身体健康和正常社会生活经济秩序的重大疑难疾病、危急重症、烈性传染病和罕见病，如恶性肿瘤、终末期肾病、脑卒中、急性心肌梗死、艾滋病、传染性非典型肺炎、人禽流感、苯酮尿症、地中海贫血等疾病。

用于预防和治疗重大疑难疾病、危急重症、烈性传染病的中药品种，其疗效应明显优于现有治疗方法。

（2）符合下列条件之一的中药品种，可以申请二级保护：①符合上述一级保护规定的品种或者已经解除一级保护的品种；②对特定疾病有显著疗效的，是指能突出中医辨证用药理法特色，具有显著临床应用优势，或对主治的疾病、证候或症状的疗效优于同类品种；③从天然药物中提取的有效物质及特殊制剂，是指从中药、天然药物中提取的有效成分、有效部位制成的制剂，且具有临床应用优势。

3. 中药品种保护期限

（1）初次保护：中药一级保护品种保护期限分别为 30 年、20 年、10 年，中药二级保护品种保护期限为 7 年。

（2）延期保护：中药一级保护品种因特殊情况需要延长保护期限的，延长的保护期限由国家药品监督管理部门根据国家中药品种保护审评委员会办公室的审评结果确定，每次延长的保护期限不得超过第一次批准的期限；中药二级保护品种在保护期满后可以延长 7 年。

申请延长保护期的中药保护品种，应当在保护期满前 6 个月，由生产企业依据《条例》规定的程序进行申报。

（3）国家药品监督管理部门批准的新药，按照国家药品监督管理部门批准的期限予以保护，其中，符合一级、二级中药品种保护规定的，在此期限届满前 6 个月，可以重新按《条例》的规定申请保护。

资料链接

TRIPs 协议

TRIPs 协议是"与贸易有关的知识产权协议"（Agreement on Trade – Related Aspects of Intellectual Property Rights）的简称。它是乌拉圭回合多边贸易谈判的最终法律文件之一，于 1994 年 4 月 15 日在摩洛哥的马拉喀会城签署，也是目前唯一由 WHO 管辖的知识产权国际公约，WTO 各缔约成员必须遵守 TRIPs 协议。TRIPs 共 7 部分 73 条，基本框架为：第一部分，一般规定和基本原则；第二部分，关于知识产权的可获得性、范围和形式的标准；第三部分，知识产权的执法；第四部分，知识产权的获得与维持以及相应的程序；第五部分，纠纷的预防和解决；第六部分，过渡安排；第七部分，机构设置和最终条款。

二、中药品种保护申请类型

1. 初次保护申请　初次保护申请，是指首次提出的中药品种保护申请；其他同一品种生产企业在该品种保护公告前提出的保护申请，按初次保护申请管理。

申报品种由多家企业生产的，应由原研企业提出首次申报。

提出初次保护申请时，要按《中药品种保护指导原则》中的要求提交申报资料。

2. 同品种保护申请 同品种是指药品名称、剂型、处方都相同的品种。同品种保护申请，是指初次保护申请品种公告后，其他同品种生产企业按规定提出的保护申请。

已受理同品种申请的品种，由国家中药品种保护审评委员会办公室组织有关专家及相关单位人员进行同品种质量考核。同品种考核包括现场检查、抽样和检验。根据工作需要，可以委托省级药品监督管理部门进行现场检查和抽样。

现场检查是以被考核品种执行的国家药品标准为依据，对该品种生产的全过程进行检查。

抽样是按 SFDA 制定的《药品抽样指导原则》在企业的成品库抽取 3 批样品，抽样量应为全检量的 3 倍，必要时可在市场购买并由企业确认。申报品种含多个规格的，可以抽取主要生产的一种规格，质量标准中涉及定性、定量的还应抽取相应的适量药材。

抽取的样品由国家中药品种保护审评委员会办公室委托中国药品生物制品检定所或省级药品检验所按申报品种执行的国家药品标准进行检验。

3. 延长保护期申请 延长保护期申请，是指中药保护品种生产企业在该品种保护期届满前按规定提出延长保护期的申请。

延长保护期的品种在临床、药理毒理、药学等方面应较保护前有明显改进与提高。

4. 补充申请 补充申请，是指中药保护品种生产企业因变更保护审批件及证书中有关事项而向 SFDA 行政受理服务中心（以下简称局受理中心）提出的申请。

三、中药品种保护措施

1. 一般规定 中药品种保护的具体工作由 SFDA 直属单位国家中药品种保护审评委员会办公室负责。

对于批准保护的中药品种，由 SFDA 发给《中药保护品种证书》并在 SFDA 网站和《中国医药报》上予以公告。生产该品种的其他生产企业应自公告发布之日起 6 个月内向局受理中心提出同品种保护申请，并提交完整资料，逾期则不受理。

在保护期限内，被保护品种仅限于由获得《中药保护品种证书》的企业生产，临床用药紧缺的中药保护品种除外。

中药保护品种生产企业在保护期内要按时、按要求对品种生产条件进行改进，提高质量。

中药保护品种在保护期内向国外申请注册的，须经国家药品监督管理部门批准。

2. 保密规定 中药一级保护品种的处方组成、工艺制法，在保护期内由获得《中药保护品种证书》的生产企业和药品监督管理部门及有关单位和个人负责保密，不得公开。负有保密责任的部门、企业和单位要建立必要的保密制度。

向国外转让中药一级保护品种的处方组成、工艺制法的，要按国家有关保密规定办理。

资料链接

中药专利保护与中药品种保护的区别

中药专利保护与中药品种保护的目的都是对中药技术成果给予合法的保护，但二者的区别很大，主要体现在以下几个方面：

1. 两者保护的法律效力不同　专利保护的法律依据是《中华人民共和国专利法》，属于国家法律，其保护方式是由专利局授予专利保护范围，由法院判定是否侵权；中药品种保护的依据是国务院制定的《中药品种保护条例》，属于国家法规，其保护方式是由国家药品监督管理部门采取行政保护措施。在法律效力上前者大于后者。

2. 被保护者的权利性质不同　专利权人享有该专利技术的独占权；而《中药保护品种证书》持有者的权利是非独占性的。此外，专利权可以进入商品流通领域进行自由买卖，而《中药保护品种证书》持有者的权利是不能自由进入商品流通领域进行买卖和转让的。

3. 两者保护的客体范围不同　专利保护的客体包括了中药复方、单方制剂、中药提取物及其制剂、中药的制备方法或加工工艺、中药的新用途，还包括正式批准的药物品种、正在研制中未上市的药物；中药品种保护的客体必须是列入国家药品标准的药物产品。

4. 两者保护的期限不同　药品发明专利保护的期限为20年，实用新型和外观设计专利保护期限为10年；中药一级保护品种分别为30年、20年、10年，中药二级保护品种为7年。

本章小结

本章第一节主要介绍了与中药管理相关的基本名词术语，并从指导思想、基本原则、重点任务、主要措施等方面阐述了中药现代化的基本内容。

第二节主要介绍了野生药材资源管理、中药材GAP和中药材GAP认证以及中药饮片管理的相关内容。野生药材资源主要从保护原则、国家重点保护野生药材物种的等级及一些具体管理措施，如采猎、经营方面进行阐述，另外，对含濒危药材的中药品种的处理原则也进行了说明。中药材GAP是中药材质量的重要保证，基本框架包括：总则；产地生态环境；种质和繁殖材料；栽培与饲养；采收与产地加工；包装、运输和贮藏；质量管理；人员及设备；文件及档案管理；附则。中药材GAP认证是一种质量管理体系认证。

第三节详细叙述了中药品种保护的适用范围、保护品种的等级划分及保护期限、中药品种保护申请的类型和保护措施等内容，同时对中药品种保护和医药知识产权保护的关系也作了说明。

第六章
特殊管理药品的管理

案例导入

医院与毒贩的交易

辽宁省沈阳市警方于2007年11月29日披露了一则令人震惊的消息：辽宁省某医院竟然利用住院的癌症患者，开具假处方或伪造假病历，大量套购一种叫做盐酸二氢埃托啡的麻醉药品，转手卖给毒贩，牟取暴利高达144.5万元。

该医院属于私立医院，成立于2002年，具备手术住院等医疗条件，可以使用部分手术用麻醉药品，而这些药品中就包括盐酸二氢埃托啡片。盐酸二氢埃托啡片是临床上专门用于癌症患者止痛的药品。该药可以减轻癌症患者的痛苦，但是对普通人来说，它却是比吗啡还要厉害的毒品，常人只要服用四片就能成瘾。一片盐酸二氢埃托啡片可以制成125克吗啡，半小瓶杜冷丁。根据国家行政法规规定，盐酸二氢埃托啡片是属于特殊管理的药品，国家对其研制、生产、流通、使用都有严格的管理规定。

2006年，几个河南籍人士带着几十名癌症患者住进这家医院，且这些癌症患者来后，好像就是为了止痛，经常主动找医生开止痛"劲大"的药。按照规定，这些患者均可以使用国家管制的麻醉药品，于是医生就给他们开了盐酸二氢埃托啡片。可是，这些患者当着医生的面将药片放进嘴中，趁医生不注意又偷偷地将药片吐出来。这些不正常的现象引起了医护人员的注意。该院院长王某从这些患者身上了解到了真实情况。原来，这些癌症患者都是被河南籍毒贩雇来的。

王某在得知毒贩骗药之后，不但没有向警方报案，还和他负责医院财务及药品购销的母亲徐某一同勾结毒贩，开始了犯罪之旅。2007年初，徐某找到毒贩中的几个主要负责人，表示其可以直接将药卖给他们。于是徐某开始联系癌症患者住院，开具假处方套取盐酸二氢埃托啡片。为了多开药，医院暗中加大了每名患者的用药剂量，甚至最后找人制作假病历，然后借用假病历开出盐酸二氢埃托啡片，直接卖给这些河南籍毒贩。此后，盐酸二氢埃托啡片便成了该医院的"聚宝盆"。

2007年1月至8月，该医院共购进盐酸二氢埃托啡27300片，除库存的1307片被警方缴获以外，大部分已通过这些毒贩的手被贩卖。其中由徐某亲自卖出的就有15000

片。警方在全力以赴追捕犯罪嫌疑人的同时，更在努力查找流入非法途径的盐酸二氢埃托啡片，力图将此次事件的社会危害性降至最低。

（资料来源：医学教育网 http：//www.med66.com/html/）

思考

1. 什么是特殊管理药品？
2. 特殊管理药品的管理主要涉及哪些监管机构？
3. 特殊管理药品的具体监管措施有哪些？

根据《药品管理法》规定，国家对麻醉药品、精神药品、医疗用毒性药品、放射性药品实行特殊管理。所以，麻醉药品、精神药品、医疗用毒性药品和放射性药品是法律规定的特殊管理药品。另外，根据国务院的有关规定，对药品类易制毒化学品和兴奋剂也实行一定的特殊管理。需要指出的是，麻醉药品、精神药品、医疗用毒性药品和放射性药品与其他一般药品在属性上是一致的，区别在于当上述四类药品被不合理使用或者滥用时，造成的社会危害要比一般药品严重许多，对公众健康的威胁也要更大，所以国家对它们的管理有别于其他一般药品。因此，将它们称为特殊管理药品比较妥当，而不是特殊药品。正确认识和使用特殊管理药品是公众健康的重要保障，那么特殊管理药品都包括哪些？其研制、生产、流通、使用等环节中的具体监管措施如何？对特殊管理药品的监督管理由哪些部门共同承担？各自职责是什么？本章将就这些问题进行详细阐述。

第一节　麻醉药品和精神药品管理

麻醉药品和精神药品的滥用是世界各国普遍存在的现象，也是各国政府亟待解决的问题。我国对麻醉药品和精神药品的监督管理一向很严格。2005年8月3日，国务院在对1987年11月28日颁布的《麻醉药品管理办法》和1988年12月27日颁布的《精神药品管理办法》进行修订、整合的基础上，颁发了《麻醉药品和精神药品管理条例》，并于2005年11月1日起正式实施。该条例对麻醉药品药用原植物种植，麻醉药品和精神药品实验研究、生产、经营、使用、运输、储存等进行了规定。之后，SFDA又相继颁布了《麻醉药品和精神药品生产管理办法（试行）》、《麻醉药品和精神药品经营管理办法（试行）》、《麻醉药品和精神药品运输管理办法》等规章，对麻醉药品和精神药品的生产、经营、运输等环节的管理作了进一步的规定。2007年2月15日，SFDA又发布了《关于向药品生产企业试行派驻监督员的通知》，要求向重点监管的特殊管理药品生产企业派驻监督员，对其执行《药品生产质量管理规范》（GMP）情况以及生产计划、购销情况和存储条件等进行监督检查。

药物滥用

药物滥用（drug abuse）的定义是指用药者采用自身给药的方式，反复大量使用与医疗目的无关的有依赖性的药物。药物滥用会影响人的判断和决策，影响人的行为，而且滥用者的欺诈、盗窃和抢劫率高于正常人，用于预防、矫治药物滥用以及药物滥用本身带来的社会成本十分昂贵。药物滥用是当今世界非常严重的一个社会问题。药物滥用的种类主要集中在麻醉性镇痛药、中枢兴奋剂、镇静催眠药以及普通止痛剂等，如某些含有少量阿片、罂粟壳、磷酸可待因等的止咳药。

一、麻醉药品的定义、品种及分类

（一）定义

麻醉药品（narcotic drugs）是指具有依赖性潜力，不合理使用或者滥用易产生身体依赖性和精神依赖性，能成瘾癖的药品、药用原植物或其他物质。

这里需要说明一点，麻醉药品与临床上常用的麻醉剂不同。麻醉剂是临床手术时所用的全身或局部麻醉的药品，它能暂时性地引起不同程度的意识和感觉丧失，如氯仿、乙醚、普鲁卡因、苯巴比妥等，通常不会使人产生依赖性。而麻醉药品临床用于创伤疼痛癌症晚期疼痛等，连续使用后易产生身体依赖性和精神依赖性，如吗啡、可卡因、美沙酮等。

药物依赖性

药物依赖性又称药物成瘾性，是指躯体和药物相互作用而引起的精神方面和躯体方面的改变，并在行为上常常有为了再度体验这些药物精神效果，或为了避免没有药物产生的不快感而周期地、持续地使用药物这种强迫性愿望的特征，可存在或不一定存在耐药性，但同一个人可存在一种以上的药物依赖。

吸食海洛因的成瘾机理如下，在正常人的脑内和体内一些器官，存在着内源性阿片肽和阿片受体。在正常情况下，内源性阿片肽作用于阿片受体，调节着人的情绪和行为。人在吸食海洛因后，抑制了内源性阿片肽的生成，逐渐形成在海洛因作用下的平衡状态，一旦停用就会出现不安、焦虑、忽冷忽热、起鸡皮疙瘩、流泪、流涕、出汗、恶心、呕吐、腹痛、腹泻等。这种戒断反应的痛苦，反过来又促使吸毒者千方百计地维持吸毒。药物依赖性分为身体依赖性和精神依赖性，后者又称"心瘾"。美沙酮是临床上主要戒毒药，但对"心瘾"尚无特效药。

（二）品种及分类

麻醉药品品种包括阿片类、可卡因类、大麻类、合成麻醉药品类及国家药品监督管理部门指定的其他易成瘾的药品、药用原植物及其制剂。其中，罂粟壳只能用于中药饮片、中成药生产及医疗配方使用。

现行的《麻醉药品品种目录》是由 SFDA、公安部、卫生部于 2007 年 10 月 11 日发布，并于 2008 年 1 月 1 日起施行的，共列入 123 种，具体品种见表 6-1。

表 6-1　　　　　　　麻醉药品品种目录（2007 年版）

1. 醋托啡（Acetorphine）	30. 地恩丙胺（Diampromide）
2. 乙酰阿法甲基芬太尼（Acetylalphamethylfentanyl）	31. 二乙噻丁（Diethylthiambutene）
3. 醋美沙朵（Acetylmethadol）	32. 地芬诺辛（Difenoxin）
4. 阿芬太尼（Alfentanil）	33. 二氢埃托啡*（Dihydroetorphine）
5. 烯丙罗定（Allylprodine）	34. 双氢吗啡（Dihydromorphine）
6. 阿醋美沙朵（Alphacetylmethadol）	35. 地美沙朵（Dimenoxadol）
7. 阿法美罗定（Alphameprodine）	36. 地美庚醇（Dimepheptanol）
8. 阿法美沙朵（Alphamethadol）	37. 二甲噻丁（Dimethylthiambutene）
9. 阿法甲基芬太尼（Alphamethylfentanyl）	38. 吗苯丁酯（Dioxaphetyl butyrate）
10. 阿法甲基硫代芬太尼（Alphamethylthiofentanyl）	39. 地芬诺酯*（Diphenoxylate）
11. 阿法罗定*（Alphaprodine）	40. 地匹哌酮（Dipipanone）
12. 阿尼利定（Anileridine）	41. 羟蒂巴酚（Drotebanol）
13. 苄替啶（Benzethidine）	42. 芽子碱（Ecgonine）
14. 苄吗啡（Benzylmorphine）	43. 乙甲噻丁（Ethylmethylthiambutene）
15. 倍醋美沙朵（Betacetylmethadol）	44. 依托尼秦（Etonitazene）
16. 倍他羟基芬太尼（Betahydroxyfentanyl）	45. 埃托啡（Etorphine）
17. 倍他羟基-3-甲基芬太尼（Betahydroxy-3-methylfentanyl）	46. 依托利定（Etoxeridine）
18. 倍他美罗定（Betameprodine）	47. 芬太尼*（Fentanyl）
19. 倍他美沙朵（Betamethadol）	48. 呋替定（Furethidine）
20. 倍他罗定（Betaprodine）	49. 海洛因（Heroin）
21. 贝齐米特（Bezitramide）	50. 氢可酮*（Hydrocodone）
22. 大麻与大麻树脂（Cannabis and Cannabis resin）	51. 氢吗啡醇（Hydromorphinol）
23. 氯尼他秦（Clonitazene）	52. 氢吗啡酮（Hydromorphone）
24. 古可叶（Coca Leaf）	53. 羟哌替啶（Hydroxypethidine）
25. 可卡因*（Cocaine）	54. 异美沙酮（Isomethadone）
26. 可多克辛（Codoxime）	55. 凯托米酮（Ketobemidone）
27. 罂粟秆浓缩物*（Concentrate of poppy straw）	56. 左美沙芬（Levomethorphan）
28. 地索吗啡（Desomorphine）	57. 左吗拉胺（Levomoramide）
29. 右吗拉胺（Dextromoramide）	58. 左芬啡烷（Levophenacylmorphan）

续表

59. 左啡诺（Levorphanol）	92. 非那佐辛（Phenazocine）
60. 美他佐辛（Metazocine）	93. 非诺啡烷（Phenomorphan）
61. 美沙酮 *（Methadone）	94. 苯哌利定（Phenoperidine）
62. 美沙酮中间体（Methadone intermediate）	95. 匹米诺定（Piminodine）
63. 甲地索啡（Methyldesorphine）	96. 哌腈米特（Piritramide）
64. 甲二氢吗啡（Methyldihydromorphine）	97. 罂粟壳 *（Poppy Shell）
65. 3 - 甲基芬太尼（3 - methylfentanyl）	98. 普罗庚嗪（Proheptazine）
66. 3 - 甲基硫代芬太尼（3 - methylthiofentanyl）	99. 丙哌利定（Properidine）
67. 美托酮（Metopon）	100. 消旋甲啡烷（Racemethorphan）
68. 吗酰胺中间体（Moramide intermediate）	101. 消旋吗拉胺（Racemoramide）
69. 吗哌利定（Morpheridine）	102. 消旋啡烷（Racemorphan）
70. 吗啡 *（Morphine）	103. 瑞芬太尼 *（Remifentanil）
71. 吗啡甲溴化物及其他五价氮吗啡衍生物（Morphine Methobromide and other pentavalent nitrogen morphine derivatives）	104. 舒芬太尼 *（Sufentanil）
72. 吗啡 - N - 氧化物（Morphine - N - oxide）	105. 醋氢可酮（Thebacon）
73. 1 - 甲基 -4 - 苯基 -4 - 哌啶丙酸盐（MPPP）	106. 蒂巴因 *（Thebaine）
74. 麦罗啡（Myrophine）	107. 硫代芬太尼（Thiofentanyl）
75. 尼可吗啡（Nicomorphine）	108. 替利定（Tilidine）
76. 诺美沙朵（Noracymethadol）	109. 三甲利定（Trimeperidine）
77. 去甲左啡诺（Norlevorphanol）	110. 醋氢可待因（Acetyldihydrocodeine）
78. 去甲美沙酮（Normethadone）	111. 布桂嗪 *（Bucinnazine）
79. 去甲吗啡（Normorphine）	112. 可待因 *（Codeine）
80. 诺匹哌酮（Norpipanone）	113. 复方樟脑酊 *（Compound Camphor Tincture）
81. 阿片 *（Opium）	114. 右丙氧芬 *（Dextropropoxyphene）
82. 羟考酮 *（Oxycodone）	115. 双氢可待因 *（Dihydrocodeine）
83. 羟吗啡酮（Oxymorphone）	116. 乙基吗啡 *（Ethylmorphine）
84. 对氟芬太尼（Parafluorofentanyl）	117. 尼可待因（Nicocodine）
85. 1 - 苯乙基 -4 - 苯基 -4 - 哌啶子基乙酸盐（PEPAP）	118. 尼二氢可待因（Nicodicodine）
86. 哌替啶 *（Pethidine）	119. 去甲可待因（Norcodeine）
87. 哌替啶中间体 A（Pethidine intermediate A）	120. 福尔可定 *（Pholcodine）
88. 哌替啶中间体 B（Pethidine intermediate B）	121. 丙吡兰（Propiram）
89. 哌替啶中间体 C（Pethidine intermediate C）	122. 阿桔片 *（Compound Platycodon Tablets）
90. 苯吗庚酮（Phenadoxone）	123. 吗啡阿托品注射液 *（Morphine and Atropine Sulfate Injection）
91. 非那丙胺（Phenampromide）	

注：①上述品种包括其可能存在的盐和单方制剂；②上述品种包括其可能存在的化学异构体及酯、醚；③品种目录带 * 的麻醉药品为我国生产及使用的品种。

二、精神药品的定义、品种及分类

（一）定义

精神药品（psychotropic substances）是指直接作用于中枢神经系统，使之兴奋或者抑制，连续使用能产生药物依赖性的药品或其他物质。

（二）品种及分类

精神药品分为第一类精神药品和第二类精神药品。这是依据精神药品对人体产生的依赖性及危害健康程度来划分的。第一类精神药品比第二类精神药品更易产生依赖性，对健康的危害程度也更重。

精神药品包括兴奋剂（如苯丙胺类）、致幻剂（如麦角酸二乙胺）、镇静催眠剂（如苯二氮䓬类、巴比妥类）等。

现行《精神药品品种目录》是 2007 年发布的，由 SFDA、公安部、卫生部共同制定，于 2008 年 1 月 1 日起施行，共列入 132 种，其中第一类精神药品 53 种，第二类精神药品 79 种，具体品种见表 6 - 2。

表 6 - 2　　　　　　　　　　精神药品品种目录（2007 年版）

第一类	23. 二甲氧基甲苯异丙胺（STP，DOM）
1. 布苯丙胺［Brolamfetamine（DOB）］	24. 替苯丙胺（MDA）
2. 卡西酮（Cathinone）	25. 替诺环定（Tenocyclidine）
3. 二乙基色胺（DET）	26. 四氢大麻酚（包括其同分异构物及其立体化学变体）（Tetrahydrocannabinol）
4. 二甲氧基安非他明（DMA）	27. 三甲氧基安非他明（TMA）
5. （1，2-二甲基庚基）羟基四氢甲基二苯吡喃（DMHP）	28. 4-甲基硫基安非他明（4-methylthoamfetamine）
6. 二甲基色胺（DMT）	29. 苯丙胺（Amfetamine）
7. 二甲氧基乙基安非他明（DOET）	30. 安非拉酮（Amfepramone）
8. 乙环利定（Eticyclidine）	31. 安咪奈丁（Amineptine）
9. 乙色胺（Etryptamine）	32. 2，5-二甲氧基-4-溴苯乙胺［4bromo-2，5-dimethoxyphenethy-lamine（2-CB）］
10. 麦角二乙胺［（+）-Lysergide］	33. 丁丙诺啡*（Buprenorphine）
11. 二亚甲基双氧安非他明（MDMA）	34. 右苯丙胺（Dexamfetamine）
12. 麦司卡林（Mescaline）	35. 二甲基安非他明（Dimethylamfetamine）
13. 甲卡西酮（Methcathinone）	36. 芬乙茶碱（Fenetylline）
14. 甲米雷司（4-methylaminorex）	37. γ-羟丁酸*［γ-hydroxybutyrate（GHB）］
15. 甲羟芬胺（MMDA）	38. 氯胺酮*（Ketamine）
16. 乙芬胺（N-ethyl，MDA）	39. 左苯丙胺（Levamfetamine）
17. 羟芬胺（N-hydroxy，MDA）	40. 左甲苯丙胺（Levomethamfetamine）
18. 六氢大麻酚（Parahexyl）	41. 马吲哚*（Mazindol）
19. 副甲氧基安非他明（PMA）	42. 甲氯喹酮（Mecloqualone）
20. 赛洛新（Psilocine）	43. 去氧麻黄碱（Metamfetamine）
21. 赛洛西宾（Psilocybine）	44. 去氧麻黄碱外消旋体（Metamfetamine Racemate）
22. 咯环利定（Rolicyclidine）	45. 甲喹酮（Methaqualone）

续表

46. 哌醋甲酯 * （Methylphenidate）	80. 氯巴占 （Clobazam）
47. 莫达非尼 （Modafinil）	81. 氯硝西泮 * （Clonazepam）
48. 苯环利定 （Phencyclidine）	82. 氯拉草酸 （Clorazepate）
49. 芬美曲秦 （Phenmetrazine）	83. 氯噻西泮 （Clotiazepam）
50. 司可巴比妥 * （Secobarbital）	84. 氯噁唑仑 （Cloxazolam）
51. δ-9-四氢大麻酚及其立体化学变体 （Delta - 9 - tetrahydrocannabinol and its stereochemical variants）	85. 地洛西泮 （Delorazepam）
52. 三唑仑 * （Triazolam）	86. 地西泮 * （Diazepam）
53. 齐培丙醇 （Zipeprol）	87. 艾司唑仑 * （Estazolam）
第二类	88. 乙氯维诺 （Ethchlorvynol）
54. 异戊巴比妥 * （Amobarbital）	89. 炔己蚁胺 （Ethinamate）
55. 布他比妥 （Butalbital）	90. 氯氟草乙酯 * （Ethyl Loflazepate）
56. 布托啡诺及其注射剂 * （Butorphanol and its injection）	91. 乙非他明 （Etilamfetamine）
57. 咖啡因 * （Caffeine）	92. 芬坎法明 （Fencamfamin）
58. 安钠咖 * ［Caffeine Sodium Benzoate （CNB）］	93. 芬普雷司 （Fenproporex）
59. 去甲伪麻黄碱 * （Cathine）	94. 氟地西泮 （Fludiazepam）
60. 环己巴比妥 （Cyclobarbital）	95. 氟西泮 * （Flurazepam）
61. 地佐辛及其注射剂 * （Dezocine and its injection）	96. 哈拉西泮 （Halazepam）
62. 右旋芬氟拉明 （Dexfenfluramine）	97. 卤沙唑仑 （Haloxazolam）
63. 芬氟拉明 * （Fenfluramine）	98. 凯他唑仑 （Ketazolam）
64. 氟硝西泮 （Flunitrazepam）	99. 利非他明 （Lefetamine）
65. 格鲁米特 * （Glutethimide）	100. 氯普唑仑 （Loprazolam）
66. 呋芬雷司 （Furfennorex）	101. 劳拉西泮 * （Lorazepam）
67. 喷他佐辛 * （Pentazocine）	102. 氯甲西泮 （Lormetazepam）
68. 戊巴比妥 * （Pentobarbital）	103. 美达西泮 （Medazepam）
69. 丙己君 （Propylhexedrine）	104. 美芬雷司 （Mefenorex）
70. 阿洛巴比妥 （Allobarbital）	105. 甲丙氨酯 * （Meprobamate）
71. 阿普唑仑 * （Alprazolam）	106. 美索卡 （Mesocarb）
72. 阿米雷司 （Aminorex）	107. 甲苯巴比妥 （Methylphenobarbital）
73. 巴比妥 * （Barbital）	108. 甲乙哌酮 （Methyprylon）
74. 苄非他明 （Benzfetamine）	109. 咪达唑仑 * （Midazolam）
75. 溴西泮 * （Bromazepam）	110. 纳布啡及其注射剂 * （Nalbuphine and its injection）
76. 溴替唑仑 （Brotizolam）	111. 尼美西泮 （Nimetazepam）
77. 丁巴比妥 （Butobarbital）	112. 硝西泮 * （Nitrazepam）
78. 卡马西泮 （Camazepam）	113. 去甲西泮 （Nordazepam）
79. 氯氮草 * （Chlordiazepoxide）	114. 奥沙西泮 * （Oxazepam）

115. 奥沙唑仑（Oxazolam）	124. 吡咯戊酮（Pyrovalerone）
116. 氨酚氢可酮片＊（Paracetamol and Hydrocodone Bi-tartrate Tablets）	125. 仲丁比妥（Secbutabarbital）
117. 匹莫林＊（Pemoline）	126. 替马西泮＊（Temazepam）
118. 苯甲曲秦（Phendimetrazine）	127. 四氢西泮（Tetrazepam）
119. 苯巴比妥＊（Phenobarbital）	128. 曲马多＊（Tramadol）
120. 芬特明（Phentermine）	129. 乙烯比妥（Vinylbital）
121. 匹那西泮（Pinazepam）	130. 唑吡坦＊（Zolpiden）
122. 哌苯甲醇（Pipradrol）	131. 扎来普隆＊（Zaleplone）
123. 普拉西泮（Prazepam）	132. 麦角胺咖啡因片＊（Ergotamine and Caffe-ine Tablets）

注：①上述品种包括可能存在的盐和单方制剂（除非另有规定）；②上述品种包括其可能存在的化学异构体及酯、醚（除非另有规定）；③品种目录有＊的精神药品为我国生产及使用的品种。

上市销售但尚未列入该目录的药品和其他物质或者第二类精神药品发生滥用，已经造成或者可能造成严重社会危害的，国家药品监督管理部门应当会同国家公安部门、国家卫生主管部门及时将该药品和该物质列入目录或者将该第二类精神药品调整到第一类精神药品。

三、麻醉药品和精神药品监督管理部门及监管措施

（一）监督管理部门及职责

1. 国家级 国家药品监督管理部门负责全国麻醉药品和精神药品的监督管理工作，并会同国家农业主管部门对麻醉药品药用原植物实施监督管理；国家公安部门负责对造成麻醉药品药用原植物、麻醉药品和精神药品流入非法渠道的行为进行查处；国家其他相关主管部门在各自的职责范围内负责与麻醉药品和精神药品有关的监督管理工作。

2. 地方级 省级药品监督管理部门负责本行政区划内麻醉药品和精神药品的监督管理工作；县级以上地方公安机关负责对本行政区划内造成麻醉药品和精神药品流入非法渠道的行为进行查处；县级以上地方人民政府其他相关主管部门在各自的职责范围内负责与麻醉药品和精神药品有关的监督管理工作。

3. 行业监管 麻醉药品和精神药品生产、经营企业和使用单位可以依法参加行业协会。行业协会须加强行业自律管理。

（二）具体监管措施

1. 麻醉药品和精神药品实验研究管理 申请麻醉药品、精神药品实验研究时，申请人应具备相应的条件，并经国家药品监督管理部门批准，取得《麻醉药品和精神药品实验研究立项批件》后方可进行。该批件有效期为 3 年，不得转让。麻醉药品和第一类精神药品的临床实验，不得以健康人为受试对象。

开展麻醉药品和精神药品的实验研究活动应当具备以下条件：①以医疗、科学研究或者教学为目的；②有保证实验所需麻醉药品和精神药品安全的措施和管理制度；③单位及其工

作人员 2 年内没有违反有关禁毒的法律、行政法规的行为。

麻醉药品和精神药品实验研究单位转让研究成果时，要经过国家药品监督管理部门批准。

药品研究单位在普通药品的实验研究过程中，产生管制品种的，要立即停止实验研究活动，并向国家药品监督管理部门报告。国家药品监督管理部门应根据情况，及时作出是否同意其继续实验研究的决定。

2. 麻醉药品药用原植物的种植管理 国家对麻醉药品药用原植物的种植实行总量控制。麻醉药品药用原植物种植企业由国家药品监督管理部门会同国家农业主管部门共同确定，其他单位和个人不得种植。种植企业应当根据国家药品监督管理部门和国家农业主管部门共同制定的年度种植计划种植麻醉药品药用原植物，并定期向国家药品监督管理部门和国家农业主管部门报告种植情况。

3. 麻醉药品和精神药品的生产管理 国家对麻醉药品和精神药品实行定点生产制度。国家药品监督管理部门根据麻醉药品和精神药品的需求总量，确定麻醉药品和精神药品定点生产企业的数量和布局，并根据年度需求总量对数量和布局进行调整、公布。

麻醉药品和精神药品的定点生产企业应当具备下列条件：①有药品生产许可证；②有麻醉药品和精神药品实验研究批准文件；③有符合规定的麻醉药品和精神药品生产设施、储存条件和相应的安全管理设施；④有通过网络实施企业安全生产管理和向药品监督管理部门报告生产信息的能力；⑤有保证麻醉药品和精神药品安全生产的管理制度；⑥有与麻醉药品和精神药品安全生产要求相适应的管理水平和经营规模；⑦麻醉药品和精神药品生产管理、质量管理部门的人员应当熟悉麻醉药品和精神药品管理以及有关禁毒的法律、行政法规；⑧没有生产、销售假药、劣药或者违反有关禁毒的法律、行政法规规定的行为；⑨符合国家药品监督管理部门公布的麻醉药品和精神药品定点生产企业数量和布局的要求。

从事麻醉药品、第一类精神药品生产及第二类精神药品原料药生产的企业，先由所在地省级药品监督管理部门初步审查，再由国家药品监督管理部门批准；从事第二类精神药品制剂生产的企业，由所在地省级药品监督管理部门批准。

定点生产企业生产麻醉药品和精神药品前，必须依法取得药品批准文号。未取得药品批准文号的，一律不得生产麻醉药品和精神药品。定点生产企业应当严格按照麻醉药品和精神药品年度生产计划安排生产，并依照规定向所在地省级药品监督管理部门报告生产情况。

国家药品监督管理部门应当组织医学、药学、社会学、伦理学和禁毒等方面的专家成立专家组，由专家组对申请首次上市的麻醉药品和精神药品的社会危害性和被滥用的可能性进行评价，并提出是否批准的建议。

发生重大突发事件，定点生产企业不能正常生产或不能保证供应麻醉药品和精神药品时，国家药品监督管理部门可以决定其他药品生产企业生产麻醉药品和精神药品，重大突发事件结束后，国家药品监督管理部门要及时禁止临时生产企业再生产麻醉药品和精神药品。

定点生产企业只能将麻醉药品和精神药品销售给具有麻醉药品和精神药品经营资格的企业或者依照《麻醉药品和精神药品管理条例》规定批准的其他单位。

麻醉药品和精神药品的标签应当印有国家药品监督管理部门规定的标识（图 6-1）。

比例 1:1
字体 黑体
蓝色 C100 M30
白色

比例 1:1
字体 宋体
绿色 C100 Y100
白色

图 6-1   麻醉药品和精神药品标识

麻醉药品、第一类精神药品和第二类精神药品原料药不得委托生产，第二类精神药品制剂可以委托生产，具体按委托生产的相关规定办理。

4. 麻醉药品和精神药品的经营管理   国家对麻醉药品和精神药品实行定点经营制度。

国家药品监督管理部门应当根据麻醉药品和第一类精神药品的需求总量，确定麻醉药品和第一类精神药品的定点批发企业布局，并应当根据年度需求总量对布局进行调整、公布。

各省级药品监督管理部门对本行政区域内的区域性批发企业实施动态管理，逐步形成优胜劣汰机制，对不能履行供药责任或违法、违规经营的企业，应当及时依法取消其麻醉药品和第一类精神药品定点批发企业资格。

药品经营企业不得经营麻醉药品原料药和第一类精神药品原料药。但是，用于医疗、科学研究、教学用的小包装的上述药品可以由国家药品监督管理部门规定的药品批发企业经营。

（1）开办条件：麻醉药品和精神药品定点批发企业除应当具备一般药品经营企业的开办条件外，还应当具备下列条件：

1）有符合《麻醉药品和精神药品管理条例》规定的麻醉药品和精神药品储存条件。

2）有通过网络实施企业安全管理和向药品监督管理部门报告经营信息的能力。

3）单位及其工作人员 2 年内没有违反有关禁毒的法律、行政法规规定的行为。

4）符合国家药品监督管理部门公布的定点批发企业布局。

2006 年 4 月 20 日发布的《关于麻醉药品和第一类精神药品定点批发企业布局的通知》中规定，申报麻醉药品和第一类精神药品全国性批发企业的应当是连续三年总销售额位列全国医药商业企业前 15 名的企业。

（2）经营权的批准：麻醉药品和精神药品的区域性批发企业由所在地省级药品监督管理部门批准，全国性批发企业须由国家药品监督管理部门批准，专门从事第二类精神药品批发业务的企业，应当经所在地省级药品监督管理部门批准。

全国性批发企业设立药品储存点（符合麻醉药品专库条件，只承担物流配送，不从事经营活动），要向本企业所在地和拟设立的药品储存点所在地省级药品监督管理部门提出申请。

经所在地设区的市级药品监督管理部门批准，实行统一进货、统一配送、统一管理的药品零售连锁企业可以从事第二类精神药品零售业务。第二类精神药品定点批发企业可以向医疗机构、定点批发企业和符合规定的药品零售企业及获得批准的其他单位销售第二类精神药品。

（3）经营范围和区域：有关部门在批准全国性批发企业或区域性批发企业时，应当明确其所承担的供药责任区域。

全国性批发企业可以向区域性批发企业，或者经医疗机构所在地省级药品监督管理部门批准，可以向取得麻醉药品和精神药品使用资格的医疗机构以及依照《麻醉药品和精神药品管理条例》规定批准的其他单位销售麻醉药品和第一类精神药品。

区域性批发企业可以向本行政区域内取得麻醉药品和第一类精神药品使用资格的医疗机构销售麻醉药品和第一类精神药品；由于特殊地理位置的原因，需要跨省（自治区、直辖市）承担供药责任的，应当经国家药品监督管理部门批准。区域性批发企业之间因医疗急需、运输困难等特殊情况需要跨省调剂麻醉药品和第一类精神药品的，应当在调剂后2日内将调剂情况分别报所在地省级药品监督管理部门备案。

（4）麻醉药品和精神药品的购销管理

1）购进：全国性批发企业应当从定点生产企业购进麻醉药品和第一类精神药品。区域性批发企业可以从全国性批发企业购进麻醉药品和第一类精神药品；经所在地省级药品监督管理部门批准，也可以从定点生产企业购进麻醉药品和第一类精神药品。

2）销售：全国性批发企业和区域性批发企业向医疗机构销售麻醉药品和第一类精神药品，应当将药品送至医疗机构，医疗机构不得自行提货。

麻醉药品和第一类精神药品不得零售。禁止使用现金进行麻醉药品和精神药品交易，但是个人合法购买麻醉药品和精神药品的除外。

第二类精神药品零售企业应当凭执业医师开具的处方，按规定剂量销售第二类精神药品，并将处方保存2年备查；禁止超剂量或者无处方销售第二类精神药品；不得向未成年人销售第二类精神药品。

3）企业购用管理：药品生产企业需要以麻醉药品和第一类精神药品、第二类精神药品为原料生产普通药品的，应当向所在地省级药品监督管理部门报送年度需求计划，获批后向规定的企业购买。

食品、食品添加剂、化妆品、油漆等非药品生产企业需要使用咖啡因作为原料的，应当经所在地省级药品监督管理部门批准，向定点批发企业或者定点生产企业购买。

科学研究、教学单位需要使用麻醉药品和精神药品开展实验、教学活动的，须经所在地省级药品监督管理部门批准，向定点批发企业或者定点生产企业购买。需要使用麻醉药品和精神药品的标准品、对照品的，须经所在地省级药品监督管理部门批准，向国家药品监督管理部门批准的单位购买。

5. 麻醉药品和精神药品的使用管理　医疗机构需要使用麻醉药品和第一类精神药品的，应当经所在地设区的卫生主管部门批准，取得麻醉药品、第一类精神药品购用印鉴卡（以下简称印鉴卡）。医疗机构凭印鉴卡可以向本行政区域内的定点批发企业购买麻醉药品和第一类精神药品。

医疗机构取得印鉴卡应具备以下条件：①有专职的麻醉药品和第一类精神药品管理人员；②有获得麻醉药品和第一类精神药品处方资格的执业医师；③有保证麻醉药品和第一类精神药品安全存储的设施和管理制度。

医疗机构内麻醉药品和精神药品使用管理：①处方权管理：医疗机构应当按照国家卫生主管部门的规定，对本单位执业医师和药师进行有关麻醉药品和精神药品使用知识的培训、考核，经考核合格的，授予麻醉药品和第一类精神药品处方资格。执业医师取得麻醉药品和第一类精神药品的处方资格后，方可在本医疗机构开具麻醉药品和第一类精神药品处方，但不得为自己开具该种处方。②处方管理：开具麻醉药品、精神药品要使用专用处方。麻醉药品和第一类精神药品处方的印刷用纸为淡红色，右上角分别标注"麻"、"精一"；第二类精神药品处方的印刷用纸为白色，右上角标注"精二"。

处方调配人、核对人要对麻醉药品和第一类精神药品处方仔细核对，签署姓名，并予以登记。

麻醉药品和第一类精神药品注射剂处方为1次常用量，其他剂型处方不得超过3日常用量，缓、控释制剂处方不得超过7日常用量；第二类精神药品处方一般不得超过7日常用量。为癌痛、慢性中重度非癌痛患者开具的麻醉药品、第一类精神药品注射剂处方不得超过3日常用量，缓、控释制剂处方不得超过15日常用量，其他剂型处方不得超过7日常用量。

麻醉药品和第一类精神药品处方至少保存3年；第二类精神药品处方至少保存2年。

资料链接

WHO 对麻醉药品和精神药品满足合理使用的原则

1986 年 WHO 发布《癌症三阶梯止痛治疗原则》提出，到 2020 年全球每年癌症新病例数将达 2000 万，死亡人数每年将达 1600 万。其中晚期癌症患者的疼痛发生率高达 75% 以上，要"让癌症患者无痛，并提高其生活质量"。癌症三阶梯止痛治疗原则为：第一阶梯，患者一般疼痛，采用非阿片类镇痛药，如非甾体类抗炎镇痛药；第二阶梯，患者疼痛持续或加重，采用弱效阿片类镇痛药，如可待因与非甾体类抗炎镇痛药的复方制剂；第三阶梯，患者疼痛剧烈，采用强效阿片类镇痛药，如吗啡控释片。同时强调采用口服给药方式、按疼痛程度阶梯给药、按时给药、剂量个体化等原则。

2000 年颁布的《国家麻醉药品管制政策平衡原则》中强调，尽管治疗癌痛的药物及非药物疗法多种多样，但是在所有止痛治疗方法中，阿片类药是癌痛治疗必不可少的药物。对中重度癌痛患者，阿片类止痛药具有无可取代的地位。因此，国际麻醉药品管制局（INCB）及各国相关管理部门必须保证止痛治疗的阿片类药品供应。

临床研究证明，以镇痛治疗为目的，阿片类药物常规剂量下产生成瘾的现象是非常罕见的，阿片类止痛药的消耗量也成为反映国家和地区癌症疼痛患者是否得到合理止痛治疗的重要评价指标。1983 年 INCB 统计，我国的阿片类药物医疗用药消耗量极低，居世界倒数第 2 位。至 2002 年我国的吗啡医疗消耗量从 1983 年的 7 千克/年（人均消耗量 0.006 毫克）升至 253 千克/年（人均 0.195 毫克），增长 35 倍（人均消耗量增长 31.5 倍）。可待因从 80 年代的 395 千克/年升至 2002 年的 4200 千克/年。2004 年全球消耗的

33021 千克吗啡当中，发达国家消耗 30742 千克，占 93.1%，人均 31.31 毫克；发展中国家仅消耗 2279 千克，占 6.9%，人均 0.75 毫克；我国消耗量为 415 千克，人均 0.32毫克，仅为发达国家的 1%，发展中国家的 42%。

我国阿片类镇痛药品供应与管理的政策近年来已根据 WHO 原则作出了及时调整，《麻醉药品和精神药品管理条例》指出，对确需使用麻醉药品或者第一类精神药品的患者，应当满足其合理用药需求。

6. 麻醉药品和精神药品的储存、运输管理

（1）储存：麻醉药品定点生产企业应当将麻醉药品原料药和制剂分别存放。

麻醉药品和精神药品的生产企业、经营企业、使用单位及国家设立的储存单位应当设立专库或者专柜储存麻醉药品和第一类精神药品。专库应设有防盗设施并安装报警装置，专柜应使用保险柜。专库和专柜应当实行双人双锁管理。麻醉药品和精神药品的储存实行专人专册管理，专用账册的保存期限应当自药品有效期期满之日起不少于 5 年。

（2）运输：托运或者自行运输麻醉药品和第一类精神药品的单位，应当向所在地省级药品监督管理部门申请领取运输证明。运输证明应当由专人保管，不得涂改、转让、转借，有效期为 1 年。邮寄麻醉药品和精神药品，寄件人应当提交所在地省级药品监督管理部门出具的准予邮寄证明。邮政营业机构应当查验、收存准予邮寄证明。

7. 麻醉药品和精神药品的监督管理 药品监督管理部门应当根据规定的职责权限，对麻醉药品药用原植物的种植以及麻醉药品和精神药品的实验研究、生产、经营、使用、储存、运输活动进行监督检查。

省级以上药品监督管理部门根据实际情况建立监控信息网络，对定点生产企业、定点批发企业和使用单位的麻醉药品和精神药品生产、进货、销售、库存、使用的数量以及流向施行实时监控，并与同级公安机关做到信息共享。截至 2007 年年底，麻醉药品和精神药品监控网络已基本建成。

县级以上卫生主管部门要对执业医师开具麻醉药品和精神药品处方的情况进行监督检查。

国家药品监督管理部门、卫生主管部门和公安机关互相通报麻醉药品和精神药品生产、经营企业和使用单位的名单以及其他管理信息。

对已经发生滥用，造成严重社会危害的麻醉药品和精神药品品种，国家药品监督管理部门应当采取在一定期限内中止生产、经营、使用或者限定其使用范围和用途等措施。对不再作为药品使用的麻醉药品和精神药品，国家药品监督管理部门应当撤销其药品批准文号和药品标准，并予以公布。

发生麻醉药品和精神药品被盗、被抢、丢失或者其他流入非法渠道情形的，案发单位应当立即采取必要的控制措施，同时报告所在地县级以上公安机关和药品监督管理部门。医疗机构发生上述情形的，还应当报告其主管部门。公安机关接到报告、举报，或者有证据证明麻醉药品和精神药品可能流入非法渠道时，应当及时开展调查，并可以对相关单位采取必要的控制措施。

资料链接

易制毒化学品管理

易制毒化学品是国家规定管制的可用于制造麻醉药品和精神药品的化学原料及配剂。为了加强易制毒化学品管理，规范易制毒化学品的生产、经营、购买、运输和进口、出口行为，防止易制毒化学品被用于制造毒品，维护经济和社会秩序，2005 年 8 月 26 日，国务院颁布《易制毒化学品管理条例》，自 2005 年 11 月 1 日起施行。该条例中明确规定，禁止走私或者非法生产、经营、购买、转让、运输易制毒化学品。2006 年，公安部、商务部又分别颁布了《易制毒化学品购销和运输管理办法》、《易制毒化学品进出口管理规定》，对易制毒化学品购销、运输、进口、出口等环节的管理作了详细规定。

易制毒化学品主要分为三类，第一类是可以用于制毒的主要原料，第二类、第三类是可以用于制毒的化学配剂。具体品种为：①第一类：1－苯基－2－丙酮、3，4－亚甲基二氧苯基－2－丙酮、胡椒醛、黄樟素、黄樟油、异黄樟素、N－乙酰邻氨基苯酸、邻氨基苯甲酸、麦角酸、麦角胺、麦角新碱、麻黄素、伪麻黄素、消旋麻黄素、去甲麻黄素、甲基麻黄素、麻黄浸膏、麻黄浸膏粉等麻黄素类物质；②第二类：苯乙酸、醋酸酐、三氯甲烷、乙醚、哌啶；③第三类：甲苯、丙酮、甲基乙基酮、高锰酸钾、硫酸、盐酸。

国家药品监督管理部门及国务院公安部门、安全生产监督管理部门、商务主管部门、卫生主管部门、海关总署、价格主管部门、铁路主管部门、交通主管部门、工商行政管理部门、环境保护主管部门在各自的职责范围内，负责全国的易制毒化学品有关管理工作；县级以上地方各级人民政府有关行政主管部门在各自的职责范围内，负责本行政区域内的易制毒化学品有关管理工作。

第二节　医疗用毒性药品管理

1988 年 12 月 27 日，国务院发布《医疗用毒性药品管理办法》，对医疗用毒性药品的生产、经营、储运和使用进行严格监管。为做好医疗用毒性药品监管工作，保证公众用药安全有效，并防止发生中毒等严重事件，维护社会稳定，2002 年 10 月 14 日原国家药品监督管理局（SDA）发布了《关于切实加强医疗用毒性药品监管的通知》。

一、医疗用毒性药品的定义、品种及分类

（一）定义

医疗用毒性药品（poisonous substances）（以下简称毒性药品）是指毒性剧烈、治疗剂

量与中毒剂量相近，使用不当会致人中毒或死亡的药品。

（二）品种及分类

毒性药品分为毒性中药和毒性西药。

1. 毒性中药品种（27种）　砒石（红砒、白砒）、砒霜、生川乌、生马钱子、生甘遂、生草乌、雄黄、红娘虫、生白附子、生附子、水银、生巴豆、白降丹、生千金子、生半夏、斑蝥、青娘虫、洋金花、生天仙子、生南星、红粉（红升丹）、生藤黄、蟾酥、雪上一枝蒿、生狼毒、轻粉、闹羊花。

2. 毒性西药品种（11种）　去乙酰毛花苷丙、阿托品、洋地黄毒苷、氢溴酸后马托品、三氧化二砷、毛果芸香碱、升汞、水杨酸毒扁豆碱、亚砷酸钾、氢溴酸东莨菪碱、士的宁。

以上中药品种是指原药材和饮片，不包含制剂；西药品种是指原料药，士的宁、阿托品、毛果芸香碱等包括其盐类化合物。

1988年《医疗用毒性药品管理办法》中附的毒性药品管理品种目录在实际应用中遇到很多问题，故1990年5月卫生部原药政局对其作了一些补充规定：①《医疗用毒性药品管理办法》中所指的毒性药品，西药品种是指原料药，中药品种是指原药材和饮片，不包含制剂；②毒性药品管理品种，西药品种士的宁、阿托品、毛果芸香碱等包括其盐类化合物；③毒性中药闹阳花、生马前子应以《中国药典》（1985年版）所用名称闹羊花、生马钱子为准；④毒性中药红粉、红升丹系同物异名，《中国药典》（1985年版）以"红粉"收载，此后，毒性药品品种表修订时将取消"红升丹"的名称。

依据上面的补充规定，毒性中药应为27种，而不是有些资料、书籍中将"红粉"、"红升丹"当作两种物质而并排列出的28种。

另外，根据实际监管工作的需要，国家药品监督管理部门又将几种药品列入毒性药品目录。1999年8月23日，原SDA根据《医疗用毒性药品管理办法》的规定，将用于急性早幼粒细胞白血病治疗的亚砷酸注射液列入医疗用毒性药品管理品种。2008年7月21日，SFDA与卫生部共同发布通知，将A型肉毒毒素列入毒性药品管理，并对A型肉毒毒素及其制剂的生产、经营和使用管理事宜作了具体规定。

二、医疗用毒性药品监督管理部门及监管措施

（一）监督管理部门

国家药品监督管理部门负责毒性药品管理的具体工作，包括根据实际工作需要，对毒性药品目录进行调整。

（二）具体监管措施

1. 毒性药品生产管理　毒性药品年度生产、收购、供应和配制计划，由省级药品监督管理部门根据医疗需要制定下达，并抄报国家药品监督管理部门。生产企业不得擅自改变生产计划，自行销售。

生产企业（含医疗机构制剂室）要由专业人员负责毒性药品的生产、配制和质量检验，

并建立严格的管理制度，严防与其他药品混杂。每次配料要经2人以上复核无误，并详细记录每次生产所用原料和成品数，经手人要签字备查。生产所用工具、容器必须处理干净，以防污染其他药品。另外，标示量要准确无误，包装容器要有毒性药品标识（图6-2）。

黑色
白色

图6-2　医疗用毒性药品标识

凡加工炮制毒性中药，必须按照现行《中国药典》或省级药品监督管理部门制定的炮制规范的规定进行。药材符合药用要求的，方可供应、配方和用于中成药生产。

毒性药品及其制剂的生产必须严格执行生产工艺操作规程，在本单位药品检验人员的监督下准确投料，并建立完整的生产记录，保存5年备查。

毒性药品生产过程中产生的废弃物必须妥善处理，不得污染环境。

2. 毒性药品的经营管理　毒性药品的收购、经营由药品监督管理部门指定的药品经营企业承担，配方用药由有关药品零售企业、医疗机构负责供应，其他任何单位或者个人不得从事毒性药品的收购、经营和配方业务。

药品经营企业（含医疗机构药房）要严格按照《药品经营质量管理规范》（GSP）或相关规定的要求，毒性药品应专柜加锁并由专人保管，做到双人、双锁，专账记录。必须建立健全保管、验收、领发、核对等制度，严防收假、发错，严禁与其他药品混杂。

3. 毒性药品的使用管理　药品零售企业供应毒性药品，须凭盖有医生所在医疗机构公章的处方；医疗机构供应和调配毒性药品，须凭医生签名的处方，每次处方剂量不得超过2日极量。调配处方时，必须认真负责，计量准确，按医嘱注明要求，并由配方人员及具有药师以上技术职称的复核人员签名盖章后方可发出。对处方未注明"生用"的毒性中药，应当付炮制品。如发现处方有疑问时，须经原处方医生重新审定后再行调配。处方1次有效，取药后处方保存2年备查。

科研和教学单位所需的毒性药品，须经所在地县级以上药品监督管理部门批准后，供应单位方能发售。

社会公众自配民间单、秘、验方需用毒性中药，购买时要持本单位或城市街道办事处、乡（镇）人民政府的证明信，供应单位方可发售，每次购用量不得超过2日极量。

资料链接

A型肉毒毒素

A型肉毒毒素是毒性最强的肉毒毒素，1989年正式注册为商品，临床用于眼睑痉挛、面肌痉挛等成人患者及某些斜视，特别是急性麻痹性斜视、共同性斜视、内分泌肌病引起的斜视及无法手术矫正或手术效果不佳的 12 岁以上的斜视患者。目前，中国市场上的 A 型肉毒毒素只有两种，一种由兰州生物制品研究所生产；另一种则由爱尔兰 Allergan 公司生产并进口。2008 年，卫生部、SFDA 共同发布通知，将 A 型肉毒毒素列入毒性药品管理。根据通知规定，被批准生产 A 型肉毒毒素的药品生产企业必须严格按照《病原微生物实验室生物安全管理条例》的要求，加强对生产 A 型肉毒毒素制剂用菌种的保藏管理，未经批准，不得向任何单位和个人提供菌种。生产企业必须指定具有生物制品经营资质的药品批发企业作为 A 型肉毒毒素制剂的经销商。药品批发企业只能将 A 型肉毒毒素制剂销售给医疗机构，未经指定的药品经营企业不得购销 A 型肉毒毒素制剂。药品零售企业不得零售 A 型肉毒毒素制剂。医疗机构对购进的 A 型肉毒毒素制剂登记造册、专人管理，按规定储存，做到账物相符。

2002 年美国核准 A 型肉毒毒素用于整形美容，如面部皱纹的治疗。注射 A 型肉毒毒素后肌收缩在 6 小时后减弱，7 天后完全麻痹，维持 3~6 个月。国外有研究报道，对于 70 千克的成人，2000 单位的 A 型肉毒毒素即可致命，美容除皱注射的 A 型肉毒毒素一次只用 25~50 单位，是致死量的 1%~3%，属于微小剂量。但是使用该技术时如果不熟悉面部神经、肌肉解剖，注射部位不精确，或使用浓度、剂量过大，都会导致严重后果。因此，国家规定，肉毒毒素制剂仅限于在正规医疗机构使用，美容机构禁止经营和使用。

第三节　放射性药品管理

为了加强放射性药品的管理，根据《药品管理法》的规定，1989 年 1 月 13 日国务院发布实施《放射性药品管理办法》。凡在中华人民共和国领域内进行放射性药品的研制、生产、经营、运输、使用、检验、监督管理的单位和个人都必须遵守本办法。此外，SFDA 在 2004 年 5 月 31 日发布了《关于印发锝［^{99m}Tc］放射性药品质量控制指导原则的通知》，对锝［^{99m}Tc］放射性药品的质量控制工作进行进一步规范。2004 年 7 月 5 日，SFDA 发布了《正电子类放射性药品质量控制指导原则》，加强对正电子类放射性药品质量的管理。2006 年 6 月 16 日，SFDA 发布了《放射性药品说明书规范细则》，对放射性药品说明书样式、各项内容的书写进行规范。2009 年 9 月 7 日，国务院通过了《放射性物品运输安全管理条例》，对放射性物品运输容器的设计、制造等活动作了详细规定，根据该条例放射性药品属于三类放射性物品。

一、放射性药品的定义及品种

（一）定义

放射性药品（radioactive pharmaceuticals）是指用于临床诊断或治疗的放射性核素制剂

或其标记药物，包括裂变制品、加速器制品、放射性同位素发生器及其配套药盒、放射性免疫药盒等。

（二）品种

2005 年版《中国药典》共收载 17 种放射性药品标准，具体如下：

1. 含碘 $[^{131}I]$ 的放射性药品　邻碘 $[^{131}I]$ 马尿酸钠注射液；碘 $[^{131}I]$ 化钠胶囊；碘 $[^{131}I]$ 化钠口服溶液。

2. 含磷 $[^{32}P]$ 的放射性药品　胶体磷 $[^{32}P]$ 酸铬注射液；磷 $[^{32}P]$ 酸钠注射液；磷 $[^{32}P]$ 酸钠口服溶液。

3. 含锝 $[^{99m}Tc]$ 的放射性药品　高锝 $[^{99m}Tc]$ 酸钠注射液；锝 $[^{99m}Tc]$ 亚甲基二磷酸盐注射液；锝 $[^{99m}Tc]$ 依替菲宁注射液；锝 $[^{99m}Tc]$ 植酸盐注射液；锝 $[^{99m}Tc]$ 喷替酸盐注射液；锝 $[^{99m}Tc]$ 焦磷酸盐注射液；锝 $[^{99m}Tc]$ 聚合白蛋白注射液。

4. 其他　含氙 $[^{133}X]$ 注射液；枸橼酸稼 $[^{67}Ga]$ 注射液；铬 $[^{51}Gr]$ 酸钠注射液；氯化亚铊 $[^{201}TI]$ 注射液。

二、放射性药品的监督管理部门及监管措施

（一）监督管理部门

国家药品监督管理部门和核工业行业主管部门共同负责全国放射性药品的研制、生产、流通、使用、监督等管理工作。公安部门、环保部门、国家发展和改革委员会等部委负责相关管理工作。

放射性药品的国家标准由国家药典委员会负责制定和修订，报国家药品监督管理部门审批颁发。

放射性药品的检验由中国药品生物制品检定所或其他指定的药品检验所承担。

（二）具体管理措施

1. 研制、临床研究和审批管理　我国首次生产的放射性药品称为放射性新药。

药品研制单位的放射性新药年度研制计划要报送核工业行业主管部门备案，同时经所在地省级药品监督管理部门汇总，报国家药品监督管理部门备案。

放射性新药的研制内容包括工艺路线、质量标准、临床前研究和临床研究。研制单位要进行放射性新药的临床试验或验证，首先要向国家药品监督管理部门提出申请，按照新药审批办法的规定报送资料和样品，经批准后，在国家药品监督管理部门指定的医疗机构进行临床研究。临床研究结束后，向国家药品监督管理部门提出注册申请，国家药品监督管理部门征求核工业行业主管部门的意见，审查批准后，发给新药证书。放射性新药的分类，按新药审批办法的规定办理。

2. 生产、经营和进出口管理　国家根据需要对放射性药品实行合理布局，定点生产。

放射性药品生产、经营企业，必须向核工业行业主管部门报送年度生产、经营计划，并抄报国家药品监督管理部门。

开办放射性药品生产、经营企业，除具备《药品管理法》规定的条件外，还要符合国

家的放射卫生防护基本标准，履行环境影响报告的审批手续，依法取得《放射性药品生产许可证》、《放射性药品经营许可证》。

《放射性药品生产许可证》、《放射性药品经营许可证》有效期为5年，期满前6个月放射性药品生产、经营企业应当分别向原发证部门重新提出申请，按规定程序换发新证。

放射性药品生产、经营企业，必须建立质量检验机构，经检验符合国家药品标准的方可出厂。含有短半衰期放射性核素的药品，可以边检验边出厂，但发现质量不符合国家药品标准时，要立即停止生产、销售和使用，及时上报国家药品监督管理部门和核工业行业主管部门。

申请办理订货时，放射性药品生产、经营企业必须出示省级药品监督管理部门核发的《放射性药品生产许可证》、《放射性药品经营许可证》，医疗机构必须出示省级药品监督管理部门和公安、环保部门联合发给的《放射性药品使用许可证》。

放射性药品的进出口业务由国家发展和改革委员会负责，经国家药品监督管理部门审批后，方可办理相关手续。

进口放射性药品必须经中国药品生物制品检定所或指定的药品检验所检验，符合我国的药品标准或者其他药用标准的方可进口。

3. 使用管理　医疗机构使用放射性药品，必须配备与其医疗任务相适应并经核医学技术培训的技术人员，且符合国家放射性同位素卫生防护管理的相关规定。所在地省级药品监督管理部门和公安、环保部门根据医疗机构核医疗技术人员的水平和设备条件，核发相应等级的《放射性药品使用许可证》，有效期5年。

非核医学专业技术人员未经培训，不得从事放射性药品的使用工作；无《放射性药品使用许可证》的医疗机构不得临床使用放射性药品。

持有《放射性药品使用许可证》的医疗机构，在研究配制放射性制剂并进行临床研究前，要根据放射性药品的特点，提出该制剂的药理、毒理等资料，经所在地省级药品监督管理部门批准，报国家药品监督管理部门备案。该制剂仅限本医疗机构内使用。

放射性药品使用后的废物（包括患者排出物），必须按国家有关规定妥善处理。

4. 包装、运输管理　放射性药品的包装必须安全实用，符合放射性药品质量要求，具有与放射性剂量相适应的防护装置。包装必须分内包装和外包装两部分，外包装必须贴有商标、标签、说明书和放射性药品标识（图6-3），内包装必须贴有标签。

红色
黄色

图6-3　放射性药品标识

包装标签必须注明药品名称、放射性活度和标示时间、包装。说明书除注明标签内容外还必须注明成分、性状、放射性核素半衰期、适应证、用法用量、内辐射吸收量、不良反应、禁忌、注意事项、孕妇及哺乳期妇女用药、儿童用药、临床试验、药理毒理、药代动力学、贮藏、包装、有效期、执行标准、批准文号、生产企业等。

放射性药品的运输必须按国家运输、邮政等部门制定的有关规定执行，任何单位和个人不得乘坐公共交通运输工具携带放射性药品。

本章小结

　　本章主要介绍了麻醉药品、精神药品、医疗用毒性药品和放射性药品在研制、生产、流通、使用等方面的监督管理。

　　第一节主要讲述了麻醉药品和精神药品的管理。首先介绍了麻醉药品和精神药品的定义、分类，然后介绍了麻醉药品和精神药品的监督管理部门及各自职责，最后详细阐述了麻醉药品和精神药品在研制、生产、流通、使用等环节的监督措施，并在资料链接中对易制毒化学品的管理进行了介绍。

　　第二节主要讲述了医疗用毒性药品的管理。首先介绍医疗用毒性药品的定义、分类及品种，并将医疗用毒性药品品种自1988年发布以来的变更进行了解释说明，之后对医疗用毒性药品的生产、经营、使用等环节的管理作了进一步说明。

　　第三节主要讲述了放射性药品的管理。除了介绍放射性药品的定义及品种、放射性药品的监督管理部门外，还对放射性药品的研制、临床研究、审批管理、生产、经营、使用、包装、运输等环节的具体管理措施作了详细说明。

第七章 药包材、药品标识物与广告管理

案例导入

一则违法药品广告的点评

2007年10月27日，在《海南特区报》第15版上刊登的陕西某制药有限公司生产的"心宁片"药品广告，其广告批准文号为：陕药广审（文）第20070704××号。该广告宣称，8大医院权威验证，4个疗程根治心脏病。服用一个疗程，不适症状得到改善，服用两个疗程心绞痛发作次数减少，血压、血脂逐渐平稳下降，服用三个疗程后心肌心血管功能得到前所未有的改善，服用四个疗程，症状全部消失，冠心病、心绞痛、心肌梗死等全面好转，并且杜绝二次复发。

案例点评 该药品广告存在以下违法内容：

（1）含有不科学地表示功效的断言或者保证：广告内容绝对化的宣传功效，严重违反了《药品广告审查发布标准》的第十条第一款规定：药品广告中有关药品功能疗效的宣传应当科学准确，不得出现含有不科学地表示功效的断言或者保证的情形。

（2）该药品是处方药，禁止在大众媒体发布药品广告：违反了《药品管理法》第六十条第二款规定：处方药可以在国务院卫生行政部门和国家药品监督管理部门共同指定的医学、药学专业刊物上介绍，但不得在大众传播媒介发布广告或者以其他方式进行以公众为对象的广告宣传。因此，该药品广告仅限于医药专业媒介发布，不得在大众媒体发布药品广告。另外，作为处方药广告，该药品广告没有标明"请按医生处方购买和使用"，违反了《药品广告审查发布标准》第十三条规定：国家规定应当在医生指导下使用的治疗性药品的广告中，必须标明"请按医生处方购买和使用"。

（3）篡改广告审批内容：该药品广告审批内容是"功能主治：理气止痛，活血化瘀。用于气滞血瘀所致胸痹，症见胸闷、胸痛、心悸、气短；冠心病、心绞痛见上述症候者。本广告仅供医学、药学专业人士阅读"。

（资料来源：海南食品药品监管政务网 http：//www. hifda. gov. cn/hifda/zwgk/index. htm）

思考

1. 什么是药品广告？
2. 药品广告的监督管理由哪些部门负责？
3. 药品广告内容涉及药品标识物时，有哪些原则性的规定？

从这个案例可以看出，药品广告是影响公众使用药品的重要因素，为了保证药品宣传的真实、科学、准确，合理指导用药，保障社会公众身体健康，药品监督管理部门必须加强对药品广告的监督管理。另外，药包材和药品标识物又是如何定义，如何进行监督管理的？通过本章的学习，大家可以对相关内容有所了解和熟悉。

第一节　药包材管理

1979 年，原国家医药管理局对药包材开始实行规范管理，但当时药包材行业管理缺乏法律依据，管理力度不够。国务院于 1979 年 7 月发布的《中华人民共和国标准化管理条例》和卫生部于 1980 年发布的《药品标准工作管理办法》都加强了对药包材的标准化管理。2000 年，原国家药品监督管理局（SDA）颁布了《药品包装用材料、容器管理办法》（暂行），进一步加强对药包材的监督管理。2001 年，全国人大常委会通过修订的《药品管理法》，也增加了药包材监督管理的内容。2004 年 7 月，SFDA 颁布了《直接接触药品的包装材料和容器管理办法》，明确了药包材的管理方向，为药包材质量管理提供了直接的法律依据。

一、药包材概述

（一）药包材的含义和特殊性

1. 药包材的含义　药包材是指药品生产企业生产的药品和医疗机构配制的制剂所使用的直接接触药品的包装材料和容器。

2. 药包材的特殊性　药包材是药品不可分割的一部分，具有包装的所有属性，并有其特殊性：

（1）能保护药品在贮藏、使用过程中不受环境的影响，保持药品原有属性。

（2）药包材自身在贮藏、使用过程中性质应有一定的稳定性。

（3）药包材在包裹药品时不能污染药品生产环境。

（4）药包材不得带有在使用过程中不能消除的对所包装药品有影响的物质。

（5）药包材与所包装的药品不能发生化学、生物意义上的反应。

为了确认药包材可被用于包裹药品，有必要对这些材料进行质量监控。

（二）药包材标准

1. 药包材标准的含义　药包材标准，是指国家为保证药包材质量、确保药包材的质量可控性而制定的质量指标、检验方法等技术要求。

药包材标准是国家为保证药包材质量，确保药品安全有效的法定标准，是我国药品生产企业使用药包材、药包材企业生产药包材和药品监督管理部门检验药包材的法定标准。生产、进口和使用药包材，要符合药包材国家标准。药包材必须无毒，与药品不发生化学作用，不发生组分脱落或迁移等影响药品作用的因素，必须保证患者安全用药。

为确保药品安全、有效地使用，加强药包材的质量控制，国家药品包装容器标准对不同材料控制的项目涵盖了鉴别试验、物理试验、机械性能试验、化学试验、微生物和生物试验。这些项目的设置为安全、合理地选择药包材提供了基本的保证，也为国家对药包材实施国家注册制度提供了技术支持。

2. 药包材标准的制定 药包材标准由 SFDA 组织国家药典委员会制定和修订，并由 SFDA 颁布实施。SFDA 设置或者确定的药包材检验机构承担药包材国家标准拟定和修订方案的起草、方法学验证、实验室复核工作。国家药典委员会根据 SFDA 的要求，组织专家进行药包材国家标准的审定工作。国家药品监督管理部门定期公布淘汰的、不能确保药品质量的药包材产品目录。

（三）我国药包材的现状

目前，我国药品包装材料行业的整体水平较低，档次偏低，远远落后于发达国家，包装材料的质量及包装对医药经济的贡献率明显低于国际水平。我国有药包材生产企业两千余家，主要生产药用玻璃、金属、药用明胶制品、橡胶、塑料（容器、片材、膜）及其复合片（膜）等五大类六十多个品种。但是，我国药包材尚存在企业生产质量管理机构和生产质量管理制度不健全，企业硬件设施与生产规模不相适应，企业检验水平与法规要求有差距等问题。出现这些问题的主要原因有，药包材生产企业长期忽视软件投入，企业检验能力与质量管理不适应，药品监督管理部门技术监督力量薄弱等。

药包材生产企业必须正确认识药包材的重要性，重视药包材质量监管。同时，相关部门完善药包材监管法规，规范药包材生产行为，并建立健全药包材质量监督抽验机制，强化产品的技术监督，规范药包材生产、使用行为，将其纳入法制化监管程序。

二、药包材的注册管理

（一）药包材的注册

药包材注册申请包括生产申请、进口申请和补充申请。生产申请，是指在中国境内生产药包材的注册申请。申请人应当是在中国境内合法登记的药包材生产企业。进口申请，是指在境外生产的药包材在中国境内上市销售的注册申请。境外申请人应当是在境外合法登记的药包材生产厂商，其进口申请注册应当由其驻中国境内的办事机构或者由其委托的中国境内代理机构办理。补充申请，是指生产申请和进口申请经批准后，改变、增加或者取消原批准事项或者内容的注册申请。

1. 药包材注册中药品监督管理部门的权利及义务 药品监督管理部门应当在行政部门的网站和药包材注册场所公示药包材注册所需的条件、程序、期限、需要提交的全部材料目录和申请书示范文本。

药品监督管理部门对申请人提出的药包材注册申请，应当根据下列情况分别作出处理：①申请事项依法不需要提交注册审批的，应当即时告知申请人不予受理；②申请事项依法不属于受理部门职权范围的，应当即时作出不予受理的决定，并告知申请人向其他有关部门提出申请；③申请材料存在可以当场更正的错误的，应当允许申请人当场更正；④申请材料不齐全或者不符合法定形式的，应当在 5 日内一次告知申请人需要补正的全部内容，逾期不告知的，自收到申请材料之日起即为受理；⑤申请材料齐全、符合法定形式，或者申请人按照要求提交全部补正申请材料的，应当受理申请。

药品监督管理部门受理或者不予受理药包材注册申请，应当出具加盖药包材受理专用章并注明日期的通知书。药包材注册审批作出决定后，药品监督管理部门应当自作出决定之日起 10 日内颁发、送达有关决定。药品监督管理部门依法作出不予注册的书面决定的，应当说明理由，并告知申请人享有依法申请复审、行政复议或者提起行政诉讼的权利。

2. 药包材注册中申请者的权利及义务　申请药包材注册所报送的资料必须完整、规范，数据真实、可靠。申请人应当对其申报资料内容的真实性负责。

药包材注册审评中需要申请人补充资料的，药品监督管理部门应当一次性发出补充资料的通知。申请人应当在 4 个月内按照通知要求一次性完成补充资料，未能在规定的时限补充资料的予以退审。

申请人和利害关系人可以对直接关系其重大利益的事项提交书面意见进行陈述和申辩。

（二）药包材的再注册

药包材再注册，是指对《药包材注册证》或者《进口药包材注册证》有效期届满需要继续生产或者进口的药包材实施审批的过程。SFDA 核发的《药包材注册证》或者《进口药包材注册证》的有效期为 5 年。有效期届满需要继续生产或者进口的，申请人应当在有效期届满前 6 个月申请再注册。

1. 药包材再注册流程

（1）申请人提出药包材生产再注册申请的，应当填写《药包材生产再注册申请表》，同时提供有关申报资料，按照原申报程序报送省级药品监督管理部门，并进行注册检验。

（2）省级药品监督管理部门按照原申报程序和要求对申报资料进行形式审查，对生产现场组织检查。

（3）SFDA 在收到省级药品监督管理部门报送的资料和药包材检验机构对药包材再注册样品的检验报告及有关意见后，应当在 40 日内完成技术审评，并在完成技术审评后 20 日内完成审批，20 日内不能作出决定的，经主管局领导批准，可以延长 10 日。符合规定的，予以再注册，并换发《药包材注册证》。不符合规定的，发给《审批意见通知件》。

2. 有下列情况之一的，SFDA 不予再注册

（1）国家公布禁止使用或者淘汰的药包材。

（2）在规定的时间内未提出再注册申请的药包材。

（3）注册检验不合格的药包材。

此外，《药包材注册证》或者《进口药包材注册证》有效期届满前，SFDA 不予再注册的，注销原《药包材注册证》或者《进口药包材注册证》，并予以公告。

(三) 药包材的复审

被退审的申请，申请人对有关试验或者资料进行了补充和完善后，应当按照原申请程序重新申报。申请人对不予批准决定有异议的，可以在收到审批决定后 10 日内向 SFDA 提出复审（复审的内容仅限于原申请事项、原报送的资料和样品）。SFDA 接到复审申请后应当在 50 日内作出复审决定。决定撤销原不予批准决定的，应当发给相应的药包材批准证明文件；决定维持原决定的，SFDA 不再受理再次的复审申请。

三、药包材的监督管理

1. 药品监督管理部门应当对药包材的生产、使用组织抽查检验，并将抽查检验结果予以公告。

2. 药包材生产企业和使用单位对药包材检验机构的检验结果如有异议需要申请复验的，可以自收到药品检验结果之日起 7 日内向原药品检验机构或者上一级药品监督管理部门设置或者确定的药品检验机构申请复验，也可以直接向国家药品监督管理部门设置或者确定的药品检验机构申请复验。受理复验的药品检验机构必须在国家药品监督管理部门规定的时间内作出复验结论。

3. 药品监督管理部门组织药包材抽查检验不得收取任何费用。

4. 药品生产企业和配制制剂的医疗机构不得使用与国家标准不符的药包材。

四、药包材的违规责任

1. 申请人提供虚假申报资料和样品的，SFDA 对该申请不予批准；对申请人给予警告；已批准生产或者进口的，撤销药包材注册证明文件；3 年内不受理其申请，并处以相应罚款。

2. 未获得《药包材注册证》，擅自生产药包材的，药品监督管理部门应当责令停止生产，并处以相应罚款，已经生产的药包材由药品监督管理部门监督处理。

3. 生产并销售或者进口不合格药包材的，药品监督管理部门应当责令停止生产或者进口，并处以相应罚款，已经生产或者进口的药包材由药品监督管理部门监督处理。

4. 对使用不合格药包材的，药品监督管理部门应当责令停止使用，并处相应罚款，已包装药品的药包材应当立即收回并由药品监督管理部门监督处理。

5. 药包材检验机构在承担药包材检验时，出具虚假检验报告书的，药品监督管理部门应当给予警告，并处以相应罚款；情节严重的，取消药包材检验机构资格。因虚假检验报告引起的一切法律后果，由作出该报告的药包材检验机构承担。

注册管理的药包材产品目录

国家药品监督管理部门制定注册药包材产品目录，并对其实行注册管理。产品目录如下：

1. 输液瓶（袋、膜及配件）。
2. 安瓿。
3. 药用（注射剂、口服或者外用剂型）瓶（管、盖）。
4. 药用胶塞。
5. 药用预灌封注射器。
6. 药用滴眼（鼻、耳）剂瓶（管）。
7. 药用硬片（膜）。
8. 药用铝箔。
9. 药用软膏管（盒）。
10. 药用喷（气）雾剂泵（阀门、罐、筒）。
11. 药用干燥剂。

第二节　药品标识物管理

药品标识物是药品的重要组成部分，主要由药品的说明书和标签组成，是药品外在质量的主要体现，是安全、有效、经济、合理地使用药品的重要依据，亦是医务人员决定用药和指导消费者购买选择的重要药品信息来源。《药品管理法》第五十四条明确规定了：药品包装必须按照规定印有或贴有标签并附有说明书。标签或者说明书上必须注明药品的通用名称、成分、规格、生产企业、批准文号、产品批号、生产日期、有效期、适应证或者功能主治、用法用量、禁忌、不良反应和注意事项。麻醉药品、精神药品、医疗用毒性药品、放射性药品、外用药品和非处方药的标签，必须印有规定的标识。

药品说明书，是指药品生产企业印制并提供的，应当包含药品安全性、有效性的重要科学数据、结论和信息，用以指导安全、合理使用药品的技术性资料。药品说明书既是指导医患双方选择药品的主要依据，也是合理、正确使用药品的指示说明。

药品的标签是指药品包装上印有或者贴有的文字内容，为消费者临床用药提供简明的药品信息，也是产品本身的外观形象的组成部分。

加强和规范对药品说明书和标签的管理具有重要意义，为此 SFDA 于 2006 年 3 月 15 日颁布了《药品说明书和标签管理规定》，自 2006 年 6 月 1 日起施行，原《药品包装、标签和说明书管理规定（暂行）》同时废止。2006 年 10 月 20 日的《关于印发非处方药说明书规范细则的通知》和 2007 年 5 月的《关于加强〈药品说明书和标签管理规定〉实施工作的通知》的发布，进一步细化了对药品说明书和标签的管理内容。

一、药品说明书的管理

药品说明书主要包括药品安全性、有效性的重要科学数据、结论和信息，用以指导药品使用者安全、合理地使用药品。其内容应科学、规范和统一，其具体格式、内容和书写要求由国家药品监督管理部门制定并发布。

（一）药品说明书的主要内容和具体格式

1. 药品说明书的主要内容　药品说明书必须包括药品名称、成分、性状、适应证或者功能主治、用法用量、不良反应、禁忌、注意事项、规格、贮藏、有效期、批准文号和生产企业；还必须包括孕妇及哺乳期妇女用药、药物相互作用，缺乏可靠的实验或者文献依据而无法表述的，说明书保留该项标题并应当注明"尚不明确"；还应当包括临床研究、儿童用药、老年用药和药物过量、药理毒理和药代动力学，缺乏可靠的实验或者文献依据而无法表述的，说明书不再保留该项标题。

化学药品、治疗用生物制品、中药、预防用生物制品说明书书写的具体内容和格式按照《化学药品和生物制品说明书规范细则》、《预防用生物制品说明书规范细则》等的规定执行。非处方药和注射剂的说明书，必须列出全部处方组成。含有可能引起不良反应的辅料或者成分的，应当予以特别说明。其他药品的说明书，应当列出活性成分、主要成分或者组方中全部中药药味。

2. 药品说明书的格式　以下主要介绍化学药品处方药说明书格式和中药、天然药物处方药说明书格式，分别见表 7 - 1 和表 7 - 2。

表 7 - 1　　　　　　　　　　化学药品处方药说明书格式

核准日期 　　修改日期※ 　　　　　　　　　　　　　　　　　　　　　　　　特殊药品、外用药品标识位置 　　　　　　　　　　　　　×××说明书 　　　　　　　　　请仔细阅读说明书并在医师指导下使用。 　　　　　　　　　　　　　警示语※ 【药品名称】　　通用名称　　商品名称※　　英文名称※　　汉语拼音 【成分】　　化学名称　　化学结构式　　分子式　　分子量 【性状】 【适应证】 【规格】 【用法用量】 【不良反应】 【禁忌】 【注意事项】

续表

【孕妇及哺乳期妇女用药】	√				
【儿童用药】	√				
【老年用药】	√				
【药物相互作用】	√				
【药物过量】	√				
【临床试验】	※				
【药理毒理】	√				
【药代动力学】					
【贮藏】					
【包装】					
【有效期】					
【执行标准】					
【批准文号】					
【生产企业】	企业名称	生产地址	邮政编码	电话和传真号码（须标明区号）	网址※

注：※代表没有可以不写该项内容；√代表未进行该项实验且无可靠参考文献的，应当在该项下予以说明。

依据《化学药品和生物制品说明书规范细则》在具体书写时需要注意以下关键问题：①核准日期：为 SFDA 批准该药品注册的时间。修改日期为此后历次修改的时间。②警示语：指对药品严重不良反应及其潜在的安全性问题的警告，还可以包括药品禁忌、注意事项及剂量过量等需提示用药人群特别注意的事项。③成分：复方制剂可以不列出每个活性成分化学名称、化学结构式、分子式、分子量内容。本项可以表达为"本品为复方制剂，其组分为："组分按一个制剂单位（如每片、粒、支、瓶等）分别列出所含的全部活性成分及其量。多组分或者化学结构尚不明确的化学药品或者治疗用生物制品，应当列出主要成分名称，简述活性成分来源。处方中含有可能引起严重不良反应的辅料的，该项下应当列出该辅料名称。注射剂应当列出全部辅料名称。

表 7 – 2   中药、天然药物处方药说明书格式

核准日期
修改日期※

特殊药品、外用药品标识位置

×××说明书
请仔细阅读说明书并在医师指导下使用
警示语

【药品名称】   通用名称   汉语拼音
【成分】
【性状】
【功能主治】／【适应证】

续表

【规格】	
【用法用量】	
【不良反应】	√
【禁忌】	√
【注意事项】	√
【孕妇及哺乳期妇女用药】	※
【儿童用药】	※
【老年用药】	※
【药物相互作用】	※
【临床试验】	※
【药理毒理】	※
【药代动力学】	※
【贮藏】	
【包装】	
【有效期】	
【执行标准】	
【批准文号】	
【生产企业】	企业名称　生产地址　邮政编码　电话号码　传真号码　注册地址　网址※

注：※代表未进行该项相关研究，可不列此项；√代表尚不清楚有无，可在该项下以"尚不明确"来表述。

依据《中药、天然药物处方药说明书格式内容书写要求及撰写指导原则》，在具体书写时需要注意以下关键问题：①成分：应列出处方中所有的药味或有效部位、有效成分等。注射剂还应列出所用的全部辅料名称；处方中含有可能引起严重不良反应的辅料的，在该项下也应列出该辅料名称。成分排序应与国家批准的该品种药品标准一致，辅料列于成分之后。对于处方已列入国家秘密技术项目的品种，以及获得中药一级保护的品种，可不列此项。②药物相互作用：如未进行该项相关研究，注射剂必须以"尚无本品与其他药物相互作用的信息"来表述。

（二）药品说明书的主要管理规定

1. 药品说明书的具体格式、内容和书写要求由国家药品监督管理部门制定并发布，其文字及图案不得加入任何未经审批同意的内容。

2. 药品说明书文字表述应当科学、准确、规范，且应当使用国家语言文字工作委员会公布的规范化汉字，增加其他文字对照的，应当以汉字表述为准，不得有印字脱落或者粘贴不牢等现象，不得以粘贴、剪切、涂改等方式进行修改或者补充。非处方药说明书还应当使用容易理解的文字表述，以便患者自行判断、选择和使用。

3. 药品说明书对疾病名称、药学专业名词、药品名称、临床检验名称和结果的表述，应当采用国家统一颁布或规范的专用词汇，度量衡单位应当符合国家标准的规定。

4. 药品说明书应当列出全部活性成分或者组方中的全部中药药味。注射剂和非处方药还应当列出所用的全部辅料名称。药品处方中含有可能引起严重不良反应的成分或者辅料的，应当予以说明。出于保护公众健康和指导正确合理用药的目的，药品生产企业可以主动提出在药品说明书上加注警示语，SFDA 也可以要求药品生产企业在说明书上加注警示语。

5. 药品生产企业应当主动跟踪药品上市后的安全性、有效性情况，需要对药品说明书进行修改的，应当及时提出申请。根据药品不良反应监测、药品再评价结果等信息，SFDA 也可以要求药品生产企业修改药品说明书。药品说明书获准修改后，药品生产企业应当将修改的内容立即通知相关药品经营企业、使用单位及其他部门，并按要求及时使用修改后的说明书。

6. 药品说明书核准日期和修改日期应当在说明书中醒目标示。用法用量除使用单位给药剂量标示外，还应当使用其他科学易懂的表述方式。

7. 药品说明书应当充分包含药品不良反应信息，详细注明药品不良反应。药品生产企业未根据药品上市后的安全性、有效性情况及时修改说明书或者未将药品不良反应在说明书中充分说明的，由此引起的不良后果由该生产企业承担。

8. 药品生产企业生产上市销售的最小包装必须附有说明书。

9. 根据《反兴奋剂条例》，药品中含有兴奋剂目录所列禁用物质的，其说明书或者标签应当注明"运动员慎用"字样。

二、药品标签的管理

（一）药品标签的分类

药品标签分为内标签和外标签。药品内标签指直接接触药品包装的标签，外标签指内标签以外的其他包装的标签，包括用于运输、储存包装的标签和原料药标签。

资料链接

药品名称的使用管理

药品说明书和标签中标注的药品名称必须符合国家药品监督管理部门公布的药品通用名称和商品名称的命名原则，并与药品批准证明文件的相应内容一致。

1. 药品商品名称命名原则如下：

（1）由汉字组成，不得使用图形、字母、数字、符号等标志。

（2）不得使用《中华人民共和国商标法》规定不得使用的文字。

（3）不得使用以下文字：①扩大或者暗示药品疗效的；②表示治疗部位的；③直接表示药品的剂型、质量、原料、功能、用途及其他特点的；④直接表示使用对象特点的；⑤涉及药理学、解剖学、生理学、病理学或者治疗学的；⑥使用国际非专利药品名称（International Nonproprietary Names for Pharmaceutical Substances，INN）的中文译名及其主要字词的；⑦引用与药品通用名称音似或者形似的；⑧引用药品习用名称或者曾用名称的；⑨与他人使用的商品名称相同或者相似的；⑩人名、地名、药品生产企业名称或者其他有特定含义的词汇。

2. 药品通用名称应当显著、突出，其字体、字号和颜色必须一致，并符合以下要求：

（1）对于横版标签，必须在上三分之一范围内显著位置标出；对于竖版标签，必须在右三分之一范围内显著位置标出。

（2）不得选用草书、篆书等不易识别的字体，不得使用斜体、中空、阴影等形式对字体进行修饰。

（3）字体颜色应当使用黑色或者白色，不得使用其他颜色。

（4）除因包装尺寸的限制而无法同行书写的，不得分行书写。

（二）药品标签的主要内容

药品的内标签应当包含药品通用名称、适应证或者功能主治、规格、用法用量、生产日期、产品批号、有效期、生产企业等内容。包装尺寸过小无法全部标明上述内容的，至少应当标注药品通用名称、规格、产品批号、有效期等内容。

药品外标签应当注明药品通用名称、成分、性状、适应证或者功能主治、规格、用法用量、不良反应、禁忌、注意事项、贮藏、生产日期、产品批号、有效期、批准文号、生产企业等内容。适应证或者功能主治、用法用量、不良反应、禁忌、注意事项不能全部注明的，应当标出主要内容并注明"详见说明书"字样。

用于运输、储藏包装的标签，至少应当注明药品通用名称、规格、贮藏、生产日期、产品批号、有效期、批准文号、生产企业，也可以根据需要注明包装数量、运输注意事项或者其他标记等必要内容。

原料药的标签应当注明药品名称、贮藏、生产日期、产品批号、有效期、执行标准、批准文号、生产企业，同时还需注明包装数量以及运输注意事项等必要内容。

（三）药品标签的主要管理规定

1. 药品的标签应当以说明书为依据，其内容不得超出说明书的范围。

2. 标签上印刷的内容对产品的表述要准确无误，除表述安全、合理用药的用词外，不得印有各种不适当宣传产品的文字，如国家级新药、中药保护品种、GMP认证、进口原料分装、监制、荣誉出品、获奖产品、保险公司质量保险、公费报销、现代科技、名贵药材等。

3. 药品商品名称须经SFDA批准后方可在标签上使用。药品商品名称不得与通用名称同行书写，其字体和颜色不得比通用名称更突出和显著，其字体以单字面积计不得大于通用名称所用字体的二分之一。药品标签中禁止使用未经注册的商标以及其他未经SFDA批准的药品名称。药品标签使用注册商标的，应当印刷在药品标签的边角，含文字的，其字体以单字面积计不得大于通用名称所用字体的四分之一。

4. 凡在中国境内销售和使用的药品，标签所用文字必须以中文为主并使用国家语言文字工作委员会公布的现行规范文字。民族药可增加其民族文字。企业根据需要，在其药品包装上可使用条形码和外文对照；获我国专利的产品，亦可标注专利标记和专利号，并标明专利许可的种类。

5. 同一药品生产企业生产的同一药品，药品规格和包装规格均相同的，其标签的内容、格式及颜色必须一致；药品规格或者包装规格不同的，其标签应当明显区别或者规格项明显标注。同一药品生产企业生产的同一药品，分别按处方药与非处方药管理的，两者的包装颜色应当明显区别。

6. 药品的最小销售单元，系指直接供上市药品的最小包装。每个最小销售单元必须按照规定贴有或印有标签并附有说明书。

7. 麻醉药品、精神药品、医疗用毒性药品、放射性药品等特殊管理的药品，外用药品，非处方药在其大包装、中包装、最小销售单元和标签上必须印有符合规定的标识；对贮藏有特殊要求的药品，必须在包装、标签的醒目位置中注明。特殊管理的药品和非处方药品的标识在相关章节已有图示，在此仅将外用药品的标识列出，见图 7-1。

比例 1:1
字体 黑体
红色 M100 Y100
白色

图 7-1　外用药品的标识

8. 经批准异地生产的药品，其标签还应标明集团名称、生产企业、生产地点；经批准委托加工的药品，其标签还应标明委托双方企业名称、加工地点。进口药品的标签还应标明"进口药品注册证号"或"医药产品注册证号"、生产企业名称等；进口分包装药品的标签应标明原生产国或地区企业名称、生产日期、批号、有效期及国内分包装企业名称等。

9. 药品标签中的有效期应当按照年、月、日的顺序标注，年份用四位数字表示，月、日用两位数表示。其具体标注格式为"有效期至 XXXX 年 XX 月"或者"有效期至 XXXX 年 XX 月 XX 日"；也可以用数字和其他符号表示为"有效期至 XXXX.XX."或者"有效期至 XXXX/XX/XX"等。预防用生物制品有效期的标注按照 SFDA 批准的注册标准执行，治疗用生物制品有效期的标注自分装日期计算，其他药品有效期的标注自生产日期计算。有效期若标注到日，应当为起算日期对应年月日的前一天，若标注到月，应当为起算月份对应年月的前一月。

10. 对非处方药药品标签标识的管理规定如下：

（1）非处方药自药品监督管理部门核发《非处方药药品审核登记证书》之日起 12 个月后，其药品标签、说明书、内包装、外包装上必须印有非处方药专有标识。未印有非处方药专有标识的非处方药药品一律不准出厂。

（2）非处方药专有标识图案分为红色和绿色，红色专有标识用于甲类非处方药，绿色专有标识用于乙类非处方药和用作指南性标识；在使用非处方药专有标识时，必须按照国家药品监督管理部门公布的坐标比例和色标要求使用。

（3）使用非处方药专有标识时，药品的说明书和大包装可以单色印刷，标签和其他包装必须按 SFDA 公布的色标要求印刷。单色印刷时，非处方药专有标识下方必须标示"甲类"或"乙类"字样。

（4）非处方药专有标识应与药品标签、说明书、内包装、外包装一体化印刷，其大小可根据实际需要设定，但必须醒目、清晰，并按照 SFDA 公布的坐标比例使用。

（5）非处方药标签、说明书和每个销售基本单元包装印有中文药品通用名称（商品名称）的一面（侧），其右上角是非处方药专有标识的固定位置。

资料链接

药品商标的使用管理

长期以来，我国对药品商标的管理一直非常重视，并将其纳入药品管理内容中。对药品商标使用的具体要求如下：

1. 商标和注册商标中禁用以下文字、图形

（1）同中国、外国的国家名称、国旗、国徽、军旗或政府间组织的名称、旗帜、徽记相同或近似的。

（2）未经授权与表明实施控制、予以保证的官方标志、检验印记相同或者近似的。

（3）同"红十字"、"红新月"的标志名称相同或近似的。

（4）带有民族歧视的。

（5）夸大宣传并带有欺骗性的。

（6）有害于社会主义道德风尚或有其他不良影响的。

（7）县级以上行政区划的地名或公众知晓的外国地名。

2. 下列标志不得作为商标注册

（1）仅有本商品的通用名称、图形、型号的。

（2）仅仅直接表示商品的质量、主要原料、功能、用途、重量、数量及其他特点的。

（3）缺乏显著特征的。

3. 药品通用名称不能作为药品商标使用　根据我国《药品管理法》相关条款的规定，列入国家药品标准的名称为通用名称，药品通用名称不能作为药品商标使用。

第三节　药品广告管理

随着我国经济的发展，药品广告的作用越来越突出。药品广告为企业树立了良好的形象，成为企业推销其药品和创建优秀品牌的重要手段；它也能帮助医生、药师、患者了解药品的性能、用途和特点等，有助于公众正确地选择药品，以达到合理用药目的；它又向消费者传递了其所需药品的信息，降低了消费者寻找商品的搜寻成本。但是，我国药品广告的现状却不容乐观,违法、违规药品广告屡禁不止,层出不穷,违法、违规广告已严重影响了市场秩序,对公众合理用药造成了干扰。因为药品具有不同于一般商品的特殊属性,因此,国家药品监督管理部门和工商管理部门应对药品广告进行强有力的监督管理。2007 年 3 月,SFDA 和国家工商行政管理总局颁布新的《药品广告审查办法》和《药品广告审查发布标准》,同年 5 月 1 日起正式施行。

一、药品广告概念及作用

(一)药品广告的概念

药品广告是指利用各种媒介或者形式发布的含有药品名称、药品适应证(功能主治)或者与药品有关的其他内容的广告。

> **资料链接**

何谓广告

广告是为了某种特定的需要,通过一定形式的媒体,公开而广泛地向公众传递信息的宣传手段。以广告目的为标准,可以分为非经济广告和经济广告。非经济广告指不以盈利为目的的广告,如政府行政部门、社会事业单位乃至个人的各种公告、启事、声明等。公益广告属于非经济广告,是为社会公众制作发布的,不以盈利为目的,通过某种观念的传达,呼吁关注社会性问题,以合乎社会公益的准则去规范自己的行为,支持或倡导某种社会事业和社会风尚,是社会公益事业的一个最重要部分,具有社会的效益性、主题的现实性和表现的号召性三大特点。经济广告,又称商业广告,是指以盈利为目的的广告,通常是商品生产者、经营者和消费者之间沟通信息的重要手段,或企业占领市场、推销产品、提供劳务的重要形式。

(二)药品广告的作用

从药品营销的角度看,药品广告的作用主要表现在以下几个方面:
1. 能够较好地介绍药品知识,指导医务人员和消费者合理、正确地用药。
2. 最大、最快、最广泛地进行药品信息传递媒介,加速药品的流通和销售。
3. 促进药品生产中新产品、新技术的发展。
4. 能树立药品生产企业的品牌形象。

二、药品广告的管理部门

我国药品广告的管理权由工商行政管理部门和药品监督管理部门共同行使。

(一)药品广告的审批部门

省级药品监督管理部门是药品广告审查机关,负责本行政区域内药品广告的审查工作。药品广告须经该企业所在地省级药品监督管理部门批准,并发给药品广告批准文号;未取得药品广告批准文号的，不得发布广告。申请药品广告批准文号，应当向药品生产企业所在地的药品广告审查机关提出。申请进口药品广告批准文号，应当向进口药品代理机构所在地的药品广告审查机关提出。

在药品生产企业所在地和进口药品代理机构所在地以外的省（自治区、直辖市）发布药品广告的（即异地发布药品广告），在发布前应当到发布地药品广告审查机关办理备案。

国家药品监督管理部门负责对省级药品监督管理部门的审查批准的药品广告审查工作进行指导和监督，对省级药品监督管理部门在审查工作中存在违反《药品管理法》、《药品管理法实施条例》的行为，有权按照《药品管理法》的规定予以处理。

（二）药品广告的监督部门

各级药品监督管理部门应当对药品广告发布情况进行检查，对违反《药品管理法》、《广告法》、《药品广告审查办法》与《药品广告审查发布标准》等法规有关规定的药品广告撤销其药品广告批准文号，向广告监督管理机关通报并提出处理建议。

工商行政管理部门负责对已发布药品广告的监督，对违法、违规药品广告有权依法进行处理。

三、药品广告的审批管理

（一）药品广告审批的申请主体

药品广告批准文号的申请人必须是具有合法资格的药品生产企业或者药品经营企业。药品经营企业作为申请人的，必须征得药品生产企业的同意。申请人可以委托代办人代办药品广告批准文号的申办事宜。

（二）申请药品广告审批的报送材料

1. 药品广告的一般申请材料 申请药品广告批准文号的申请人，应当提交《药品广告审查表》，并附与发布内容一致的样稿（样片、样带）和药品广告申请的电子文件，同时提交以下真实、合法、有效的证明文件：

（1）申请人的《营业执照》复印件。

（2）申请人的《药品生产许可证》或者《药品经营许可证》复印件。

（3）申请人是药品经营企业的，应当提交药品生产企业同意其作为申请人的证明文件原件。

（4）代办人代为申办药品广告批准文号的，应当提交申请人的委托书原件和代办人的营业执照复印件等主体资格证明文件。

（5）药品批准证明文件（含《进口药品注册证》、《医药产品注册证》）复印件、批准的说明书复印件和实际使用的标签及说明书。

（6）非处方药品广告需提交非处方药品审核登记证书复印件或相关证明文件的复印件。

（7）申请进口药品广告批准文号的，应当提供进口药品代理机构的相关资格证明文件的复印件。

（8）广告中涉及药品商品名称、注册商标、专利等内容的，应当提交相关有效证明文件的复印件以及其他确认广告内容真实性的证明文件。

2. 异地发布药品广告的申请材料　异地发布药品广告备案应当提交如下材料：

（1）《药品广告审查表》复印件。

（2）批准的药品说明书复印件。

（3）电视广告和广播广告需提交与通过审查的内容相一致的录音带、光盘或者其他介质载体。

提供上述所有证明文件的复印件，需加盖证件持有单位的印章。

（三）药品广告的审批程序

1. 药品广告的一般审批程序　药品广告审查机关收到药品广告批准文号申请后，对申请材料齐全并符合法定要求的，发给《药品广告受理通知书》；申请材料不齐全或者不符合法定要求的，应当当场或者在5个工作日内一次告知申请人需要补正的全部内容；逾期不告知的，自收到申请材料之日起即为受理。

药品广告审查机关应当自受理之日起10个工作日内，对申请人提交的证明文件的真实性、合法性、有效性进行审查，并依法对广告内容进行审查。对审查合格的药品广告，发给药品广告批准文号；对审查不合格的药品广告，应当作出不予核发药品广告批准文号的决定，书面通知申请人并说明理由，同时告知申请人享有依法申请行政复议或者提起行政诉讼的权利。

对批准的药品广告，药品广告审查机关应当报SFDA备案，并将批准的《药品广告审查表》送同级广告监督管理机关备案。SFDA对备案中存在问题的药品广告，应当责成药品广告审查机关予以纠正。

对批准的药品广告，药品监督管理部门应当及时向社会予以公布。

2. 异地发布药品广告的审批程序　异地发布药品广告备案申请，药品广告审查机关在受理备案申请后5个工作日内应当给予备案，在《药品广告审查表》上签注"已备案"，加盖药品广告审查专用章，并送同级广告监督管理机关备查。

备案地药品广告审查机关认为药品广告不符合有关规定的，应当填写《药品广告备案意见书》，交原审批的药品广告审查机关进行复核，并抄报SFDA。

原审批的药品广告审查机关应当在收到《药品广告备案意见书》后的5个工作日内，将意见告知备案地药品广告审查机关。原审批的药品广告审查机关与备案地药品广告审查机关意见无法达成一致的，可提请SFDA裁定。

（四）药品广告的批准文号

药品广告批准文号为"X药广审（视/声/文）第0000000000号"。其中"X"为各省（自治区、直辖市）的简称。"0000000000"由10位数字组成，前6位代表审查年月，后4位代表广告批准序号。"视/声/文"代表用于广告媒介形式的分类代号。

四、药品广告的品种管理

禁止发布下列药品广告：

1. 麻醉药品、精神药品、医疗用毒性药品、放射性药品。
2. 医疗机构配制的制剂。
3. 军队特需药品。
4. SFDA 依法明令停止或者禁止生产、销售和使用的药品。
5. 批准试生产的药品。

五、药品广告的内容管理

1. 药品广告的内容必须真实、合法，以国家药品监督管理部门批准的说明书为准，不得含有虚假的内容。

2. 药品广告中有关药品功能疗效的宣传应当科学准确。不得出现下列情形：①含有不科学地表示功效的断言或者保证的；②说明治愈率或者有效率的；③与其他药品的功效和安全性进行比较的；④违反科学规律，明示或者暗示包治百病、适应所有症状的；⑤含有"安全无毒副作用"、"毒副作用小"等内容的；含有明示或者暗示中成药为"天然"药品，因而安全性有保证等内容的；⑥含有明示或者暗示该药品为正常生活和治疗病症所必需等内容的；⑦含有明示或暗示服用该药能应付现代紧张生活和升学、考试等需要，能够帮助提高成绩、使精力旺盛、增强竞争力、增高、益智等内容的；⑧其他不科学的用语或者表示，如"最新技术"、"最高科学"、"最先进制法"等。

3. 药品广告应当宣传和引导合理用药，不得直接或者间接怂恿任意、过量地购买和使用药品。不得含有以下内容：①含有不科学地表述或者使用不恰当的表现形式，引起公众对所处健康状况和所患疾病产生不必要的担忧和恐惧，或者使公众误解不使用该药品会患某种疾病或加重病情的；②含有免费治疗、免费赠送、有奖销售、以药品作为礼品或者奖品等促销药品内容的；③含有"家庭必备"或者类似内容的；④含有"无效退款"、"保险公司保险"等保证内容的；⑤含有评比、排序、推荐、指定、选用、获奖等综合性评价内容的。

4. 不得利用国家机关、医药科研单位、学术机构或者专家、学者、医师、患者的名义和形象作证明。

5. 非药品广告不得有涉及药品的宣传。

六、药品广告的发布媒介管理

1. 药品广告不得在未成年人出版物和广播电视频道、节目、栏目上发布。药品广告不得以儿童为诉求对象，不得以儿童名义介绍药品。

2. 处方药可以在国务院卫生行政部门和国家药品监督管理部门共同指定的医学、药学专业刊物上介绍，但不得在大众传播媒介发布广告或者以其他方式进行以公众为对象的广告宣传。

3. 药品广告中涉及改善和增强性功能内容的，必须与经批准的药品说明书中的适应证或者功能主治完全一致。电视台、广播电台不得在 7：00 ~ 22：00 发布含有上款内容的广告。

七、药品广告管理的违规责任

对于违反《药品广告审查办法》和《药品广告审查发布标准》的相关规定所发布的违法广告，除了要受到相应的处罚规定外，还要依照《药品管理法》和《广告法》的相关规定，情节严重的还应承担相应的法律责任。对虚假广告的处罚，必须包括责令当事人发布更正广告。对停止发布广告的处罚决定，当事人必须立即履行。凡吊销药品广告批准文号的，同时收缴《药品广告审批表》。

关于违法广告的处罚和法律责任主要有：

1. 对药品广告内容进行虚假宣传的，撤销该广告批准文号。提供虚假材料申请在受理审查中发现的，1年内不受理该品种的广告审批申请；而已经取得药品广告批准文号的，发现后应当撤销该批准文号，并3年内不受理。篡改经批准的药品广告内容进行虚假宣传的，由药品监督管理部门责令立即停止该药品广告的发布，撤销该品种药品广告批准文号，1年内不受理该品种的广告审批申请。

2. 对任意扩大产品适应证（功能主治）范围、绝对化夸大药品疗效、严重欺骗和误导消费者的违法广告，省级以上药品监督管理部门一经发现，暂停该药品在辖区内的销售，同时责令企业在当地相应的媒体发布更正启事。

3. 被收回、注销或者撤销药品广告批准文号的药品广告，必须立即停止发布；异地药品广告审查部门停止受理该药品广告批准文号的备案。

4. 异地发布药品广告未向发布地药品广告审查部门备案的，发现后应当责令限期办理备案手续，逾期不改正的，发布地药品广告审查部门停止该药品品种在发布地的广告发布活动。

5. 对未经审查批准发布的药品广告，发布的药品广告与审查批准的内容不一致的或者构成虚假广告或者引人误解的虚假宣传的，广告监督管理部门应当依据相应法律条例予以处罚。

6. 县级以上药品监督管理部门应当对审查批准的药品广告发布情况进行监测检查。对违法发布的药品广告，各级药品监督管理部门应当填写《违法药品广告移送通知书》，连同违法药品广告样件等材料，移送同级广告监督管理部门查处；属于异地发布篡改经批准的药品广告内容的，发布地药品广告审查部门还应当向原审批的药品广告审查部门提出依照《药品管理法》和《药品广告审查办法》撤销药品广告批准文号的建议。

7. 对发布违法药品广告，情节严重的，省级药品监督管理部门予以公告，并及时上报SFDA，SFDA定期汇总发布。对发布虚假违法药品广告情节严重的，必要时，由国家工商行政管理总局会同SFDA联合予以公告。

8. 对未经审查批准发布的药品广告，或者发布的药品广告与审查批准的内容不一致的，广告监督管理部门应当依据《广告法》相关规定予以处罚；构成虚假广告或者引人误解的虚假宣传的，广告监督管理部门依据《广告法》和《反不正当竞争法》相关规定予以处罚。

广告监督管理部门在查处违法药品广告案件中，涉及药品专业技术内容需要认定的，应当将需要认定的内容通知省级以上药品监督管理部门，省级以上药品监督管理部门应在收到通知书后的 10 个工作日内将认定结果反馈广告监督管理部门。药品广告审查工作人员和药品广告监督工作人员应当接受《广告法》、《药品管理法》等有关法律法规的培训。药品广告审查部门和药品广告监督管理部门的工作人员玩忽职守、滥用职权、徇私舞弊的，给予行政处分。构成犯罪的，依法追究刑事责任。

资料链接

英国的药品广告管理规定

英国的广告自我管理体系目前是世界上最为完善的，广告形式层出不穷，广告信息浩如烟海，广告管理控制也非常严格。英国通过两类法律对广告进行管理，即未成文法和成文法，如 1968 年颁布的《医疗条例》对医疗、药物等商品广告的表现和发布作出规定。同时，《英国广告职业行为准则》和《英国促销职业行为准则》规定，所有广告和推销行为都必须合法、诚实和可信，广告制作必须对消费者和社会负责。有关美容和健康产品的广告必须有人体用药试验结果等科学论证的支持。

1962 年设立的广告标准局（Advertising Standards Authority，ASA）是英国自我管理体系的最高机构，对广告主、媒体、广告代理业的广告活动进行限制。下设的广告实务准则委员会拥有 18 个不同的相关广告团体，各自制定自我限制的广告规定，如其下设的负责电视广告监管的"独立电视委员会"对医药广告文字的规定有 36 条 50 多款，涵盖医药、治疗、保健、营养和食品添加剂五大类。规定此类广告中不准出现社会名人，包括体育和娱乐界名人对产品的褒奖，更不允许这些名人直接做广告；不准在 16 岁以下少儿节目中或节目前后刊播广告；无须获得医药许可证的边缘产品的广告中不得出现有关医疗作用的用词。

"广告行为委员会"是英国负责制定、修改和实施国内非广播性广告和促销法的机构。该委员会有关治疗、保健和美容的法规明确规定：对产品的介绍必须准确；任何药品不得声称等同或超过其他同类药品的疗效；广告中不得有导致患者自我误诊的言辞；广告不得对患者发出治疗忠告或提供诊断；不得鼓励广告受体过量使用广告产品；广告中可以说缓解老年症状，但是诸如"治疗"和"恢复精力"之类不实之词一般不许出现；对矫正轻微毒瘾和恶习的产品，广告词必须言明意志力量至关重要；广告商不得利用人们的担心与焦虑推销药品，而且广告中不准出现导致观众自我诊断的字眼或引导性语言，不准出现宣传药品效果的用词，也不准宣传药品没有副作用，而夸大药效则更是绝对禁止的，等等。

本章小结

通过对本章的学习，我们可以对药包材、药品标识物与药品广告的基础知识及监督管理方面有初步的了解。

本章第一节首先介绍了药包材管理。药包材是药品生产企业生产的药品和医疗机构配制的制剂所使用的直接接触药品的包装材料和容器，是药品不可分割的一部分，本节主要对药包材的现状、标准、质量标准、注册、再注册等方面作了具体的介绍，并针对药包材的违规责任作了阐述。另外，在资料链接中加入了注册管理的药包材产品目录的内容作为补充。

第二节主要介绍了药品标识物管理。药品标识物主要由药品的说明书和标签组成，药品说明书主要包括药品安全性、有效性的重要科学数据、结论和信息，用以指导药品使用者安全合理地使用药品。药品标签分为内标签和外标签。药品内标签指直接接触药品的包装的标签，外标签指内标签以外的其他包装的标签，包括用于运输、储存包装的标签和原料药标签。本节内容主要从两个方面对药品标识物进行了详细讲解，即药品说明书的管理和药品标签的管理，并对药品说明书和药品标签的主要内容作了具体介绍。

本章最后概括性地介绍了药品广告管理的相关内容。药品广告是指利用各种媒介或者形式发布的含有药品名称、药品适应证（功能主治）或者与药品有关的其他内容的广告。本节对药品广告的审批和违规责任等作了具体的阐述。

第八章
药品不良反应监测与上市后再评价

案例导入

国家食品药品监督管理局关于警惕清开灵注射剂严重不良反应的通报

清开灵注射剂是由胆酸、珍珠母（粉）、猪去氧胆酸、栀子、水牛角（粉）、板蓝根、黄芩苷和金银花制备的中药复方制剂，具有清热解毒、化痰通络、醒神开窍的功效，用于热病，神昏，中风偏瘫，神志不清；临床用于急性肝炎，上呼吸道感染，肺炎，脑血栓形成，脑出血上述证候者的治疗。清开灵注射剂包括注射液和冻干粉。

国家药品不良反应监测中心（以下简称国家监测中心）在 2001 年 11 月第一期《药品不良反应信息通报》中对清开灵注射剂引起的过敏反应进行了通报。近年来，国家监测中心仍陆续收到有关清开灵注射剂的严重不良反应/事件报告。

1. 严重病例的临床表现　清开灵注射剂严重不良反应以全身性损害、呼吸系统损害为主。各系统不良反应表现如下：全身性损害主要表现为过敏性休克、过敏样反应、寒战、高热等，其中过敏性休克占严重不良反应表现的 23%，多数患者治愈，少数患者抢救无效死亡；呼吸系统损害主要表现为呼吸困难、紫绀、喉水肿、支气管痉挛等；皮肤及其附件损害主要表现为大疱性药疹、大疱表皮松解型药疹、剥脱性皮炎等；神经系统损害主要表现为抽搐、惊厥、昏迷、四肢麻痹、四肢痉挛、嗜睡、意识障碍等；心血管系统损害主要表现为低血压、心脏停搏、突发性早搏、心力衰竭等；其他损害包括呕吐、腹泻、溃疡性口炎、呕血、血管神经性水肿、肾衰竭、肾功能异常、血尿、尿失禁、溶血等。

2. 不合理用药现象分析　国家监测中心收到的清开灵注射剂严重不良反应/事件报告显示，该产品存在临床不合理使用情况，并且部分不合理用药问题已经引起严重不良事件。不合理用药现象主要表现如下：

（1）配伍禁忌用药：将多种药物混合配伍或存在配伍禁忌的药品先后使用同一输液器滴注，没有其他液体间隔。

（2）儿童用药问题：死亡病例中，27% 的患者为 14 岁以下儿童，多数患儿存在多组液体、多种药品混合滴注的现象，输液量较大，其中 2 例为左心衰抢救无效死亡，可能与输液量大、输液速度快有关。

（3）过敏体质用药：部分患者存在过敏体质，或既往有药物过敏史，使用清开灵注射剂后发生严重过敏反应。

(4) 超适应证用药：11%的病例存在明显超适应证用药现象，如用于高血压或心脏病、子宫肌瘤等。

3. 相关建议

(1) 医护人员应充分了解清开灵注射剂的功能主治，严格掌握其适应证，权衡患者的治疗利弊，谨慎用药。

(2) 医护人员应在用药前仔细询问患者的过敏史，对使用该产品曾发生过不良反应的患者、过敏体质的患者（包括对其他药品易产生过敏反应的患者），不宜使用该产品治疗。

(3) 清开灵注射剂应单独使用，禁忌与其他药品混合配伍；谨慎联合用药，如确需联合其他药品时，医护人员应谨慎考虑与清开灵注射剂的时间间隔以及药物相互作用等因素。

(4) 医护人员应严格按照说明书规定的用法用量给药，不得超剂量、高浓度应用；对于老年人、儿童患者应谨慎使用；用药期间密切观察，发现异常应及时停用清开灵注射剂，并及时采取救治措施。

(5) 对于医疗救治能力相对薄弱的基层医疗机构，应严格按照卫生部等三部局发布的《关于进一步加强中药注射剂生产和临床使用管理的通知》，谨慎使用清开灵注射剂。

(6) 生产企业应加强药品安全用药的宣传，详细全面地告知药品安全性信息，促使临床医生在使用时关注禁忌及慎用事项，根据患者身体状况及时调整给药方案，合理使用该药品。

(7) 生产企业应积极开展清开灵注射剂不良反应发生机制、配伍禁忌、相互作用等的深入研究，全面分析不良反应的发生原因；加强药品不良反应监测工作，促进合理用药。

（资料来源：国家食品药品监督管理局网站 http：//www.sfda.gov.cn/）

思考

1. 什么是药品不良反应？药品不良事件又是指什么？
2. 为什么要进行药品不良反应通报？我国对药品不良反应进行监测是如何实施的？
3. 药品生产企业对已上市销售的存在安全隐患的药品应如何处理？

药品在保障人体健康中发挥着重要作用，但同时药品在疾病治疗过程中也常伴随出现与用药目的无关甚至相反的有害作用，它能给人类带来伤害，造成残疾，甚至死亡。百余年来，世界上屡屡发生的药害事件引起了医药工作者的密切关注，世界各国药品监督管理部门也逐渐意识到加强药品上市后的监测管理的必要性和紧迫性。从20世纪60年代开始，世界各国纷纷建立上市后药品监测管理制度和组织，对上市后药品进行再评价。这种管理模式得到了普遍认可，它使药品的风险信息能及时得到反馈，将损失降到最低，并能通过再评价保证药品的安全性、有效性、经济性、合理性。本章主要介绍我国药品不良反应监测制度、药品上市后再评价和药品召回制度。

第一节 药品不良反应监测管理

根据 WHO 统计，全球每年在住院患者中有 10% ~ 20% 发生药品不良反应（adverse drug reaction，ADR），其中，5% 因严重 ADR 而死亡。我国是药品不良反应发生较为严重的地区，据统计，我国每年在 5000 多万住院患者中至少有 250 万人是因药品不良反应而入院，其中 25 万 ~ 50 万人属于严重的药品不良反应，约 19 万人因此而死亡。百余年来，全世界发生了几十起较为严重的药害事件。

近几年我国先后发生了鱼腥草注射液、亮菌甲素注射液和刺五加注射液等药害事件，这其中有来自于药源性危害的不良反应，也有药品在某些环节上所产生质量问题的不良事件。药品安全性问题得到公众越来越多的关注，这对我国药品不良反应监测体系的有效性提出了严峻考验。

一、药品不良反应概述

（一）药品不良反应/事件的相关概念

1. 药品不良反应 药品不良反应是指合格药品在正常用法用量下出现的与用药目的无关的或意外的有害反应。

2. 药品不良反应报告和监测 药品不良反应报告和监测是指药品不良反应的发现、报告、评价和控制的过程。

3. 新的药品不良反应 新的药品不良反应是指药品说明书中未载明的不良反应。

4. 药品严重不良反应 药品严重不良反应是指因服用药品引起以下损害情形之一的反应：①引起死亡；②致癌、致畸、致出生缺陷；③对生命有危险并能够导致人体永久的或显著的伤残；④对器官功能产生永久损伤；⑤导致住院或住院时间延长。

5. 不良事件 不良事件一般分为药品不良事件和医疗器械不良事件。

（1）药品不良事件（adverse drug event，ADE）：国际上给药品不良事件下的定义为，药品不良事件是指药物治疗过程中出现的不良临床事件，它不一定与该药有因果关系。我国《药物临床试验质量管理规范》（GCP）将其定义为患者或临床试验受试者接受一种药品后出现的不良医学事件，但并不一定与治疗有因果关系。

（2）医疗器械不良事件：是指获准上市的质量合格的医疗器械在正常使用情况下发生的，导致或者可能导致人体伤害的各种有害事件。

6. 药害事件 药害事件泛指由药品使用导致的患者生命或身体健康损害的事件，包括药品不良反应以及其他一切非预期药物作用导致的意外事件。药害事件主要有三种类型：一是由于药品质量缺陷（假药、劣药）导致损害的事件；二是由于合格药品使用不当（超剂量中毒、用错药和不合理用药等）导致损害的事件；三是合格药品在按说明书正常使用的情况下发生的不良反应损害事件。其中第一种类型药害事件在总数中所占的比例较高，回顾近几年我国发生的几例重大药害事件，如"齐二药"、"欣弗"等事件，主要是由药品质量缺陷引起的。

药品不良反应、药害事件、药品不良事件的异同见表8-1。

表8-1 药品不良反应、药害事件、药品不良事件的异同

项目	药品不良反应	药害事件	药品不良事件
药品质量	合格药品	合格药品和（或）不合格药品	合格药品和（或）不合格药品
用法用量	正常用法、正常剂量	不强调与用法、剂量的关系	不强调与用法、剂量的关系
因果关系	药品与不良反应有因果关系	药品与药害事件有因果关系	药品与不良事件未必有因果关系
用药行为	正常用法，即不包括药品滥用和治疗失误等	不排除意向性和意外性过量用药与用药不当行为，包括药品常规使用、滥用、误用、故意使用，药品相互作用等所引起的各种不良后果	不排除意向性和意外性过量用药与用药不当行为，包括药品常规使用、滥用、误用、故意使用，药品相互作用等所引起的各种不良后果

药品不良反应与药害事件的异同：相对于药品不良反应，药害事件概念的内涵和外延都被扩大。药害既包括非人为过失的不良反应，也包括人为过失导致的其他负面药物作用。

药品不良反应和药品不良事件的异同：一般来说，药品不良反应是指因果关系已确定的反应，而药品不良事件是指因果关系尚未确定的反应。

（二）药品不良反应的分类

1. 药品不良反应分类主要包括以下几种：

（1）副作用（side effects）：指药物在治疗剂量时所产生的某些与防治目的无关的作用。一般较轻微，停药后可自行恢复。副作用通常是不可避免的，这主要是由于药物的选择性较低，当药物的某一作用作为治疗作用时，其余作用则成为副作用。

（2）毒性反应（toxic reactions）：药物剂量过大或用药时间过长引起的机体某种功能性或器质性损害的反应。毒性反应有急性和慢性之分，临床较为常见的毒性反应有消化系统反应、肝脏毒性反应、泌尿系统反应等。

（3）变态反应（allergy）：即过敏反应，指少数过敏体质的人对某些药物产生的特殊反应，它与药物剂量和疗程无关。变态反应主要分为过敏性休克、免疫复合体反应、细胞毒性反应和迟发细胞反应。临床表现有哮喘、皮疹、类风湿性关节炎、休克等。

（4）特异质反应（idiosyncratic reactions）：属遗传性病理反应，主要与患者特异性遗传素质有关，这类患者对某些药物特别敏感，使用药物后产生的效果不同于常人。

（5）继发反应（secondary reactions）：这种反应不是药物本身的效应，而是药物主要作用的间接结果，如广谱抗生素长期应用可改变肠道正常菌群的关系，使肠道菌群失调导致二重感染。

（6）后遗效应（residual effect）：指停药以后血药浓度已降至阈浓度以下时残存的生物

效应。后遗效应时间的长短因药物不同而异。例如，服用巴比妥类药物后，次日清晨有头昏、乏力等后遗作用。

（7）药物依赖性（drug dependence）：患者连续使用某种药物，在其停止使用该药物后易产生心理上的渴求或生理上的依赖。生理依赖性的特点是一旦中断使用药物即可出现强烈的戒断症状，心理依赖性则不产生明显的戒断症状。

根据药品不良反应与药理作用的关系，药品不良反应一般分为两类：A 型反应（量变型异常）和 B 型反应（质变型异常）。A 型反应为药品本身药理作用的加强或延长，一般发生率较高、容易预测、死亡率也低，如阿托品引起的口干等。在药品不良反应中，副作用、毒性反应属 A 型不良反应。首剂效应、继发反应等，由于与药理作用有关也属 A 型反应范畴。B 型反应与药品本身的药理作用无关，一般发生率较低，但死亡率较高，难以预测，变态反应和特异质反应属 B 型反应。

近年来，国外一些专家把一些潜伏期长、用药与反应出现时间关系尚不清楚的药品不良反应（如致癌反应），或者药品提高常见病发病率的反应列为 C 型反应，这种分类方法的应用还不普遍。

2. 国家食品药品监督管理局执业药师资格认证中心公布的新的 ADR 分类方法把 ADR 分为 9 类，具体分类如下：

A 类（扩大反应）：药物对人体呈剂量相关的反应，它可根据药物或赋形剂的药理学和作用模式来预知，停药或减量可以部分或完全改善。

B 类（Bugs 反应）：由促进某些微生物生长引起的 ADR，这类反应可以预测，它与 A 类反应的区别在于 B 类反应主要针对微生物，但应注意，药物致免疫抑制而产生的感染不属于 B 类反应，如抗生素引起的腹泻等。

C 类（化学反应）：该类反应取决于赋形物或药物的化学性质，化学刺激是其基本形式，这类反应的严重程度主要取决于药物浓度，如静脉炎、注射部位局部疼痛外渗反应等可根据药物的化学特性进行预测。

D 类（给药反应）：该类反应由给药方式引起，它不依赖于成分的化学物理性质。给药方式不同会出现不同的 ADR，改变给药方式，ADR 消失，如注射剂中的微粒引起的血管栓塞。

E 类（撤药反应）：它是生理依赖的表现，只发生在停药或剂量减少后，再次用药症状改善。常见的引起撤药反应的药物有阿片类、苯二氮䓬类、二环类抗抑郁药、可乐定、尼古丁等。

F 类（家族性反应）：仅发生在由遗传因子决定的代谢障碍敏感个体中的 ADR，此类反应必须与人体对某种药物代谢能力的正常差异而引起的 ADR 相鉴别。

G 类（基因毒性反应）：能引起人类基因损伤的 ADR，如致畸、致癌等。

H 类（过敏反应）：他们不是药理学可预测的，且与剂量无关，必须停药，如光敏反应等。

U 类（未分类反应）：指机制不明的反应，如药源性味觉障碍等。

资料链接

两起著名的药品不良事件

1. "沙利度胺（反应停）"事件　人类发明的化学药物既给人类带来了的益处，但也给自己造成了意想不到的伤害，对化学药物的盲目依赖和滥服药物，已造成了许多悲剧。其中最典型的案例之一，就是著名的"反应停"事件。

20世纪60年代初期，德国的一家制药厂生产了一种安眠药沙利度胺（反应停），对妊娠呕吐有明显的疗效，一时各国争相上市，使用极为广泛。1959年，西德各地出现手脚异常的畸形婴儿。1961年10月，在西德妇产科学术会议上报告了沙利度胺引起的海豹型畸胎。这种畸形婴儿手脚比正常人短，有的甚至根本没有手脚。截至1963年，在世界各地由于服用该药物而诞生了1.2万多名无臂畸形儿，给人们敲响了必须重视药品安全性的警钟。

2. "小柴胡汤"事件　小柴胡汤具有恢复受损肝细胞的功能。1990年，日本原厚生省开始对小柴胡汤应用现代医学、药学的再评价方法确认其安全性和有效性。经过大量研究，1994年原厚生省对小柴胡汤改善肝病患者的肝功能障碍的功效予以认可，于是该方作为肝病用药被正式收入日本药典，日本出现百万肝病患者同服小柴胡汤的盛况。小柴胡汤成了肝病患者治疗首选药物，且贯穿治疗全程。1995年，小柴胡汤制剂的年销售额超过当年日本医疗保险范围内147种汉方制剂总销售额的25%。然而，1996年3月，媒体披露，自1994年至1996年，日本已有88名慢性肝炎患者因服用小柴胡汤而致间质性肺炎，更有10例死亡。公众对此反应强烈，这就是著名的"小柴胡汤"事件。

二、药品不良反应监测机构

20世纪50年代以来，药品不良反应的严重性逐渐得到了世界各国的普遍重视。1963年联合国建议各国建立药品不良反应监测系统。1964年英国开始建立药品不良反应自愿报告制度（黄色卡片制度），1967年日本建立药品不良反应监测制度，1968年WHO建立了药品不良反应国际联合监测中心。

我国于1988年开展药品不良反应报告的试点工作。1998年原SDA成立后，加强了药品不良反应监测工作，同年我国正式加入WHO国际药品监测合作中心，成为第68个成员国。几年来，药品不良反应监测工作从法规、机构、人员、技术管理等多方面取得了长足的进展。

药品不良反应监测主要是监测上市后药品的不良反应情况，是药品再评价工作的一部分。

（一）药品不良反应监测工作的主要内容

1. 收集药品不良反应信息，对药品不良反应的危害情况进行进一步的调查，及时向药品监督管理部门报告，提出对有关药品如何加强管理的意见、建议。

2. 及时向药品生产、经营企业，医疗预防保健机构和社会公众反馈药品不良反应信息，防止药品不良反应的重复发生，保护公众的用药安全。

（二）药品不良反应监测机构的组成及职责

药品不良反应监测机构主要由各级食品药品监督管理局、国务院卫生主管部门和地方各级卫生主管部门、各级药品不良反应监测中心组成。

1. 各级食品药品监督管理局的职责　SFDA 负责全国药品不良反应监测管理工作，并履行以下主要职责：①协同卫生部制定药品不良反应报告的管理规章和政策，并监督实施；②通报全国药品不良反应报告和监测情况；③组织检查药品生产、经营企业的药品不良反应报告和监测工作的开展情况，并会同卫生部组织检查医疗卫生机构的药品不良反应报告和监测工作的开展情况；④对突发、群发、影响较大并造成严重后果的药品不良反应组织调查、确认和处理；⑤对已确认发生严重不良反应的药品，SFDA 可以采取紧急控制措施，并依法作出行政处理决定。

省级食品药品监督管理局负责本行政区域内药品不良反应监测管理工作，并履行以下主要职责：①协同同级卫生主管部门制定本行政区域内药品不良反应报告及管理规定，并监督实施；②协同同级卫生主管部门组织本行政区域内药品不良反应报告和监测的宣传、教育、培训工作；③组织检查本行政区域内药品生产、经营企业的药品不良反应报告和监测工作的开展情况，并会同同级卫生主管部门组织检查本行政区域内医疗卫生机构的药品不良反应报告和监测工作的开展情况；④对本行政区域内发生的药品严重不良反应组织调查、确认和处理；⑤对在本行政区域内已确认发生严重不良反应的药品，省级食品药品监督管理局可以采取紧急控制措施，并依法作出行政处理决定。

2. 卫生主管部门的职责　各级卫生主管部门负责医疗卫生机构中与实施药品不良反应报告制度有关的管理工作。国务院卫生主管部门和地方各级卫生主管部门在职责范围内，依法对已确认的药品不良反应采取相关的紧急措施。

3. 药品不良反应监测中心的职责　国家药品不良反应监测中心承办全国药品不良反应监测技术工作，在 SFDA 的领导下履行以下主要职责：①承担全国药品不良反应报告资料的收集、评价、反馈和上报工作；②对省级药品不良反应监测中心进行技术指导；③承办国家药品不良反应信息资料库和监测网络的建设及维护工作；④组织药品不良反应宣传、教育、培训和药品不良反应信息刊物的编辑、出版工作；⑤药品不良反应监测的国际交流；⑥药品不良反应监测方法的研究。

省级药品不良反应监测中心在省级食品药品监督管理局的领导下承办本行政区域内药品不良反应报告资料的收集、核实、评价、反馈、上报及其他有关工作。药品不良反应监测中心的人员应具备医学、药学及相关专业知识，具有正确分析药品不良反应报告资料的能力。

截至 2007 年底，全国已经建立国家级药品不良反应监测中心 1 个；省级药品不良反应监测中心 34 个，包括全国 31 个省（自治区、直辖市）、解放军和新疆生产建设兵团的药品不良反应监测中心，国家计生委的计生药具不良反应监测中心；地市级的药品不良反应监测机构 200 余个；有些地方还建立了县级的药品不良反应监测机构。2009 年发布的《中共中央、国务院关于深化医药卫生体制改革的意见》中明确指出，我国要建立和完善国家、省、市三级药品不良反应监测信息网络。

三、药品不良反应监测的实施

(一) 药品不良反应报告制度

国家实行药品不良反应逐级、定期报告制度，必要时可以越级报告。

1. 对药品不良反应报告相关主体的管理

(1) 对药品生产、经营企业和医疗卫生机构的规定：药品生产、经营企业和医疗卫生机构必须指定专（兼）职人员负责本单位生产、经营、使用药品的不良反应报告和监测工作，发现可能与用药有关的不良反应应详细记录、调查、分析、评价、处理，并填写《药品不良反应/事件报告表》，每季度集中向所在地的省级药品不良反应监测中心报告，其中新的或严重的药品不良反应应于发现之日起 15 日内报告，死亡病例须及时报告。

药品生产企业还应以《药品不良反应/事件定期汇总表》的形式进行年度汇总后，向所在地的省级药品不良反应监测中心报告。对新药监测期内的药品，每年汇总报告一次；对新药监测期已满的药品，在首次药品批准证明文件有效期届满当年汇总报告一次，以后每 5 年汇总报告一次。

药品生产、经营企业和医疗卫生机构发现群体不良反应，应立即向所在地的省级食品药品监督管理局、卫生厅（局）以及药品不良反应监测中心报告。省级食品药品监督管理局应立即会同同级卫生厅（局）组织调查核实，并向 SFDA、卫生部和国家药品不良反应监测中心报告。

(2) 对药品不良反应监测中心的规定：国家药品不良反应监测中心应每半年向 SFDA 和卫生部报告药品不良反应监测统计资料，其中新的或严重的不良反应报告和群体不良反应报告资料应分析评价后及时报告。

省级药品不良反应监测中心，应每季度向国家药品不良反应监测中心报告所收集的一般不良反应报告；对新的或严重的不良反应报告应当进行核实，并于接到报告之日起 3 日内报告，同时抄报所在地省级食品药品监督管理局和卫生厅（局）；每年向国家药品不良反应监测中心报告所收集的定期汇总报告。

药品不良反应监测中心应对报告药品不良反应的单位或个人反馈相关信息。据统计，2008 年国家药品不良反应监测中心共收到《药品不良反应/事件报告表》653087 份，比上年同期增长 19.4%。每百万人口平均病例报告数量 502 份，比上年同期增长 19.4%。新的、严重病例报告数量 84959 份，占同期报告总数的 13.0%，其比例较上年同期增长 34.7%。2008 年收到的可疑医疗器械不良事件报告也较前几年持续大幅增长，达 40940 份，是 2007 年报告数量的 3.3 倍，同比增长 230.9%。

(3) 对个人上报的规定：个人发现药品引起的新的或严重的不良反应，可直接向所在地的省级药品不良反应监测中心或食品药品监督管理局报告。

2. 对新药和进口药品的规定　新药监测期内的药品应报告该药品发生的所有不良反应；新药监测期已满的药品，报告该药品引起的新的和严重的不良反应。

进口药品自首次获准进口之日起 5 年内，报告该进口药品发生的所有不良反应；满 5 年的，报告该进口药品发生的新的和严重的不良反应。此外，对进口药品发生的不良反应还应进行年度汇总报告，进口药品自首次获准进口之日起 5 年内，每年汇总报告 1 次；满 5 年的，每 5 年汇总报告一次。

进口药品在其他国家和地区发生新的或严重的不良反应，代理经营该进口药品的单位应于不良反应发现之日起 1 个月内报告国家药品不良反应监测中心。

药品不良反应上报流程详见图 8 - 1。

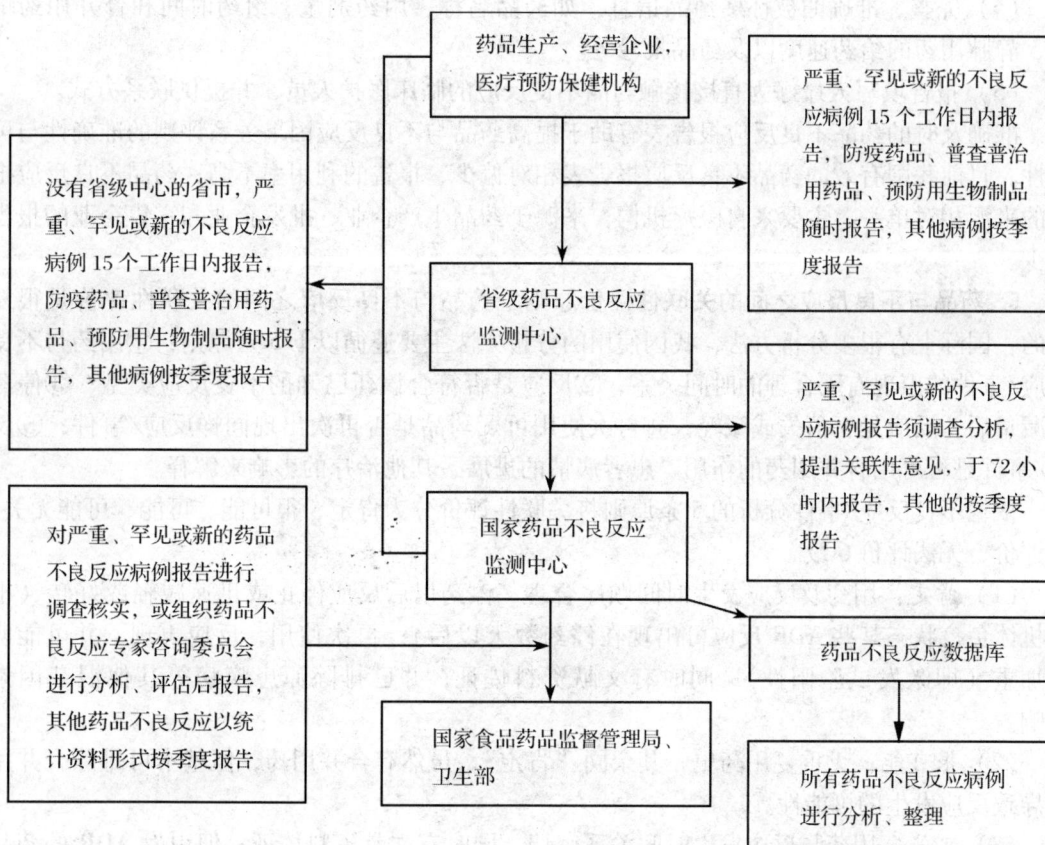

图 8 - 1　药品不良反应上报流程图

3. 我国药品不良反应的报告方式

（1）书面报告：指对发现的药品不良反应，相关机构按要求填写《药品不良反应/事件报告表》或《药品群体不良反应/事件报告表》、《药品不良反应/事件定期汇总表》，并向上级药品不良反应监测中心传送的过程。

（2）电子报告：指对发现的药品不良反应，相关机构在全国药品不良反应监测网络上填写电子版《药品不良反应/事件报告表》，并向上级药品不良反应监测中心传送的过程。

4.《药品不良反应/事件报告表》的填写要求　《药品不良反应/事件报告表》的填报内

容应真实、完整、准确。

一份有效的《药品不良反应/事件报告表》，应注意以下基本内容：

（1）患者基本信息资料的完整性，如年龄、性别、简单病史（含过敏史）、是否妊娠等情况。

（2）准确的原患疾病记录。

（3）对 ADR 的描述，包括发生时严重性与关联性评价。

（4）完整、准确的被怀疑药品信息，如药品名称、用药剂量、给药时间和合并用药情况、静脉用药的给药速度以及药品批号等。

（5）报告填写人最好为直接接触药品不良反应的临床医护人员，并提供联系方式。

准确及时的药品不良反应报告表有助于提高药品与不良反应因果关系评判的准确性与可靠性。目前我国有效的药品不良反应报告表相对偏少，报告的利用率不高；药品不良反应报告的来源相对单一，主要来自医疗机构，来源于药品生产企业、批发企业和零售企业的报告极少。

5. 药品与不良反应之间的关联性评价原则　药品与不良反应之间的关联性评价是很复杂的，国际上有很多分析方法，我国使用的分析方法主要遵循以下 5 条原则：①用药与不良反应/事件的出现有无合理的时间关系；②反应是否符合该药已知的不良反应类型；③停药或减量后，反应是否消失或减轻；④再次使用可疑药品是否再次出现同样反应/事件；⑤反应/事件是否可用合并用药的作用、患者病情的进展、其他治疗的影响来解释。

依据不良反应/事件分析的 5 条原则将关联性评价分为肯定、很可能、可能、可能无关、待评价、无法评价 6 级。

（1）肯定：用药及反应发生时间顺序合理；停药以后反应停止或迅速减轻或好转（根据机体免疫状态某些 ADR 反应可出现在停药数天以后）；再次使用，反应再现，并可能明显加重（即激发试验阳性）；同时有文献资料佐证；并已排除原患疾病等其他混杂因素影响。

（2）很可能：无重复用药史，其余同"肯定"，虽然有合并用药，但基本可排除合并用药导致反应发生的可能性。

（3）可能：用药与反应发生时间关系密切，同时有文献资料佐证；但引发 ADR 的药品不止一种，或原患疾病的因素不能除外。

（4）可能无关：ADR 与用药时间相关性不密切，反应表现与已知该药 ADR 不吻合，原患疾病发展同样可能有类似的临床表现。

（5）待评价：报表内容填写不齐全，等待补充后再评价，或因果关系难以定论，缺乏文献资料佐证。

（6）无法评价：报表缺陷太多，因果关系难以定论，资料又无法补充。

关联性评价与 5 条原则的关系见表 8-2。

表 8-2　　　　　　　　　　　关联性评价与 5 条原则的关系

关联性评价	5 条原则				
	1	2	3	4	5
肯定	+	+	+	+	-
很可能	+	+	+	？	-
可能	+	±	±？	？	±？
可能无关	-	±	±？	？	±？
待评价	需要补充资料才能评价				
无法评价	评价的必须资料无法获得				

注：+表示肯定；-表示否定；±表示难以肯定或否定；？表示不明。

(二) 药品不良反应的评价与控制

药品生产、经营企业和医疗卫生机构应经常对本单位生产、经营、使用的药品所发生的不良反应进行分析、评价，并应采取有效措施减少和防止药品不良反应的重复发生。

省级药品不良反应监测中心应及时对药品不良反应报告进行核实，作出客观、科学、全面的分析，提出关联性评价意见，并将分析评价意见上报国家药品不良反应监测中心，由国家药品不良反应监测中心作进一步的分析评价。

根据分析评价结果，SFDA 可以采取责令修改药品说明书，暂停生产、销售和使用的措施；对不良反应大或者其他原因危害人体健康的药品，应当撤销该药品批准证明文件，并予以公布。

已被撤销批准证明文件的药品，不得生产或者进口、销售和使用；已经生产或者进口的，由当地药品监督管理部门监督销毁或者处理。

对已确认发生严重不良反应的药品，国家或者省级药品监督管理部门可以采取停止生产、销售、使用的紧急控制措施，并应当在 5 日内组织鉴定，自鉴定结论作出之日起 15 日内依法作出行政处理决定。SFDA 定期通报国家药品不良反应报告和监测情况。

世界上有些国家颁布了专门的法规，由各药品生产、进口企业按年销售额的一定比例提取药品不良反应基金，用于受害者的救济、不良反应监测、研究事业的发展。我国的药害补偿制度目前尚未建立。

(三) 药品不良反应信息通报制度

为了贯彻《药品管理法》的精神，进一步加强药品不良反应监测工作，及时反馈收集到的某些药品可能存在安全隐患的信息，经 SFDA 批准，国家药品不良反应监测中心将不定期发布《药品不良反应信息通报》。

国家药品不良反应信息通报是很多国家，尤其是一些发达国家药品不良反应监测机构在发现新的、严重的药品不良反应后提示药品生产企业、医务工作者及公众注意其存在的安全性问题，避免严重不良反应重复发生的一个信息发布渠道。例如，美国的 FDA 网站、澳大利亚的《Australian adverse drug reactions bulletin》、加拿大的《Canadian adverse drug reaction newsletter》等。我国的《药品不良反应信息通报》是一个及时反馈有关药品安全隐患的技术通报，是国家药品不良反应监测中心根据现有资料提供的客观信息反映。其目的是提醒药品生产、经营企业、医疗机构注意被通报的药品品种的安全性隐患，为药品监督管理部门、卫生行政部门的监督管理和医疗机构临床用药提供参考。

《药品不良反应信息通报》的发布有利于提高医务工作者对药品不良反应的正确认识，促进临床合理用药，提高临床监护水平，避免一些严重的药品不良反应的重复发生。同时提请被通报品种的生产企业加强其生产品种的追踪监测，不断深入研究，改进工艺，提高质量，更有效地保障公众安全用药。从 2001 年 11 月到 2009 年 3 月，《药品不良反应信息通报》共刊发了 20 期，共公布有严重安全隐患的药品 51 个。

（四）对违反相关规定的处罚

省级以上药品监督管理部门对药品生产、经营企业和除医疗机构外的药品使用单位有下列情形之一的，视情节严重程度，予以责令改正、通报批评或警告，并可处以一千元以上三万元以下的罚款；情节严重并造成不良后果的，按照有关法律法规的规定进行处罚：①无专职或兼职人员负责本单位药品不良反应监测工作的；②未按要求报告药品不良反应的；③发现药品不良反应匿而不报的；④未按要求修订药品说明书的；⑤隐瞒药品不良反应资料。

医疗机构有以上行为之一的，由药品监督管理部门移交同级卫生主管部门进行处理。

药品监督管理部门及其有关工作人员在药品不良反应监测管理工作中违反规定、延误不良反应报告、未采取有效措施控制严重药品不良反应重复发生并造成严重后果的，依照有关规定给予行政处分。

资料链接

药物警戒

药物警戒（pharmacovigilance）一词最早在法国提出，根据最近 WHO 国际药物监测合作中心关于 pharmacovigilance 的定义，可对其作如下理解：药物警戒关注药品不良反应的检测、评价和预防。收集的信息旨在鉴别与药品相关的新情报或者是预防药品给患者带来的危害。由此可见，药物警戒不等同于传统的药物安全性监测，其范围包括临床前、临床及上市后全过程的监测，还包括用药错误和治疗失败，药物警戒已不完全是药物不良反应的监测报告。但药物警戒特别关注药品不良反应，其最终目的是实现合理安全用药，保障公众权益。

第二节　药品上市后再评价

药品上市后再评价是指通过对已经批准上市的药品进行不良反应监测结果分析、药物经济学分析、药物流行病学相关研究等处理，对其安全性、有效性、经济性及合理性作出科学的评估。

药品上市后再评价是我国药品监督管理的重要环节，但同时也是薄弱环节，我国对药品上市后再评价还没有出台专门的管理办法，现在我国进行药品上市后再评价的主要依据为《药品管理法》与《药品不良反应报告和监测管理办法》。目前，相关的药品上市后再评价法律规范正在制定中，将不断完善我国药品上市后再评价体系。完善健全的上市后再评价体系可以为新药研究开发提供选题依据，为最佳药物疗法提供咨询，指导和促进临床合理用药。

一、药品上市后再评价的必要性

药品在上市前需经过临床前研究和临床研究，临床前研究包括以实验动物为研究对象的药效学、药代动力学及毒理学研究，目的在于保证用药的安全、有效、可控。临床前研究是进入人体临床试验的必经途径，是整个新药研究程序不可或缺的重要环节。临床研究是在临床前研究的基础上，继续进行相关药学方面的研究工作，并考察药物的有效性与安全性来确定其是否能上市使用。一般临床试验分为Ⅰ、Ⅱ、Ⅲ、Ⅳ期，新药在批准上市前应进行Ⅰ、Ⅱ、Ⅲ期临床试验。其中Ⅳ期试验是在药物上市后进行的。

药品上市后再评价的必要性主要是由临床前研究的局限性、临床试验的局限性和实际应用中的复杂因素三方面因素决定的。

临床前研究的局限性主要体现在人和动物的种属差异易导致药物代谢动力学的差别和药物反应的差别，这种差异减弱了动物试验结果的预测功能。

临床试验的局限性主要体现在：①试验目的单纯性：临床试验的观察指标只限于试验所规定内容，未列入试验内容的一般不予评价；②临床试验对象人数有限，一般为几百例，且用药条件控制严格：这种试验情况下的用药不能等同于临床实际；③研究时间短，试验对象范围窄：上市前药品的临床试验期一般较短，相应的观察期也较短。上市前的临床试验一般不针对特殊人群设计用药试验，使得该药物对一些老人、儿童、孕妇或一些心肝肾功能异常者、造血系统异常、精神异常者的有效性和安全性数据缺乏或不全。

实际应用中的复杂因素主要包括种族因素、遗传因素、病例因素、社会因素、心理因素等。

正是由于这些原因，使得一些发生频率低的不良反应需要经过较长时间才能发现或迟发的不良反应未能发现。这种情况就造成了药品在上市时间和发现不良反应并实施管理时间上存在的时滞现象。所以，对药品上市前潜在的、没有被人们发现的不良反应、特殊人群的用药评价和药品远期疗效的评价，需要通过药品上市后再评价来完成。药品上市后再评价是上市前相关研究的有益补充，是药品监督管理工作中非常重要的一环，为促进临床合理用药、确保人体健康提供了保障。

二、药品上市后再评价的内容

药品上市后再评价的内容有以下三个方面，即药品安全性评价、药品有效性评价和药品经济性评价。

1. 药品安全性评价 药品的安全性评价贯穿新药研究的各个阶段：临床前试验、临床试验、药品上市后的不良反应监测。临床试验是在临床上应用小样本的人体试验进行药物安全性评价，新药批准上市后的监督则是涉及在公众中大样本的使用中考察药物对人体的安全性评价。

在公众中考察经长时期应用药品发生的不良反应以及停药后发生的不良反应，并同时研究影响药品安全性因素是药品上市后再评价的主要内容。可采取回顾性或前瞻性方法对药品的不良反应病例进行分析，必要时采用流行病学方法进行研究，以便得出准确的评价结论，然后根据评价结果采取必要措施。

2. 药品有效性评价　鉴于上市前研究的局限性，对药品上市后实际应用的有效率、长期效应和发现新的适应证以及临床疗效中存在的可影响药品疗效的各种因素的研究是上市后再评价的重要内容。上市后的有效性再评价可充分弥补上市前研究的不足，对全面认识药物具有重要意义。其再评价的内容应包括对现有临床适应证疗效的再评价、新适应证疗效的再评价。药品的有效性评价可借助于药效学、药代动力学、药剂学方法及临床疗效方法给予评价。

3. 药品经济性评价　药物经济学评价将药物的成本研究与临床疗效研究连接起来，不仅仅研究药物的经济性，还评估其治疗价值。运用药物经济学的理论与方法，对医疗机构药物资源利用状况和药品应用情况进行综合评估和研究，合理配置和使用卫生资源。药物经济学评价目的就是如何合理地选择和利用药物，以高效、安全又经济节省的方式提供医疗保健服务，使患者得到最佳的治疗效果和最小的经济负担，从而最大限度地合理利用现有药物资源。因此药品经济性评价也是药品再评价的重要内容之一。

三、药品上市后再评价的组织结构与实施

（一）药品上市后再评价的组织结构

我国药品上市后再评价由国家药品监督管理部门组织药学、医学和其他技术人员，对新药进行审评，对已经批准生产的药品进行再评价。

国家药品监督管理部门在新药上市前要进行审评，对已批准生产、销售的药品进行再评价。

国家食品药品监督管理局评价中心承担药品再评价和淘汰药品的技术工作及其相关业务组织工作，承担全国药品不良反应监测的技术工作及其相关业务组织工作，对省级药品不良反应监测中心进行技术指导。

（二）药品上市后再评价的实施

1. 信息收集　药品上市后再评价首先对上市后研究资料、不良反应监测信息，以及相关的国内外资料进行收集。现阶段我国药品不良反应监测体系正逐步完善，药品不良反应监测工作正处于高速发展期，这为发现药品不良反应信号奠定了一定的信息和资料基础，也是开展再评价工作政府职能的起点。药品不良反应信号是指从发展的趋势看，有可能发展为药品不良反应的药品不良事件。它与药品不良事件相同之处为因果关系有待确定，不同之处为有可能发展为药品不良反应，但有待个例报告的积累与分析。有人给"药品不良反应信号"

定义为报告药品不良反应与药物间的因果关系，此关系是未知或以前记录不全的，其作用为提示一种可能性，尚不是肯定的结论。

2. 对相关资料或研究结果的评价 根据研究结果，结合药品的风险利益评估，得出再评价结论或报告并提出技术建议的过程。

3. 风险控制措施 根据药品再评价结果，可以采取责令修改药品说明书、暂停生产、销售和使用的措施。对疗效不确切、不良反应大或者其他原因危害人体健康的药品，应当撤销该药品批准证明文件，进口药品还应撤销进口药品注册证书，经再评价属于疗效不确定、不良反应大或者其他原因危害人体健康的不予再注册。

其他风险控制措施还有安全信息的发布、撤市等行政管理手段，也包括 OTC 药品转换和国家基本药物遴选的衔接等风险管理措施。我国目前对药品安全信息的发布渠道主要是《药品不良反应信息通报》和《药物警戒快讯》，近期国家相关网站上陆续发布有关药品安全信息的内容，但尚未形成制度化、规范化。

资料链接

高风险品种的上市后再评价

2007 年 8 月 10 日 SFDA 发布了《关于开展注射剂类药品生产工艺和处方核查工作的通知》，其中附录了部分化学药品注射剂高风险品种及其风险因素、部分中药注射剂高风险品种名单、部分有严重不良反应报告的注射剂品种名单。被列为高风险等级的有 13 个化学药品相关品种和 46 个已获得批准文号的中药注射剂。而目前监测到严重不良反应的注射剂品种有 80 个，其中化学药品 55 个，中药注射剂 25 个。

目前，中药注射剂存在着安全风险，主要体现在基础研究不充分、药用物质基础不明确、生产工艺比较简单、质量标准可控性较差，以及药品说明书对合理用药指导不足、使用环节存在不合理用药等。积极对其进行上市后再评价为进一步规范中药注射剂的研制、生产、流通、使用秩序，消除中药注射剂安全隐患，确保公众用药安全提供了有力保障。

SFDA 组织对中药注射剂品种开展再评价工作。以《中药、天然药物注射剂基本技术要求》为主要依据，结合生产工艺和处方核查、药品抽验和不良反应/事件监测情况，围绕中药注射剂安全性问题，从处方的合理性、工艺的科学性、质量的可控性、标签及说明书的规范性等方面，对中药注射剂风险效益进行综合分析，按照风险程度分类，分步推进中药注射剂再评价工作。根据中药注射剂综合分析、再评价的结论及相关意见，研究制定改进工作措施并组织各省食品药品监督管理局监督落实。凡处方不合理、工艺不科学、不良反应发生严重的品种，SFDA 将依法采取坚决措施。

第三节　药品召回

建立药品召回制度是世界许多国家的通行作法。我国药品召回制度确立较晚。2007 年 8 月，SFDA 召开专题会议，讨论产品质量和食品安全专项整治行动的具体措施，并酝酿实施药品召回制度的方案。同年 12 月《药品召回管理办法》正式颁布实施，其对召回的责任主体、范围、时限，召回的分级、分类，以及召回的责任、召回的信息发布、召回的处罚等方面，明确地作出了具体规定，使药品召回更具有可操作性，这标志着我国药品召回制度正式建立。

一、药品召回概述

（一）药品召回相关概念

药品召回，是指药品生产企业（这里所指生产企业包括进口药品的境外制药厂商）按照规定的程序收回已上市销售的存在安全隐患的药品。安全隐患，是指由于研发、生产等原因可能使药品具有的危及人体健康和生命安全的不合理危险。

药品安全隐患调查的内容应当根据实际情况确定，调查评估的内容可以包括：①已发生药品不良事件的种类、范围及原因；②药品使用是否符合药品说明书、标签规定的适应证、用法用量的要求；③药品质量是否符合国家标准，药品生产过程是否符合《药品生产质量管理规范》（GMP）等规定，药品生产与批准的工艺是否一致；④药品储存、运输是否符合要求；⑤药品主要使用人群的构成及比例；⑥可能存在安全隐患的药品批次、数量及流通区域和范围；⑦其他可能影响药品安全的因素。

药品安全隐患评估的主要内容包括：①该药品引发危害的可能性，以及是否已经对人体健康造成了危害；②对主要使用人群的危害影响；③对特殊人群，尤其是高危人群的危害影响，如老年、儿童、孕妇、肝肾功能不全者、外科患者等；④危害的严重与紧急程度；⑤危害导致的后果。

（二）药品召回的分类

1. 根据药品召回的发动主体不同分类

（1）主动召回：是药品生产企业应当对收集的信息进行分析，对可能存在安全隐患的药品进行调查评估，发现药品存在安全隐患的，应当决定召回。进口药品的境外制药厂商在境外实施药品召回的，应当及时报告 SFDA；在境内进行召回的；由进口单位按照本办法的规定负责具体实施。

（2）责令召回：是指药品监督管理部门经过调查评估，认为药品存在安全隐患，药品生产企业应当召回药品而未主动召回的，应当责令药品生产企业召回药品。

2. 根据药品安全隐患的严重程度不同分类

（1）一级召回：使用该药品可能引起严重健康危害的。

（2）二级召回：使用该药品可能引起暂时的或者可逆的健康危害的。

（3）三级召回：使用该药品一般不会引起健康危害，但由于其他原因需要收回的。

（三）药品召回的意义

1. 有利于保障公众的用药安全 药品召回是保障公众用药安全的重要环节之一，及时进行药品召回可以尽量减少药品的安全隐患以及缺陷药品对消费者的损害。

2. 有利于促进企业的发展 无论是主动召回还是责令召回都会给企业带来一定的经济损失，但药品召回彰显了企业的社会责任心，有利于其调整完善自身体系结构，促进其持续发展。

3. 有利于提高我国药品科学监管的水平 药品召回制度在世界范围内得到许多国家的认可，众多国家制定了较完善的药品召回标准，建立了有效的召回制度。我国于 2007 年 12 月 10 日公布了《药品召回管理办法》，它的颁布填补了国内药品召回的法律空白，有利于提高我国药品科学监管的水平。

二、药品召回的实施

（一）主动召回的实施

1. 生产企业进行药品召回的主要步骤 我国药品召回的实施主体是药品生产企业。药品生产企业应当建立和完善药品召回制度，收集药品安全的相关信息，对可能具有安全隐患的药品进行调查、评估，召回存在安全隐患的药品。药品经营企业、使用单位应当协助药品生产企业履行召回义务，按照召回计划的要求及时传达、反馈药品召回信息，控制和收回存在安全隐患的药品。

药品经营企业、使用单位发现其经营、使用的药品存在安全隐患的，应当立即停止销售或者使用该药品，通知药品生产企业或者供货商，并向药品监督管理部门报告。药品生产企业、经营企业和使用单位应当建立和保存完整的购销记录，保证销售药品的可溯源性。

药品生产企业在作出药品召回决定后，应当制定召回计划并组织实施，一级召回在 24 小时内，二级召回在 48 小时内，三级召回在 72 小时内，通知到有关药品经营企业、使用单位停止销售和使用，同时向所在地省级药品监督管理部门报告。药品生产企业对上报的召回计划进行变更的，应当及时报药品监督管理部门备案。

药品生产企业在启动药品召回后，一级召回在 1 日内，二级召回在 3 日内，三级召回在 7 日内，应当将调查评估报告和召回计划提交给所在地省级药品监督管理部门备案。省级药品监督管理部门应当将收到一级药品召回的调查评估报告和召回计划报告 SFDA。

药品生产企业在实施召回的过程中，一级召回每日，二级召回每 3 日，三级召回每 7 日，向所在地省级药品监督管理部门报告药品召回进展情况。

药品生产企业对召回药品的处理应当有详细的记录，并向药品生产企业所在地省级药品监督管理部门报告。必须销毁的药品，应当在药品监督管理部门监督下销毁。

药品生产企业在召回完成后，应当对召回效果进行评价，向所在地省级药品监督管理部门提交药品召回总结报告。

2. 药品监督管理部门对生产企业药品召回的监督管理　省级药品监督管理部门可以根据实际情况组织专家对药品生产企业提交的召回计划进行评估，认为药品生产企业所采取的措施不能有效消除安全隐患的，可以要求药品生产企业采取扩大召回范围、缩短召回时间等更为有效的措施。

省级药品监督管理部门应当自收到总结报告之日起 10 日内对报告进行审查，并对召回效果进行评价，必要时组织专家进行审查和评价。审查和评价结论应当以书面形式通知药品生产企业。

经过审查和评价，认为召回不彻底或者需要采取更为有效的措施的，药品监督管理部门应当要求药品生产企业重新召回或者扩大召回范围。

（二）责令召回的实施

药品监督管理部门经过调查评估，认为存在安全隐患的，药品生产企业应当召回药品而未主动召回的，应当责令药品生产企业召回药品。

必要时，药品监督管理部门可以要求药品生产企业、经营企业和使用单位立即停止销售和使用该药品。

药品监督管理部门作出责令召回决定，应当将责令召回通知书送达药品生产企业，通知书包括以下内容：①召回药品的具体情况，包括名称、批次等基本信息；②实施召回的原因；③调查评估结果；④召回要求，包括范围和时限等。

药品生产企业在收到责令召回通知书后，应当通知药品经营企业和使用单位，制定、提交召回计划，并组织实施。余下步骤基本同主动召回一致。

资料链接

黑龙江省某制药厂主动召回其所有注射剂产品

2008 年 10 月 5 日，云南省红河州第四人民医院使用黑龙江省某制药厂生产的刺五加注射液后发生严重不良事件。经查，这是一起由药品污染引起的严重不良事件。

2008 年 10 月 17 日，黑龙江省某制药厂依据《药品召回管理办法》有关规定，主动召回其所有规格和批号的注射剂产品。

为了消除药品安全隐患，确保用药安全，10 月 17 日，卫生部和 SFDA 联合下发通知，要求各地药品监督管理部门立即通知辖区内有关药品经营和使用单位暂停销售、使用标示为黑龙江省某制药厂的所有注射剂产品，配合做好药品召回工作。同时，要求各省（区、市）食品药品监督管理部门监督企业召回情况，并密切关注其注射剂药品不良反应，有情况立即报告，妥善处置。

本章小结

本章主要介绍了药品不良反应监测、药品上市后再评价和我国的药品召回制度。

第一节药品不良反应监测管理首先介绍了药品不良反应、不良事件的相关定义和分类，对药品不良反应、药品不良事件和药害事件三者的异同进行了比较。然后对药品不良反应监测机构的组成、职责、工作内容进行了介绍。最后详细阐述了药品不良反应监测实施中的药品不良反应逐级、定期报告制度、评价和控制制度、药品不良反应信息通报制度以及对违反相关规定的处罚。

第二节药品上市后再评价首先介绍了进行药品上市后再评价的必要性，然后对其内容、组织结构与实施进行了详细的介绍。药品上市后再评价的必要性主要是由临床前研究的局限性、临床试验的局限性和实际应用中的复杂因素三方面因素决定的。上市后再评价的主要内容有安全性评价、有效性评价和经济性评价。药品上市后再评价的主要实施步骤包括信息收集、对资料或者研究结果的分析和风险控制。

第三节介绍了我国的药品召回制度，对药品召回的相关概念、分类、意义及实施分别进行了阐述。药品召回分为责令召回和主动召回，本节重点介绍了两种召回方式中的主动召回。我国药品召回的实施主体是药品生产企业。药品召回是我国药品监督管理的重要内容之一。

第九章
新药研究与药品注册管理

案例导入

葛兰素史克跨国药品专利案

2004 年 8 月 18 日，国家知识产权局专利复审委员会就罗格列酮组合物专利案召开的第一次口审会出现了戏剧性的场面——英国葛兰素史克公司放弃罗格列酮组合物的专利，国内三家制药企业撤回对罗格列酮组合物专利的无效申请。

放弃专利，是指专利自被放弃之日起，不再对任何人具有束缚力，就是说从葛兰素史克公司对罗格列酮组合物专利的放弃日 2004 年 8 月 10 日起，中国国内的任何人都可以仿制该专利涉及的内容，不用支付专利使用费，也不构成侵权行为。

事后，葛兰素史克公司给出一份《马来酸罗格列酮专利案件的情况说明》以下简称《说明》的书面材料。《说明》中称，1988 年葛兰素史克公司就在英国申请了罗格列酮组合物的专利，保护范围涉及罗格列酮及其可药用盐，并且立即在全球大多数国家获得了相应专利。但自 1993 年 1 月 1 日起中国才开始对化学物质和药品给予专利保护，所以 1988 年根本就不可能在中国提出该专利申请。后来，葛兰素史克公司从罗格列酮专利中，选择了对糖尿病患者最有效的罗格列酮马来酸盐制品（市面上称"文迪雅"）进入中国市场，并成功地获得了中国国家知识产权局对其化合物、制备方法的专利授权。现在，葛兰素史克公司放弃的是罗格列酮组合物的专利，而并非"文迪雅"的专利。"文迪雅"的化合物专利和制备方法专利依然享有中国专利的保护，任何侵权行为都将受到法律的追究。

根据《药品注册管理办法》的相关规定，国内的三家无效宣告请求人要想生产、销售罗格列酮这一具有巨大市场潜力的药品，必须获得国家食品药品监督管理局（SFDA）颁发的药品批准文号。已获得中国专利的药品，其他申请人在该药品专利期届满前 2 年内可以提出注册申请。SFDA 按照本办法予以审查，符合规定的，在专利期满后批准生产。请求人应当就其申请注册的药品提供在中国的专利及其权属状态的说明，并提交对他人的专利不构成侵权的保证书。清除该专利障碍或者专利期满，其他制药企业才能获得批准生产。因此，罗格列酮组合物的专利失效确保了国内的这三家制药企业以后的生产和销售行为不侵权。

有些专利的权利保护书制作得非常严谨，因此这些专利非常稳定、牢固，不会被挑出任何漏洞。可一些专利可能发明程度不高，知识产权局认定专利有效时又有误，属于不稳定专利的范畴，容易被宣告无效。英国葛兰素史克的罗格列酮组合物专利自身存在的缺陷，让国内药企找到了突破口，致使这项专利最终无奈地被放弃。跨国制药企业只有带来全新的药品专利，才能彻底摆脱专利纠纷带来的烦恼。

（资料来源：新华网 http：//www.xinhuanet.com/）

思考

1. 分析我国新药研究领域存在的问题并提出解决方案。
2. 重视药品知识产权的意义何在？
3. 目前我国的药品注册管理还存在哪些问题？

上述案例所涉及的新药注册与专利申请问题在当今社会时有发生。随着社会的不断发展，技术的不断创新，人们对疾病的防治和对健康水平日益增长的需求，使得各种新药不断涌现。为了确保新药安全有效，采取有效措施来规范新药的研究和注册就显得十分必要。我国药品监督管理部门也采取了相应的措施，颁布了相关的法律法规来规范新药研究与注册的问题。

第一节　新药概述

随着各种疾病的不断增多，新药上市后的生命周期也在不断缩短，更新换代速度越来越快，研究开发新药已成为各国制药企业赖以生存与发展的必然选择。但由于新药研究具有知识技术高度密集，周期长，风险大，投入高，产出高的特点，决定了药物研究是一项复杂的系统工程，从研究课题的筛选，到非临床研究、临床试验阶段，直至最后获得批准上市，涉及政策、法律、技术、资金、市场等诸多因素，需要多学科、多部门、多人员的协同配合，才能取得最后的成功。

一、新药分类及其研究程序

在国际范围内，部分国家以"是否在国内生产过"作为判断新药的标准；部分国家以"是否已在国内上市销售"作为判断新药的标准。前者把进口的新药排除在外。但按照世界贸易组织（WTO）贸易规则中的国民待遇原则，后者的定义较为合理。《药品管理法实施条例》中规定，新药，是未曾在中国境内上市销售的药品。已上市药品改变剂型、改变给药途径、增加新适应证的，按照新药申请管理。

2007年修订的《药品注册管理办法》中明确了只有真正意义上的新药才能领取新药证书。而改变剂型（靶向制剂、缓释制剂、控制制剂等特殊剂型除外）、改变给药途径以及增加新的适应证等情况只按新药程序办理，不按新药程序办证。这不仅理清了新药的概念，也更加明确了新药的范围。

（一）新药分类

根据原料来源的不同，新药分为中药及天然药物新药、化学药物新药、生物制品新药三大类。

1. 中药、天然药物新药　2007 年起施行的《药品注册管理办法》规定，将中药、天然药物注册分为 9 类：

（1）未在国内上市销售的从植物、动物、矿物等物质中提取的有效成分及其制剂。

（2）新发现的药材及其制剂。

（3）新的中药材代用品。

（4）药材新的药用部位及其制剂。

（5）未在国内上市销售的从植物、动物、矿物等物质中提取的有效部位及其制剂。

（6）未在国内上市销售的中药、天然药物复方制剂。

（7）改变国内已上市销售中药、天然药物给药途径的制剂。

（8）改变国内已上市销售中药、天然药物剂型的制剂。

（9）仿制药，是指注册申请我国已批准上市销售的中药或天然药物。

其中 1~6 类的品种为新药，7~8 类按新药申请程序申报。

2. 化学药物新药　现行的《药品注册管理办法》规定，将化学药品注册分为 6 类：

（1）未在国内外上市销售的药品：

1）通过合成或者半合成的方法制得的原料药及其制剂。

2）天然物质中提取或者通过发酵提取的新的有效单体及其制剂。

3）用拆分或者合成等方法制得的已知药物中的光学异构体及其制剂。

4）由已上市销售的多组分药物制备为较少组分的药物。

5）新的复方制剂。

6）已在国内上市销售的制剂增加国内外均未批准的新适应证。

（2）改变给药途径且尚未在国内外上市销售的制剂。

（3）已在国外上市销售但尚未在国内上市销售的药品：

1）已在国外上市销售的制剂及其原料药，和（或）改变该制剂的剂型，但不改变给药途径的制剂。

2）已在国外上市销售的复方制剂，和（或）改变该制剂的剂型，但不改变给药途径的制剂。

3）改变给药途径并已在国外上市销售的制剂。

4）国内上市销售的制剂增加已在国外批准的新适应证。

（4）改变已上市销售盐类药物的酸根、碱基（或者金属元素），但不改变其药理作用的原料药及其制剂。

（5）改变国内已上市销售药品的剂型，但不改变给药途径的制剂。

（6）已有国家药品标准的原料药或者制剂。

3. 生物制品新药　生物制品按其用途分为治疗用生物制品和预防用生物制品，2007 年起施行的《药品注册管理办法》规定，治疗用生物制品和预防用生物制品分别注册，分为15类。

（二）新药研究程序

新药研究大致可分为三个阶段，其研究的内容、对象、重点和目的各不相同。

1. 新药发现 通过计算机药物分子设计或通过植物、动物、矿物、微生物、海洋生物等多种途径获取新的化学物质，并将这些物质在特定的体内外药理模型上进行筛选评价，以发现具有新颖结构类型和显著药理特性的先导化合物或新型组合物。在发现先导化合物后，经过处理得到一系列与先导化合物结构类似的物质，进行定量构效关系研究，以优化化合物的治疗指数，从中选择一个最佳化合物作为新化学实体。

2. 临床前研究 临床前研究的任务是系统评价新的候选药物，确定其是否符合进入人体临床试验的要求。临床前研究工作包括：药物的合成工艺、提取方法、理化性质及纯度、剂型选择、处方筛选、制备工艺、检验方法、质量指标、稳定性、药理、毒理、动物药代动力学研究等。中药制剂包括原药材的来源、加工及炮制等的研究；生物制品包括菌毒种、细胞株、生物组织等起始原材料的来源、质量标准、保存条件、生物学特征、遗传稳定性及免疫学的研究等。

3. 临床研究 临床研究是评价候选药物能否成为一个新药的重要阶段。临床研究必须经国家药品监督管理部门批准后实施，并严格执行《药物临床试验质量管理规范》（GCP）的规定。

一般临床试验分为Ⅰ、Ⅱ、Ⅲ、Ⅳ期。新药在批准上市前，申请新药注册应当进行Ⅰ、Ⅱ、Ⅲ期临床试验。各期临床试验的目的和主要内容如下：

Ⅰ期临床试验：初步的临床药理学及人体安全性评价试验。观察人体对于药物的耐受程度和药代动力学，为制定给药方案提供依据。

Ⅱ期临床试验：治疗作用初步评价阶段。其目的是初步评价该药物对目标适应证患者的治疗作用和安全性，也包括为Ⅲ期临床试验研究设计和给药剂量方案的确定提供依据。此阶段的研究设计可以根据具体的研究目的，采用多种形式，包括随机盲法对照临床试验。

Ⅲ期临床试验：治疗作用确证阶段。其目的是进一步验证该药物对目标适应证患者的治疗作用和毒副作用，评价利益与风险关系，最终为药物注册申请的审查提供充分的依据。试验一般应为具有足够样本量的随机盲法对照试验。

Ⅳ期临床试验：新药上市后由申请人进行的应用研究阶段。其目的是考察在广泛使用条件下，药物的疗效和不良反应，评价在普通或特殊人群中其使用的利益与风险关系以及改进给药剂量等。

二、新药知识产权管理

知识产权（intellectual property）是人们对自己的智力活动创造的成果和经营管理活动中的标记、信誉依法享有的权利。由药品的技术特点决定，新药知识产权主要涉及专利和商业秘密。

（一）药品专利

根据《专利法》的规定，药品专利包括以下类型：

1. 发明专利　药品发明专利包括药品发明和药品方法发明两类。

（1）药品发明包括：①新物质：指具有一定化学结构式或物理、化学性能的单一物质。包括有一定医疗用途的新化合物、新基因工程产品、新生物制品；用于制药的新原料、新辅料、新中间体、新代谢物、新药物前体、新异构体、新的有效晶型、新分离或提取得到的天然物质等；②药物组合物：指两种或两种以上元素或化合物按一定比例组成具有一定性质和用途的混合物。包括中药新复方制剂、中药的有效部位、药物的新剂型等；③生物制品、微生物及其代谢产物，可授予专利权的微生物及其代谢产物必须是经过分离成为纯培养物，并且具有特定工业用途。

（2）药品的方法发明包括：①制备和生产方法，如化合物的制备方法、组合物的制备方法、提取分离方法、纯化方法等；②用途发明，如化学物质的新的医药用途、药物的新的适应证等。

2. 药品的实用新型专利

（1）某些与功能相关的药物剂型、形状、结构的改变，如通过改变药品的外层结构达到延长药品疗效的技术方案。

（2）诊断用药的试剂盒与功能有关的形状、结构的创新。

（3）生产药品的专用设备的改进。

（4）某些与药品功能有关的包装容器的形状、结构和开关技巧等。

资料链接

"强制许可"将有利于保证重大疫情用药

"强制许可"是指国家出现紧急状态或非常情况，或者出于保护公共利益的目的，国务院专利行政部门可以指定单位实施发明专利或者实用新型专利许可。

在过去的几年中，由于人类疾病谱的变化，全球性的疫情时有出现。2003年，世界贸易组织总理事会发达国家成员与发展中国家成员终于达成一致，通过关于实施专利药品强制许可制度的协议，这将使贫穷国家在世贸知识产权规则范围内，充分发挥弹性，处理肆虐的重大流行性疾病。协议规定，发展中成员和最不发达成员因艾滋病、疟疾、肺结核及其他流行疾病而发生公共健康危机时，可在未经专利权人许可的情况下，在其内部通过实施专利强制许可制度，生产、使用和销售有关治疗导致公共健康危机疾病的专利药品。此举将大大降低专利药品的市场价格，并能有效地控制、缓解公共健康危机，确保生命健康的基本权利得到尊重和保护。

（二）医药商业秘密管理

1. 新药研究开发技术秘密

（1）新药申报的技术资料：包括新药的物理性能、化学性能、合成工艺、质量控制、药效学、药动学、毒理学以及临床试验数据。这些技术的开发花费很大，又是获得新药证书和生产批文必备的资料。

（2）药品的生产工艺和质量控制的技术资料：包括药品的化学合成工艺、制剂工艺、消毒工艺、包装工艺和药品的检测和质量监控的技术资料。

2. 药品企业经营秘密

（1）**药品生产管理技术秘密**：主要是独特有效的、为医药企业所独具的管理企业的经验，特别是医药企业为实施企业的方针战略所制定的一系列的标准操作规程（SOP）、人员培训方法、技术业务档案管理办法等。

（2）**药品经营销售商业秘密**：主要包括市场调研报告、发展计划、经营策略、对外业务合同、销售渠道和客户名单等。

（三）相关药品知识产权的其他规定

1. 申请者资料 应对所申请的药物、处方、工艺等，提供在中国的专利及其权属状态说明，并提交对他人专利不构成侵权的保证书，承诺后果自负。如果发生纠纷，由当事人自行协调；必要时通过司法机关解决。

2. 已获中国专利的药品 其他申请者在专利届满2年内可提出申请；SFDA在专利期满后可批准生产或进口。

3. 药品申报中未披露或其他实验数据的保护 对获得生产或者销售含有新型化学成分药品许可的生产者或者销售者提交的自行取得且未披露的试验数据和其他数据，SFDA自批准该许可之日起6年内，对其他未经已获得许可的申请人同意，使用其未披露的试验数据的申请不予批准。

资料链接

如何预防药品专利的侵权行为

"侵权"（infringement）是一个法律术语。专利的独占性和地域性、时间性等特征，决定了一切可称为"侵权"行为必须具有两个条件：一是只有在一项专利的有效地域内及专利保护期内发生的行为，才可能构成对该专利的侵犯；二是只有未经许可的行为，才可能构成侵权。

我国《药品注册管理办法》中第18条、第19条对药品专利作出了明确规定：申请人应当对其申请注册的药物或者使用的处方、工艺、用途等，提供申请人或者他人在中国的专利及其权属状态的说明；他人在中国存在专利的，申请人应当提交对他人的专利不构成侵权的声明。对申请人提交的说明或者声明，药品监督管理部门应当在行政机关网站予以公示。药品注册过程中发生专利权纠纷的，按照有关专利的法律法规解决。

对他人已获得中国专利权的药品，申请人可以在该药品专利期届满前2年内提出注册申请。SFDA按照本办法予以审查，符合规定的，在专利期满后核发药品批准文号、《进口药品注册证》或者《医药产品注册证》。

这就要求申请人必须如实填报《药品注册申请表》，明确是中国专利还是外国专利，明确是药物专利还是工艺专利、其他专利，明确是已公开还是已授权，明确专利权人，明确专利到期日期，明确本申请是否得到专利权人的实施许可等。这样，在一定程度上可以预防药品专利的侵权行为。

第二节　新药研究质量管理

我国政府始终贯彻鼓励和支持公民、法人和其他组织研究、开发新药的原则，并采取了许多切实可行的措施，制定了一系列相关的法律法规和政策来鼓励各方面进行新药的研究与开发。为了确保新药的安全性、有效性，有必要对新药的研究进行规范化管理。

一、药物非临床研究质量管理

药物非临床研究是新药研究的基础阶段，其主要目的是获得关于药物的安全性、有效性、质量可控性等的数据资料，主要通过"实验系统"试验的方式，对药物进行药理学、毒理学测试，从而获得有关数据，为进一步的药物临床研究提供依据。

（一）药物非临床研究质量管理发展历程

20世纪60年代初，"沙利度胺（反应停）"事件引起了公众对药物安全性评价的重视。1973年，新西兰和丹麦相继提出《实验室质量管理规范》，但当时只是对毒理学研究提出的一般性建议，并未引起世界上其他国家的重视。1974年，美国参议院保健委员会在检查新药安全性研究的报批资料和一些从事安全性研究的实验室时发现了许多影响试验质量的问题。安全性试验结果的真实可靠性引起了政府及社会的广泛关注。为此，美国食品药品管理局（FDA）组织专家制定《药品安全性研究质量法规》，于1978年12月发布，1979年6月20日正式生效，并被列入联邦法规之中。由于美国对进口药品都是以此标准进行试验检查的，在一定程度上《药物非临床研究质量管理规范》（GLP）已被国际承认并得到广泛应用。随后，其他国家如日本（1982年）、英国（1982年）、法国（1983年）等也先后制定本国的GLP，使之逐渐成为在国际上通行的确保药品非临床研究质量的规范。

我国于1985年7月1日实施的《药品管理法》曾对有关新药审批作出了专门的规定，卫生部制定并颁布《新药审批办法》，该办法对毒理学评价提出了具体要求。1993年7月中国药学会、中国药理学会正式出台《新药（西药）临床前研究指导原则》。1993～1996年，原国家科委相继发布《药品非临床研究质量管理规定（试行）》、《〈药品非临床研究质量管理规定（试行）〉实施指南（试行）》和《执行情况验收检查指南（试行）》，这在一定程度上推动了我国GLP的发展，但由于当时我国处于GLP推行指导和推荐阶段，并未正式执行GLP，也没有相应的监督检查措施。

原国家药品监督管理局（SDA）成立后开始对GLP进行修订，于1999年10月14日发布了《药品非临床研究质量管理规范（试行）》，并于1999年11月1日正式实施。但是在我国加入 WTO 之后，该规范中有些条款已与国际公认原则不符，2003 年 SFDA 根据《药品管理法》、《药品管理法实施条例》，并参照国际公认原则，重新修订并颁布了《药物非临床研究质量管理规范》（Good Laboratory Practice，GLP），于 2003 年 9 月 1 日正式实施。

（二）《药物非临床研究质量管理规范》（GLP）

我国现行的 GLP 共 9 章 45 条。其主要内容如下：

1. 相关术语

（1）非临床研究（non-clinical study）：系指为评价药物安全性，在实验室条件下，用实验系统进行的各种毒性试验，包括单次给药的毒性试验、反复给药的毒性试验、生殖毒性试验、遗传毒性试验、致癌试验、局部毒性试验、免疫原性试验、依赖性试验、毒代动力学试验及与评价药物安全性有关的其他试验。

（2）实验系统：系指用于毒性试验的动物、植物、微生物以及器官、组织、细胞、基因等。

（3）质量保证部门（quality assurance unit，QAU）：系指非临床安全性评价研究机构内履行有关非临床研究工作质量保证职能的部门。

（4）专题负责人（study director，SD）：系指负责组织实施某项研究工作的人员。

（5）原始资料：系指记载研究工作的原始观察记录和有关文书材料，包括工作记录、各种照片、缩微胶片、缩微复制品、计算机打印资料、磁性载体、自动化仪器记录材料等。

（6）委托单位：系指委托非临床安全性评价研究机构进行非临床研究的单位。

2. 组织机构和人员 非临床安全性评价研究机构须建立完善的组织管理体系，设立独立的质量保证部门，配备机构负责人、质量保证部门负责人和相应的工作人员。

（1）人员要求：①具备严谨的科学作风和良好的职业道德以及相应的学历，经过专业培训，具备所承担的研究工作需要的知识结构、工作经验和业务能力；②熟悉 GLP 的基本内容，严格履行各自职责，熟练掌握并严格执行与所承担工作有关的 SOP；③及时、准确和清楚地进行试验观察记录，对实验中发生的可能影响实验结果的任何情况应及时向专题负责人书面报告；④根据工作岗位的需要着装，遵守健康检查制度，确保供试品、对照品和实验系统不受污染；⑤定期进行体检，患有影响研究结果的疾病者，不得参加研究工作；⑥经过培训、考核，并取得上岗资格。

（2）机构负责人职责：非临床安全性评价研究机构负责人须具备医学、药学或其他相关专业本科以上学历及相应的业务素质和能力。其职责为：①全面负责非临床安全性评价研究机构的建设和组织管理；②建立工作人员学历、专业培训及专业工作经历的档案材料；③确保各种设施、设备和实验条件符合要求；确保有足够数量的工作人员，并按规定履行其职责；④聘任质量保证部门的负责人，并确保其履行职责；⑤制定主计划表，掌握各项研究工作的进展；⑥组织制定和修改 SOP，并确保工作人员掌握相关的 SOP；⑦每项研究工作开始前，聘任专题负责人，有必要更换时，应记录更换的原因和时间；⑧审查批准实验方案和总结报告；及时处理质量保证部门的报告，详细记录采取的措施；⑨确保供试品、对照品的质量和稳定性符合要求；⑩与协作或委托单位签订书面合同。

（3）质量保证部门负责人职责：①保存非临床研究机构的主计划表、实验方案和总结报告的副本；②审核实验方案、实验记录和总结报告；③对每项研究实施检查，并根据其内容和持续时间制定审查和检查计划，详细记录检查的内容、发现的问题、采取的措施等，并在记录上签名，保存备查；④定期检查动物饲养设施、实验仪器和档案管理；⑤向机构负责人和（或）专题负责人书面报告检查发现的问题及建议；⑥参与 SOP 的制定，保存 SOP 的副本。

（4）专题负责人职责：①全面负责该项研究工作的运行管理；②制订实验方案，严格执行实验方案，分析研究结果，撰写总结报告；③执行 SOP 的规定，及时提出修订或补充相应的 SOP 的建议；④确保参与研究的工作人员明确所承担的工作，并掌握相应的 SOP；⑤掌握研究工作的进展，检查各种实验记录，确保其及时、直接、准确和清楚；⑥详细记录实验中出现的意外情况和采取的措施；⑦实验结束后，将实验方案、原始资料、应保存的标本、各种有关记录文件和总结报告等归档保存；⑧及时处理质量保证部门提出的问题，确保研究工作各环节符合要求。

3. 实验设施、设备及实验材料　非临床安全性评价研究机构根据所从事的非临床研究的需要，配备相应的实验设施与设备。设施布局应合理，防止交叉污染，环境条件及其调控应符合不同设施的要求；仪器设备放置地点应合理，并有专人负责保管，定期进行检查、清洁保养、测试和校正，确保仪器设备的性能稳定可靠。

4. 标准操作规程　标准操作规程（SOP）是指为有效地实施和完成某一临床试验中每项工作所拟定的标准和详细的书面规程，是保证实验数据真实、可靠、科学的必要条件。因此，它的制定与执行是药物非临床研究的关键环节。

制定与实验工作相适应的 SOP 主要包括以下几个方面：

（1）SOP 的编辑和管理。

（2）质量保证程序。

（3）供试品和对照品的接收、标识、保存、处理、配制、领用及取样分析。

（4）实验动物房和实验室的准备及环境因素的调控。

（5）实验设施和仪器设备的维护、保养、校正、使用和管理。

（6）计算机系统的操作和管理。

（7）实验动物的运输、检疫、编号及饲养管理。

（8）实验动物的观察记录及实验操作。

（9）各种实验样品的采集、各种指标的检查和测定等操作技术。

（10）濒死或已死亡实验动物的检查处理。

（11）实验动物的尸检、组织病理学检查。

（12）实验标本的采集、编号和检验。

（13）各种实验数据的管理和处理。

（14）工作人员的健康检查制度。

（15）实验动物尸体及其他废弃物的处理。

（16）需要制定 SOP 的其他工作。

5. 研究工作实施　研究工作的实施内容包括每次研究的专题名称或代号、实验中采集标本的标识、实验动物编号和收集日期、实验方案的基本要求、实验方案的主要内容、实验内容的修改、研究专题的管理及实验工作人员的工作要求、数据记录与修改、实验动物疾病或异常情况（非供试品引起）的处理、总结报告的书写和审查、总结报告的内容、总结报告的修改等。

专题负责人全面负责研究专题的运行管理。参加实验的工作人员，应严格执行实验方案和相应的 SOP，发现异常现象，应及时向专题负责人报告。专题负责人制订实验方案，经质量保证部门审查，机构负责人批准后方可执行，批准日期作为实验的起始日期。接受委托的研究，实验方案应经委托单位认可。研究过程中需要修改实验方案时，应经质量保证部门审查，机构负责人批准。变更的内容、理由及日期，应记入档案，并与原实验方案一起保存。

所有数据的记录应做到及时、直接、准确、清楚和不易消除，并应注明记录日期，记录者签名。记录的数据需要修改时，应保持原记录清楚可辨，并注明修改的理由及修改日期，修改者签名。

研究工作结束后，专题负责人应及时写出总结报告，签名或盖章后交质量保证部门负责人审查和签署意见，机构负责人批准。批准日期作为实验结束日期。总结报告经机构负责人签字后，需要修改或补充时，有关人员应详细说明修改或补充的内容、理由和日期，经专题负责人认可，并经质量保证部门负责人审查和机构负责人批准。

6. 资料档案 研究工作结束后，专题负责人应将实验方案、标本、原始资料、文字记录和总结报告的原件，与实验有关的各种书面文件，质量保证部门的检查报告等按 SOP 的要求整理交资料档案室，并按 SOP 的要求编号归档。资料档案室应有专人负责，按 SOP 的要求进行管理。

7. 监督检查 国家药品监督管理部门负责组织实施对非临床研究机构的检查。凡在中华人民共和国申请药品注册而进行的非临床研究都应接受国家药品监督管理部门的监督检查。

资料链接

GLP 认证管理

GLP 认证是指 SFDA 对药物非临床安全性评价研究机构的组织管理体系、人员、实验设施、仪器设备、试验项目的运行与管理等进行检查，并对其是否符合 GLP 作出评定。

为加强药物非临床研究的监督管理，规范 GLP 认证管理工作，SFDA 于 2007 年 4 月 16 日发布《药物非临床研究质量管理规范认证管理办法》，该办法对 GLP 认证管理工作作出了详细的规定，其主要内容概括如下：申请 GLP 认证的药物非临床安全性评价研究机构，应向 SFDA 报送相关申请资料，SFDA 在收到申请资料之日起 5 个工作日内作出是否受理的决定，并书面告知申请机构和申请机构所在地省级药品监督管理部门，SFDA 自受理之日起 20 个工作日内完成对申请资料的审查，并在现场检查结束后 20 个工作日内完成检查结果的分析和汇总；在 20 个工作日内作出审批决定。对符合 GLP 要求的，发给申请机构 GLP 认证批件，并通过局政府网站予以公告。对不符合 GLP 要求的，书面告知申请机构。未通过 GLP 认证的机构或试验项目，如再次申请认证，间隔时间不得少于 1 年。

已通过 GLP 认证的机构应于每年 12 月向所在地省级药品监督管理部门报送本年度执行 GLP 的报告。省级药品监督管理部门负责对本行政区域内已通过 GLP 认证的机构进行日常监督检查，在检查中发现严重问题时应及时报告 SFDA。SFDA 组织对已通过 GLP 认证的药物非临床安全性评价研究机构实行定期检查、随机检查和有因检查。

二、药物临床试验质量管理

临床试验是新药研究的必经阶段，对评价新药的安全性和有效性起着至关重要的作用，其研究资料和结果是药品监督管理部门进行药品注册的重要内容和关键依据，因此，保证药物临床试验质量有着至关重要的作用。《药物临床试验质量管理规范》（Good Clinical Practice，GCP）是国家药品监督管理部门制定的保证药物临床试验质量，适用于临床试验全过程的标准规定。

（一）药物临床试验质量管理发展历程

从 20 世纪 70 年代开始，各国政府逐步开始重视对新药临床试验的管理。1964 年，《赫尔辛基宣言》（《指导医生进行人体生物医学研究的建议》）被在赫尔辛基召开的第 18 届世界医学大会（the world medical association，WMA）采纳，1975 年在第 29 届世界医学大会上正式通过，至今已通过四次修订和补充，得到广泛关注。1975 年世界卫生组织（WTO）发表了"评价人用药物的指导原则"，对人体试验中道德标准提出了要求。美国最先把该原则制定在国家药品管理法规中，于 1981 年 7 月首先实施了临床研究者指导原则，规定了对受试者权益的保护。后来经过多次修改，逐渐形成了美国的 GCP。日本、德国、法国、加拿大等国家也纷纷制定了本国的 GCP。

我国自 1986 年起开始了解 GCP 的有关情况，1995 年起草了 GCP，并开始在全国范围内组织 GCP 知识培训。1998 年 3 月卫生部颁布了《药品临床试验管理规范（试行）》。原 SDA 成立后，1999 年对该规范进行进一步修订，并颁布了 GCP，于 1999 年 9 月 1 日正式实施。我国加入 WTO 后，该规范有些条款与国际公认原则不相符，SFDA 根据《药品管理法》、《药品管理法实施条例》，参照国际公认原则，重新修订了 GCP，于 2003 年 9 月 1 日正式实施。

（二）药物临床试验质量管理规范（GCP）

我国现行的 GCP 共 13 章 70 条，具体内容如下：

1. 相关术语

（1）试验方案（protocol）：叙述试验的背景、理论基础和目的，试验设计、方法和组织，包括统计学考虑、试验执行和完成的条件。方案必须由参加试验的主要研究者、研究机构和申办者签章并注明日期。

（2）知情同意书（informed consent form）：是每位受试者表示自愿参加某一试验的文件证明。研究者需向受试者说明试验性质、试验目的、可能的受益和风险、可供选用的其他治疗方法以及符合《赫尔辛基宣言》规定的受试者的权利和义务等，使受试者充分了解后表达其同意。

（3）伦理委员会（ethics committee）：由医学专业人员、法律专家及非医务人员组成的独立组织，其职责为核查临床试验方案及附件是否合乎道德，并为之提供公众保证，确保受试者的安全、健康和权益受到保护。该委员会的组成和一切活动不应受临床试验组织和实施者的干扰或影响。

（4）不良事件（adverse event）：患者或临床试验受试者接受一种药品后出现的不良医学事件，但并不一定与治疗有因果关系。

（5）严重不良事件（serious adverse event）：临床试验过程中发生需住院治疗、延长住院时间、伤残、影响工作能力、危及生命或死亡、导致先天畸形等事件。

（6）设盲（blinding/masking）：临床试验中使一方或多方不知道受试者治疗分配的程序。单盲指受试者不知情，双盲指受试者、研究者、监察员或数据分析者均不知治疗分配情况。

（7）合同研究组织（Contract Research Organization，CRO）：一种学术性或商业性的科学机构。申办者可委托其执行临床试验中的某些工作和任务，此种委托必须作出书面规定。

2. 临床试验前准备与必要条件 进行药物临床试验必须有充分的科学依据，周密考虑该试验的目的及要解决的问题，权衡对受试者和公众健康预期的受益及风险，预期的受益应超过可能出现的损害；申办者必须提供试验药物的临床前研究资料，同时还应提供试验药物已完成和其他地区正在进行的与临床试验有关的有效性和安全性资料；研究者和申办者应就试验方案、试验的监察、稽查和SOP以及试验中的职责分工等达成书面协议。

3. 受试者权益保障 对受试者合法权益的保障是GCP的主要宗旨之一，受试者的权益主要包括对参加临床试验的知情权、隐私权、自愿参加和退出权、试验用药物（包括对照药品）的免费使用权、发生不良事件时获得及时救治权、发生严重不良反应事件时的被赔偿权等。

在药物临床试验的过程中，必须对受试者的个人权益给予充分的保障，并确保试验的科学性和可靠性。受试者的权益、安全和健康必须高于对科学和社会利益的考虑。伦理委员会与知情同意书是保障受试者权益的主要措施。为确保临床试验中受试者的权益，须成立独立的伦理委员会，并向国家药品监督管理部门备案。

临床试验方案须经伦理委员会审议同意并签署批准意见后方可实施。在试验进行期间，试验方案的任何修改均应经伦理委员会批准；试验中发生严重不良事件，应及时向伦理委员会报告。伦理委员会对临床试验方案的审查意见应在讨论后以投票方式作出决定，参与该临床试验的委员应当回避。伦理委员会接到申请后应及时召开会议，审阅讨论，签发书面意见，并附出席会议的委员名单、专业情况及本人签名。

4. 试验方案与人员职责 临床试验开始前应制定试验方案，该方案应由研究者与申办者共同商定并签字，报伦理委员会审批后实施。

临床试验方案应主要包括试验题目、试验目的、试验背景，临床前研究中有临床意义的发现和与该试验有关的临床试验结果，已知对人体的可能危险与受益及试验药物存在人种差异的可能；申办者的名称和地址，进行试验的场所，研究者的姓名、资格和地址；试验设计的类型，随机化分组方法及设盲的水平；受试者的入选标准、排除标准和剔除标准，选择受试者的步骤，受试者分配的方法等。

临床试验过程中研究者、申办者及监察员的职责如下：

（1）研究者职责

1）研究者必须详细阅读和了解试验方案的内容，严格按照方案执行。

2）研究者应了解和熟悉试验药物的性质、作用、疗效及安全性（包括该药物临床前研究的有关资料），同时也应掌握临床试验进行期间发现的所有与该药物有关的新信息。

3）研究者必须在有良好医疗设施、实验室设备、人员配备的医疗机构进行临床试验，该机构应具备处理紧急情况的一切设施，以确保受试者的安全。

4）研究者应获得所在医疗机构或主管单位的同意，保证有充分的时间在方案规定的期限内负责和完成临床试验。

5）研究者还必须向参加临床试验的所有工作人员说明有关试验的资料、规定和职责，确保有足够数量并符合试验方案的受试者进入临床试验。

6）研究者应向受试者说明经伦理委员会同意的有关试验的详细情况，并取得知情同意书。

7）研究者负责作出与临床试验相关的医疗决定，保证受试者在试验期间出现不良事件时得到适当的救治。

8）研究者有义务采取必要的措施以保障受试者的安全，并记录在案。在临床试验过程中如发生严重不良事件，研究者应立即对受试者采取适当的治疗措施，同时报告药品监督管理部门、卫生行政部门、申办者和伦理委员会，并在报告上签名，注明日期。

9）研究者应保证将数据真实、准确、完整、及时、合法地载入病历和病例报告表，并接受申办者派遣的监察员或稽查员的监察和稽查及药品监督管理部门的稽查和视察，确保临床试验的质量。

10）研究者应与申办者商定有关临床试验的费用，并在合同中写明。研究者在临床试验过程中，不得向受试者收取试验用药所需的费用。

11）临床试验完成后，研究者必须写出总结报告，签名并注明日期后送申办者。

12）研究者中止一项临床试验必须通知受试者、申办者、伦理委员会和药品监督管理部门，并阐明理由。

（2）申办者职责

1）申办者负责发起、申请、组织、监察和稽查一项临床试验，并提供试验经费。按国家法律法规等有关规定，申办者须向国家药品监督管理部门递交临床试验的申请，也可委托合同研究组织执行临床试验中的某些工作和任务。

2）申办者选择临床试验机构和研究者，认可其资格和条件以保证试验的完成。

3）申办者须提供研究者手册，其内容包括试验药物的化学、药学、毒理学、药理学和临床的（包括以前的和正在进行的试验）资料和数据。

　　4）申办者在获得国家药品监督管理部门批准并取得伦理委员会批准件后方可按方案组织临床试验。

　　5）临床试验方案由申办者、研究者共同设计，述明在方案实施、数据管理、统计分析、结果报告、发表论文方式等方面的职责及分工。签署双方同意的试验方案和合同。

　　6）申办者向研究者提供具有易于识别、正确编码并贴有特殊标签的试验药物、标准品、对照药品或安慰剂，并保证质量合格。试验用药品应按试验方案的需要进行适当包装、保存。申办者应建立试验用药品的管理制度和记录系统。

　　7）申办者任命合格监察员，并为研究者所接受。

　　8）申办者应建立对临床试验的质量控制和质量保证系统，可组织对临床试验的稽查以保证质量。

　　9）申办者应与研究者迅速研究所发生的严重不良事件，采取必要的措施以保证受试者的安全和权益，并及时向药品监督管理部门和卫生行政部门报告，同时向涉及同一药物的临床试验的其他研究者通报。

　　10）申办者在中止一项临床试验前，必须通知研究者、伦理委员会和国家药品监督管理部门，并述明理由。

　　11）申办者负责向国家药品监督管理部门递交试验的总结报告。

　　12）申办者应对参加临床试验的受试者提供保险，对于发生与试验相关的损害或死亡的受试者承担治疗的费用及相应的经济补偿，应向研究者提供法律上与经济上的担保，但由医疗事故所致者除外。

　　13）研究者不遵从已批准的方案或有关法规进行临床试验时，申办者应指出以求纠正，如情况严重或坚持不改，则应终止研究者参加临床试验并向药品监督管理部门报告。

　　（3）监察员职责

　　1）在试验前确认试验承担单位已具有适当的条件，包括人员配备与培训情况，实验室设备齐全、运转良好，具备各种与试验有关的检查条件，有足够数量的受试者，参与研究人员熟悉试验方案中的要求。

　　2）在试验过程中监察研究者对试验方案的执行情况，确认在试验前取得所有受试者的知情同意书，了解受试者的入选率及试验的进展状况，确认入选的受试者合格。

　　3）确认所有数据的记录与报告正确完整，所有病例报告表填写正确，并与原始资料一致；所有错误或遗漏均已改正或注明，经研究者签名并注明日期；每一受试者的剂量改变、治疗变更、合并用药、间发疾病、失访、检查遗漏等均应确认并记录；核实入选受试者的退出与失访已在病例报告表中予以说明。

　　4）确认所有不良事件均记录在案，严重不良事件在规定时间内作出报告并记录在案。

　　5）核实试验用药品按照有关法规进行供应、储藏、分发、收回，并做相应的记录。

　　6）协助研究者进行必要的通知及申请事宜，向申办者报告试验数据和结果。

　　7）应清楚如实记录研究者未能做到的随访、未进行的试验、未做的检查，以及是否对错误、遗漏作出纠正。

8）每次访视后做一书面报告递送申办者，报告应述明监察日期、时间、监察员姓名、监察的发现等。

5. 记录与报告 病历作为临床试验的原始文件，应完整保存。病例报告表中的数据来自原始文件并与原始文件一致。试验中的任何观察、检查结果均应及时、准确、完整、规范、真实地记录于病历和正确地填写至病例报告表中，不得随意更改，确因填写错误，作任何更正时应保持原记录清晰可辨，由更正者签署姓名和时间。

为保护受试者隐私，病例报告表上不应出现受试者的姓名。研究者应按受试者的代码确认其身份并记录。临床试验中的资料均须按规定保存及管理。研究者应保存临床试验资料至临床试验终止后5年。申办者应保存临床试验资料至试验药物被批准上市后5年。

临床试验总结报告内容应与试验方案要求一致。

6. 数据管理与统计分析 数据管理的目的在于把试验数据迅速、完整、无误地纳入报告，所有涉及数据管理的各种步骤均需记录在案，以便对数据质量及试验实施进行检查。应具有计算机数据库的维护和支持程序，用于保证数据库的保密性。

临床试验资料的统计分析过程及其结果的表达必须采用规范的统计学方法。临床试验各阶段均须有生物统计学专业人员参与。临床试验方案中须有统计分析计划，并在正式统计分析前加以确认和细化。对于遗漏、未用或多余的资料须加以说明，临床试验的统计报告必须与临床试验总结报告相符。

7. 试验用药品管理 临床试验用药品不得销售。申办者负责对临床试验用药品作适当的包装与标签，并标明为临床试验专用。在双盲临床试验中，试验药物与对照药品或安慰剂在外形、气味、包装、标签和其他特征上均应一致。试验用药品的使用记录应包括数量、装运、递送、接受、分配、应用后剩余药物的回收与销毁等方面的信息。

试验用药品的使用由研究者负责，研究者必须保证所有试验用药品仅用于该临床试验的受试者，其剂量与用法应遵照试验方案，剩余的试验用药品退回申办者，上述过程需由专人负责并记录在案，试验用药品须有专人管理。研究者不得把试验用药品转交任何非临床试验参加者。试验用药品的供给、使用、储藏及剩余药物的处理过程应接受相关人员的检查。

8. 质量保证 申办者及研究者均应履行各自职责，并严格遵循临床试验方案，采用SOP，以保证临床试验的质量控制和质量保证系统的实施。临床试验中有关所有观察结果和发现都应加以核实，在数据处理的每一阶段必须进行质量控制，以保证数据完整、准确、真实、可靠。

药品监督管理部门、申办者可委托稽查人员对临床试验相关活动和文件进行系统性检查，以评价试验是否按照试验方案、SOP以及相关法规要求进行，试验数据是否及时、真实、准确、完整地记录。稽查应由不直接涉及该临床试验的人员执行。

对已批准的临床试验，国家药品监督管理部门和省级药品监督管理部门应当进行监督检查。临床试验期间发生下列情形之一的，SFDA可以责令申请人修改临床试验方案、暂停或者终止临床试验：①伦理委员会未履行职责的；②不能有效保证受试者安全的；③未按照规定时限报告严重不良事件的；④有证据证明临床试验用药物无效的；⑤临床试验用药物出现质量问题的；⑥临床试验中弄虚作假的；⑦其他违反GCP的情形。

9. 多中心试验　多中心试验是由多位研究者按同一试验方案在不同地点和单位同时进行的临床试验。各中心同期开始与结束试验。多中心试验由一位主要研究者总负责，并作为临床试验各中心间的协调研究者。多中心试验应当根据参加试验的中心数目和试验的要求，以及对试验用药品的了解程度建立管理系统，协调研究者负责整个试验的实施。

第三节　药品注册管理

为确保上市新药的安全性、有效性和质量可控性，规范、科学的药品注册管理制度是重要的保障。我国自从加入 WTO 后，需要遵守"与贸易有关的知识产权协议"（TRIPs 协议）。此协议要求成员国对所有产品和方法提供从原始申请日期开始至少 20 年的专利保护，这就对我国的药品注册管理工作提出了更高的要求。随着全球经济一体化速度的加快，医药产业竞争日益激烈。按照 WTO 的宗旨及有关规定的要求，结合我国实际情况和未来发展的需要，加快我国药品注册管理制度规范化、科学化、法治化、国际化进程已成为新形势下药品注册管理的迫切要求。

根据 2007 年 10 月 1 日起施行的《药品注册管理办法》规定，不同类别药品（中药、天然药物和化学药品以及生物制品）注册申报和审评的内容、要求不同。不同类别药品之间的技术要求、审批要求如果按同一模式进行，将会影响相应药品的研究进程。因此我国对新药实行注册分类制度。

一、新药注册管理

新药注册管理是药品注册管理的重要组成部分，是根据相关的规定与要求，提供完整、规范、真实、可靠的研究资料，从而证明所要注册药品的稳定性、安全性、有效性和可控性。新药注册主要指新药的临床审批和生产审批，是为保证新药临床试验安全和上市安全而进行的审查。

在新药通过审批并获准生产上市后，根据需要，国家药品监督管理部门可以对新药设立不超过 5 年的监测期。通过在监测期内对新药的生产、使用情况的监督，进一步掌握关于新药的数据资料，更好地保证新药的安全性、有效性、经济性、合理性，从而有效地保护公众健康。

新药注册管理还涉及新药的技术转让，即新药证书持有者可以将新药生产技术转让给药品生产企业，并由该企业申请生产该新药的行为。

（一）新药审批的基本程序

新药审批的基本程序包括新药临床试验审批和新药生产审批两大部分。

1. 新药临床试验审批程序　申请人完成临床前研究后，填写《药品注册申请表》，向所在地省级药品监督管理部门报送有关资料。其在接到申请人的申请后，对申报资料进行形式审查，并组织对药物研制情况及条件进行现场核查；同时抽取 1～3 个生产批号的检验用样品，并向药品检验所发出注册检验通知（接到注册检验通知的药品检验所应当对抽取的样品进行检验，对申报的药品标准进行复核，并在规定的时限内将药品注册检验报告和复核意见报送国家药品监督管理部门，同时抄送通知省级药品监督管理部门和申请人）；在规定的时限内将审查意见、核查报告及申报资料报送国家药品监督管理部门，并通知申请人。

国家药品监督管理部门收到省级报送的申报资料后，对其进行审查、受理，发给受理通知书。再由审评中心组织药学、医学和其他学科技术人员，对新药进行技术审评，必要时可以要求申请人补充资料，提供药物实样，以《药物临床试验批件》的形式，决定是否批准该药品进行临床研究。

2. 新药生产审批程序 申请人完成药物临床试验后，填写《药品注册申请表》，向所在地省级药品监督管理部门报送临床试验资料及其他变更和补充的资料，并详细说明依据和理由，同时向中国药品生物制品检定所报送制备标准品的原材料。

省级药品监督管理部门在接到申请人的申请后，对申报资料进行形式审查，并组织对生产情况和条件进行现场核查；抽取连续 3 个生产批号的样品，并向药品检验所发出注册检验通知（接到注册检验通知的药品检验所应当对抽取的样品进行检验，并在规定的时限内将药品注册检验报告报送国家药品监督管理部门，同时抄送通知其检验的省级药品监督管理部门和申请人）；在规定的时限内将审查意见、核查报告及申报资料报送国家药品监督管理部门，并通知申请人。

国家药品监督管理部门收到申报资料后，进行全面审评，必要时可以要求申请人补充资料。符合规定的，发给《药品注册批件》和新药证书；申请人已持有《药品生产许可证》并具备该药品相应生产条件的，可以同时发给药品批准文号；在批准新药申请的同时，发布该药品的注册标准和说明书；改变剂型但不改变给药途径，以及增加新适应证的注册申请获得批准后不发给新药证书；靶向制剂、缓释制剂、控释制剂等特殊剂型除外。

3. 实行特殊审批的新药 SFDA 对下列申请可以实行特殊审批：

（1）未在国内上市销售的从植物、动物、矿物等物质中提取的有效成分及其制剂，新发现的药材及其制剂。

（2）未在国内外获准上市的化学原料药及其制剂、生物制品。

（3）治疗艾滋病、恶性肿瘤、罕见病等疾病且具有明显临床治疗优势的新药。

（4）治疗尚无有效治疗手段的疾病的新药。

符合前款规定的药品，申请人在药品注册过程中可以提出特殊审批的申请，由 SFDA 药品审评中心组织专家会议讨论确定是否实行特殊审批。

（二）新药监测期的管理

完成新药审批程序后，国家药品监督管理部门根据保护社会公众健康的要求，可以对批准生产的新药设立监测期，对该新药的安全性继续进行监测。新药的监测期根据现有的安全性研究资料和境内外研究状况确定，自新药批准生产之日起计算，最长不得超过 5 年。

1. 新药监测期内其他同品种新药申请有关规定 在监测期内国家药品监督管理部门不得批准其他企业生产和进口同品种新药。具体情况是：

（1）新药进入监测期时，国家药品监督管理部门已经批准其他申请人进行药物临床研究的，该申请可以按照药品注册申报与审批程序继续办理；符合规定的，国家药品监督管理部门可以批准生产或者进口，并对境内药品生产企业生产的该新药一并进行监测。

（2）新药进入监测期时，国家药品监督管理部门对已经受理但尚未批准进行药物临床研究的其他同品种申请，应当退回申请人；该新药监测期满后，申请人可以提出已有国家标准药品的注册申请。

（3）药品生产企业对设立监测期的新药从获准生产之日起2年内组织生产的，SFDA可以批准其他药品生产企业提出的生产该新药的申请，并重新对该新药进行监测。

2. 对监测期内的新药质量与不良反应考察　对监测期内的新药，药品生产企业应当经常考察生产工艺、质量、稳定性、疗效及不良反应等情况，每年向所在地省级药品监督管理部门报告。有关药品生产、流通、使用或者检验、监督的单位发现新药有严重质量问题、严重或者非预期的不良反应，必须及时向省级药品监督管理部门报告。省级药品监督管理部门接到报告后，应当立即组织调查，并报告国家药品监督管理部门。

（三）新药技术转让

1. 新药技术转让相关规定主要内容　新药进入监测期以后，不再受理该新药技术转让的申请。新药技术的转让方是指新药证书的持有者；转让方已取得药品批准文号的，申请新药技术转让时，应当同时提出注销其药品批准文号的申请。药品技术转让的受让方应当为药品生产企业，其受让的品种剂型应当与《药品生产许可证》中载明的生产范围一致。新药证书持有者转让新药生产技术时，应当与受让方签订转让合同，将技术资料全部一次性转让给受让方，并指导受让方试制出质量合格的连续3个生产批号的样品。

新药技术转让时，应当将转让品种所有规格一次性转让给同一个药品生产企业。麻醉药品、第一类精神药品、第二类精神药品原料药和药品类易制毒化学品不得进行技术转让。第二类精神药品制剂申请技术转让的，受让方应当取得相应品种的定点生产资格。放射性药品申请技术转让的，受让方应当取得相应品种的《放射性药品生产许可证》。

2. 新药技术转让主要程序　受让方所在地省、自治区、直辖市药品监督管理部门对药品技术转让的申报资料进行受理审查，组织对受让方药品生产企业进行生产现场检查，药品检验所应当对抽取的3批样品进行检验。

国家食品药品监督管理局药品审评中心应当对申报药品技术转让的申报资料进行审评，作出技术审评意见，并依据样品生产现场检查报告和样品检验结果，形成综合意见。

国家食品药品监督管理局依据药品审评中心的综合意见，作出审批决定。符合规定的，发给《药品补充申请批件》及药品批准文号。

二、药品注册管理其他问题

药品注册管理工作除了涉及新药与进口药品的注册管理外，还包括仿制药注册管理、药品补充申请管理、药品再注册管理以及非处方药注册管理等方面的内容。

（一）仿制药注册管理

仿制药申请人应当是药品生产企业，其申请的药品应当与《药品生产许可证》载明的生产范围一致。申请仿制药注册，需要填写《药品注册申请表》，并向所在地省级药品监督管理部门报送有关资料和生产现场检查申请。

省级药品监督管理部门对申报资料进行形式审查，符合要求的予以受理，发给受理通知单。已申请中药品种保护的，自中药品种保护申请受理之日起至作出行政决定期间，暂停受理同品种的仿制药申请；自申请受理之日起 5 日内组织对生产情况和条件进行现场核查，抽取连续 3 个生产批号的样品，并向药品检验所发出注册检验通知；接到注册检验通知的药品检验所对抽取的样品进行检验，并在规定的时限内将药品注册检验报告报送国家药品监督管理部门、省级药品监督管理部门和申请人；在规定的时限内对申报资料进行审查，提出审查意见，并将审查意见、核查报告及申报资料报送国家药品监督管理部门和申请人。

SFDA 药品审评中心应当在规定的时间内组织药学、医学及其他技术人员对审查意见和申报资料进行审核，必要时可以要求申请人补充资料，并说明理由。SFDA 药品审评中心依据技术审评意见、样品生产现场检查报告和样品检验结果，形成综合意见，连同相关资料报送 SFDA，SFDA 依据综合意见，作出审批决定。符合规定的，发给药品批准文号或者《药物临床试验批件》；不符合规定的，发给《审批意见通知件》，并说明理由。

（二）药品补充申请管理

变更研制新药、生产药品和进口药品已获批准证明文件及其附件中载明事项的，应当提出补充申请。申请人应当参照相关技术指导原则，评估其变更对药品安全性、有效性和质量可控性的影响，并进行相应的技术研究工作。

申请人应当填写《药品补充申请表》，向所在地省级药品监督管理部门报送有关资料和说明。省级药品监督管理部门对申报资料进行形式审查，符合要求的，出具药品注册申请受理通知书；不符合要求的，出具药品注册申请不予受理通知书，并说明理由。SFDA 对药品补充申请进行审查，必要时可以要求申请人补充资料，并说明理由。符合规定的，发给《药品补充申请批件》；不符合规定的，发给《审批意见通知件》，并说明理由。

SFDA 对药品补充申请依据不同情况有不同审批程序：

1. 进口药品的补充申请　申请人应当向 SFDA 报送有关资料和说明，提交生产国家或者地区药品管理机构批准变更的文件。SFDA 对申报资料进行形式审查，符合要求的，出具药品注册申请受理通知书；不符合要求的，出具药品注册申请不予受理通知书，并说明理由。

进口药品的补充申请，由 SFDA 审批。其中改变进口药品制剂所用原料药的产地、变更进口药品外观但不改变药品标准，根据国家药品标准或 SFDA 的要求修改进口药说明书，补充完善进口药说明书的安全性内容，按规定变更进口药包装标签，改变注册代理机构的补充申请，由 SFDA 备案。

2. 其他情况的补充申请　修改药品注册标准、变更药品处方中已有药用要求的辅料、改变影响药品质量的生产工艺等的补充申请，由省级药品监督管理部门提出审核意见后，报送 SFDA 审批，同时通知申请人。修改药品注册标准的补充申请，必要时由药品检验所进行标准复核。

改变国内药品生产企业名称、改变国内生产药品的有效期、国内药品生产企业内部改变药品生产场地等的补充申请，由省级药品监督管理部门受理并审批，符合规定的，发给

《药品补充申请批件》，并报送 SFDA 备案；不符合规定的，发给《审批意见通知件》，并说明理由。

按规定变更药品包装标签、根据 SFDA 的要求修改说明书等的补充申请，报省级药品监督管理部门备案。对药品生产技术转让、变更处方和生产工艺可能影响产品质量等的补充申请，省级药品监督管理部门应当根据其《药品注册批件》附件或者核定的生产工艺，组织进行生产现场检查，药品检验所应当对抽取的 3 批样品进行检验。

（三）药品再注册与非处方药注册管理

1. 药品再注册管理　国家药品监督管理部门核发的药品批准文号、《进口药品注册证》或《医药产品注册证》的有效期为 5 年。有效期届满，需要继续生产或者进口的，申请人应当在有效期届满前 6 个月申请再注册。药品的再注册分为境内生产的药品与进口药品两种情况。

在药品批准文号、《进口药品注册证》或者《医药产品注册证》有效期内，申请人应当对药品的安全性、有效性和质量控制情况，如监测期内的相关研究结果、不良反应的监测、生产控制和产品质量的均一性等进行系统评价。

药品再注册申请由药品批准文号的持有者向省级药品监督管理部门提出，按照规定填写《药品再注册申请表》，并提供有关申报资料。省级药品监督管理部门对申报资料进行审查，符合要求的，出具药品再注册申请受理通知书；不符合要求的，出具药品再注册申请不予受理通知书，并说明理由。省级药品监督管理部门应当自受理申请之日起 6 个月内对药品再注册申请进行审查，符合规定的，予以再注册；不符合规定的，报 SFDA。

进口药品的再注册申请由申请人向 SFDA 提出。进口药品的再注册申请由 SFDA 受理，并在 6 个月内完成审查，符合规定的，予以再注册；不符合规定的，发出不予再注册的通知，并说明理由。

有下列情形之一的药品不予再注册：①有效期届满前未提出再注册申请的；②未达到 SFDA 批准上市时提出的有关要求的；③未按照要求完成 IV 期临床试验的；④未按照规定进行药品不良反应监测的；⑤经 SFDA 再评价属于疗效不确、不良反应大或者其他原因危害人体健康的；⑥按照《药品管理法》的规定应当撤销药品批准证明文件的；⑦不具备《药品管理法》规定的生产条件的；⑧未按规定履行监测期责任的；⑨其他不符合有关规定的情形。

SFDA 收到省级药品监督管理部门意见后，经审查不符合药品再注册规定的，发出不予再注册的通知，并说明理由。对不予再注册的品种，除因法定事由被撤销药品批准证明文件的外，在有效期届满时，注销其药品批准文号、《进口药品注册证》或者《医药产品注册证》。

2. 非处方药注册管理　申请仿制的药品属于按非处方药管理的，申请人应当在《药品注册申请表》的"附加申请事项"中标注非处方药项。申请仿制的药品属于同时按处方药和非处方药管理的，申请人可以选择按照处方药或者非处方药的要求提出申请。

属于以下情况的，申请人可以在《药品注册申请表》的"附加申请事项"中标注非处方药项，符合非处方药有关规定的，按照非处方药审批和管理；不符合非处方药有关规定的，按照处方药审批和管理：

（1）经 SFDA 确定的非处方药改变剂型，但不改变适应证或者功能主治、给药剂量以及给药途径的药品。

（2）使用 SFDA 确定的非处方药活性成分组成的新的复方制剂。

非处方药的注册申请，其药品说明书和包装标签应当符合非处方药的有关规定。进口的药品属于非处方药的，适用进口药品的申报和审批程序，其技术要求与境内生产的非处方药相同。

（四）进口药品注册管理

进口药品注册制度是指对国外已上市的药品进入本国市场前由政府主管部门进行审查、注册的制度。通常的做法是对申报的技术资料和有关的证明文件进行查验和审核评价，必要时要在进口国进行临床试验，药品质量标准要进行实验室复核审查，并确认其可控制产品的质量。

1. 进口药品注册申请　进口药品申请，是指境外生产的药品在中国境内上市销售的注册申请。进口药品包括原料药、制剂、制剂半成品和药用辅料等。进口药品注册申报与审批的具体程序如下：

（1）申请人填写《药品注册申请表》，向国家药品监督管理部门提出申请，并报送有关资料和样品，提供相关的证明文件。申请进口药品制剂，必须提供直接接触药品的包装材料和容器合法来源的证明文件以及用于生产该制剂的原料药和辅料合法来源的证明文件；原料药和辅料尚未取得国家药品监督管理部门批准的，应当报送有关生产工艺、质量指标和检验方法等研究资料。

（2）国家药品监督管理部门对申报资料进行形式审查，认为符合要求的，予以受理，出具药品注册申请受理通知书，并通知中国药品生物制品检定所组织对 3 个生产批号的样品进行注册检验；中国药品生物制品检定所完成进口药品注册检验后，应当将复核的药品标准、药品注册检验报告和复核意见报送国家药品监督管理部门；国家药品监督管理部门根据需要，可以组织对研制情况及生产条件进行现场核查，并抽取样品；国家药品监督管理部门对申报资料进行全面审评，必要时可以要求申请人补充资料；认为需要进行临床试验的，发给《药物临床试验批件》。

（3）临床试验获得批准后，申请人应当按照临床试验的有关要求进行试验；临床试验结束后，按规定向国家药品监督管理部门报送《药品注册申请表》、临床试验资料、样品及其他变更和补充的资料，并详细说明依据和理由，提供相关证明文件。

（4）国家药品监督管理部门组织对报送的临床试验等资料进行全面审评，必要时可以要求申请人补充资料。认为符合规定的，发给《进口药品注册证》；中国香港、澳门和台湾地区的制药厂商申请注册的药品，发给《医药产品注册证》。

2. 进口药品分包装注册　进口药品分包装注册的申报与审批程序如下：

（1）接受药品分包装的药品生产企业向所在地省级药品监督管理部门提出申请，提交由委托方填写的《药品补充申请表》，报送有关资料和样品。

（2）省级药品监督管理部门对申报资料进行形式审查后，认为符合要求的，予以受理，出具药品注册申请受理通知书；省级药品监督管理部门提出审核意见后，将申报资料和审核意见报送国家药品监督管理部门审批，同时通知申请人。

（3）国家药品监督管理部门对报送的资料进行审查，认为符合规定的，予以批准，发给《药品补充申请批件》和药品批准文号。

本章小结

通过对本章的学习，我们可以对我国新药研究管理和药品注册管理有了比较全面的认识和了解。本章主要阐述了国家为了确保新药安全有效而采取相关措施来规范新药的研制；以及采用规范的法定程序控制药品准入，做好药品注册管理。

第一节是新药的概述，对什么是新药作了详细的介绍，包括新药的概念、新药的分类、新药的研究程序以及和药品知识产权相关的规定。本节小资料还对药品专利的侵权行为作了补充说明。

第二节介绍了新药研究过程中的相关规定，对新药研究的质量进行规范管理。新药研究包括药物非临床研究和药物临床试验两个阶段。通过对这一节的学习我们可以了解 GLP 和 GCP 在国外和国内的发展历程，以及我国对药物非临床研究和药物临床试验所做的相关法律规定。并通过对小资料的学习了解我国 GLP 认证的相关情况。

最后一节对我国的药品注册管理作了详细的阐述。首先介绍了新药的注册管理，包括新药的审批、新药监测管理、新药技术转让等问题；其次对进口药品的注册管理作了介绍，包括注册申请、分包装注册以及相关的管理问题；最后是对仿制药注册、药品补充申请、药品再注册和非处方药注册的相关问题作了介绍。

第十章
药品生产与流通管理

案例导入

"齐二药事件"给药品生产质量管理敲响警钟

国家食品药品监督管理局（SFDA）于 2006 年 5 月 9 日发布对齐齐哈尔第二制药有限公司（以下简称"齐二药"）生产的"亮菌甲素注射液"采取紧急控制措施的通知（特急），要求各级药品监督管理部门对本辖区内每个药品经营企业和医疗机构销售、使用"齐二药"生产药品的情况进行全面检查，并做好相关药品的控制和追查工作。

2006 年 5 月 3 日广东省食品药品监督管理局报告，发现部分患者使用了"齐二药"生产的"亮菌甲素注射液"，出现了严重不良事件，致死数人。随即，SFDA 责成黑龙江省食品药品监督管理局暂停了该企业"亮菌甲素注射液"的生产，封存了库存药品，同时要求相关省级食品药品监督管理局暂控了相关批号药品。为保证人民群众的用药安全，依据《药品管理法》和《药品管理法实施条例》的有关规定，决定暂停"齐二药"生产"亮菌甲素注射液"，在全国范围内暂停销售和使用"齐二药"生产的"亮菌甲素注射液"。待有关部门出具相关药品检验报告后，再依法作出其他相应处理。

"齐二药"作为一家早在 2002 年就通过 GMP 认证的正规药厂，却用二甘醇（DEG）替代丙二醇作为辅料用于"亮菌甲素注射液"的生产，最终导致这次严重不良事件的发生。丙二醇在食品和制药工业中广泛应用，而 DEG 一般用于农药助剂，几乎不用于药品生产。DEG 与丙二醇的化学性质很接近，但两者的价差很大。按齐齐哈尔药品监督管理局局长曹永文的说法，"齐二药"所购进口丙二醇的单价为每吨 1.7 万元，而此次从江苏购得的 DEG 每吨仅 6000 多元。因成本大幅降低，"齐二药"生产的产品也在同行中价格最低，这自然成为其后来一路攻略市场的制胜法宝。然而，DEG 却对人体具有很大的毒性。权威资料显示，人摄入 DEG1ml/kg（相当于 1.116g/kg）即可发生严重中毒，其中大多数病例在用后 24 小时出现胃肠道刺激症状和肾损害的表现，严重者因肾衰竭而死亡。

这是中国首次因药用辅料不合格而引起药品致人死亡的恶性事故，也是近年来国内众多假药案中导致死亡人数最多的一例。

"齐二药"这样一家有明显生产漏洞的企业却是通过了国家 GMP 认证的正规企业。此次假药事件向全国几千家制药企业敲响了警钟，更是对各地药品监督管理部门的一种警醒。身负公共责任的政府部门必须切实肩负起监管职责，从药品审批、生产源头抓起，全面检查辖区内的 GMP 企业是否真正达到 GMP 标准，还有没有披着 GMP 合法外衣的药企在生产假药、劣药？切莫让攸关性命的药品质量监管形同虚设。

（资料来源：新华网 http：//www. xinhuanet. com/）

思考

1. 我国 GMP 管理遵循什么指导思想？
2. GMP 的执行对药品质量保证有何重要意义？
3. 世界发达国家 GMP 对我国 GMP 有何启发？

近年来，我国药害事件时有发生，上述案例就是其中比较典型的一例，这给我国药品生产企业和药品监督管理部门敲响了警钟。只有对药品生产和流通采取更严格的监督管理，不断完善相关的法律法规，才能杜绝或减少此类事件的发生。2009 年 4 月出台的《中共中央、国务院关于深化医药卫生体制改革的意见》中对药品的生产和流通管理作出明确规定：规范药品生产流通，建立严格有效的医药卫生监管体制，落实药品生产质量管理规范，加强对高风险品种生产的监管。严格实施药品经营管理规范，探索建立药品经营许可分类、分级的管理模式，加大重点品种的监督抽验力度。

第一节　药品生产质量管理

药品生产企业的质量管理是药品生产企业管理的核心内容，目的在于对药品生产全过程进行控制，防止出现差错，确保药品质量。虽然各药品生产企业生产和质量管理的实际状况千差万别，但通过几十年的实践，终于形成了一整套科学、合理的针对药品生产的管理手段和措施，这就是《药品生产质量管理规范》（Good Manufacturing Practice，GMP）。

为了确保药品的安全性和有效性，对药品生产企业实施的 GMP 认证是国家药品监督管理的重要内容，也是一种科学、先进的管理手段。它既体现了药品生产质量管理的技术规范，也体现了药品生产严格的技术标准。实行药品 GMP 认证制度，已成为国际药品贸易行为的准则，它是国际认证机构开展双边、多边认证合作的基础，现已成为一种国际惯例。

一、药品生产管理概述

药品是关系社会公众生命安危的商品，其本身所具有的使用的间接性、效能的两重性、需求的客观性和时效性以及质量的严格性和检验的专业性决定了药品是特殊的商品，所以不仅要通过严格的检验来证明其质量状况，而且要通过在药品生产的全过程中实施科学、全面的质量管理和严密的监控来保证获得预期的质量。

（一）药品生产企业开办与管理

我国对药品生产企业实行药品生产许可证制度。《药品管理法》规定，开办药品生产企业，须经企业所在地省级药品监督管理部门批准并发给《药品生产许可证》，凭《药品生产许可证》到工商行政管理部门办理登记注册。无《药品生产许可证》的，不得生产药品。

1. 药品生产企业（车间）的申请与审批

（1）申请：新开办药品生产企业，申请人应当向拟办企业所在地省级药品监督管理部门提出申请，并提交《药品生产质量管理规范认证管理办法》规定的相应材料，同时，申请人应当对其申请材料全部内容的真实性负责。

新开办药品生产企业、药品生产企业新建药品生产车间或者新增生产剂型的，应当自取得药品生产证明文件或者经批准正式生产之日起30日内，按照国家药品监督管理部门的规定向相应的药品监督管理部门申请GMP认证。

（2）审批：省级药品监督管理部门是新开办药品生产企业（车间）审批的主体。审批程序为：省级药品监督管理部门收到申请后，应当根据情况分别作出相应处理，并于收到申请之日起30个工作日内，作出决定。无论受理或不予受理药品生产企业开办申请，均应出据加盖本部门受理专用印章并注明日期的《受理通知书》或《不予受理通知书》。

经审查符合规定的，予以批准，并自书面批准决定作出之日起10个工作日内核发《药品生产许可证》；不符合规定的，作出不予批准的书面决定，并说明理由，同时告知申请人享有依法申请行政复议或者提起行政诉讼的权利。

药品监督管理部门批准开办药品生产企业，要配合国家经济宏观调控部门执行药品行业发展规划和产业政策的规定。《药品管理法》在立法中，明确规定审批药品生产企业除满足规定的条件外，还应当符合国家制定的药品行业发展规划和产业政策，防止重复建设。这一法律规定，决定了药品监督管理部门必须配合有关行业部门严格审批程序。

2.《药品生产许可证》的变更管理　《药品生产许可证》载明的项目有：许可证编号、企业名称、法定代表人、企业负责人、企业类型、注册地址、生产地址、生产范围、发证机关、发证日期、有效期限等项目。其中由药品监督管理部门核准的许可事项为：企业负责人、生产范围、生产地址。与工商行政管理部门核发的营业执照中载明的相关内容一致的登记事项为：企业名称、法定代表人、注册地址、企业类型等项目。

《药品生产许可证》的变更分为许可事项变更和登记事项变更。《药品生产许可证》变更后，原发证机关应当在《药品生产许可证》副本上记录变更的内容和时间，并按照变更后的内容重新核发《药品生产许可证》正本，收回原《药品生产许可证》正本，变更后的《药品生产许可证》有效期不变。

（1）许可事项变更：项目许可事项变更是指企业负责人、生产范围、生产地址的变更。药品生产企业变更《药品生产许可证》许可事项的，应当在原许可事项发生变更30日前，向原发证机关提出《药品生产许可证》变更申请。未经批准，不得擅自变更许可事项。关于许可事项的变更相关要求如下：

1）原发证机关应当自收到企业变更申请之日起15个工作日内作出是否准予变更的决定；不予变更的，应当书面说明理由，并告知申请人享有依法申请行政复议或者提起行政诉讼的权利。

2）变更生产范围或者生产地址的，药品生产企业应当按照《药品生产监督管理办法》第五条的规定，提交涉及变更内容的有关材料，并报经所在地省级药品监督管理部门审查决定。

3）药品生产企业依法办理《药品生产许可证》许可事项的变更手续后，应当及时向工商行政管理部门办理企业注册登记的变更手续。

（2）登记事项变更：登记事项变更是指企业名称、法定代表人、注册地址、企业类型等项目的变更。

药品生产企业变更《药品生产许可证》登记事项的，应当在工商行政管理部门核准变更后 30 日内，向原发证机关申请《药品生产许可证》变更登记。原发证机关应当自收到企业变更申请之日起 15 个工作日内办理变更手续。

3. 《药品生产许可证》的换发、补发与缴销　《药品生产许可证》由国家药品监督管理部门统一印制。《药品生产许可证》分正本和副本，正本、副本具有同等法律效力，有效期为 5 年。《药品生产许可证》有效期届满，需要继续生产药品的，药品生产企业应当在有效期届满前 6 个月，向原发证机关申请换发《药品生产许可证》。

（1）《药品生产许可证》的换发：原发证机关结合企业遵守法律法规、GMP 和质量体系运行情况，按照《药品生产监督管理办法》关于药品生产企业开办的程序和要求进行审查，在《药品生产许可证》有效期届满前作出是否准予其换证的决定；符合规定准予换证的，收回原证，换发新证。不符合规定的，作出不予换证的书面决定，并说明理由，同时告知申请人享有依法申请行政复议或者提起行政诉讼的权利；逾期未作出决定的，视为同意换证，并予补办相应手续。

（2）《药品生产许可证》的补发：《药品生产许可证》遗失的，药品生产企业应当立即向原发证机关申请补发，并在原发证机关指定的媒体上登载遗失声明；原发证机关在企业登载遗失声明之日起满 1 个月后，按照原核准事项在 10 个工作日内补发《药品生产许可证》。

（3）《药品生产许可证》的缴销：药品生产企业终止生产药品或者关闭的，由原发证机关缴销《药品生产许可证》，并通知工商行政管理部门。

（二）药品生产管理原则和相关术语

1. 药品生产管理原则

（1）以顾客为核心：这是 2000 版 ISO9000 族国际标准提出的八项质量管理原则的首要原则。而药品是关系生命安危的特殊商品，认清顾客对药品需求的特殊性，强化企业全员的 GMP 意识和质量意识，是十分必要的。GMP 认证是体现社会公众意志的国家权力机关对制药企业能否提供符合 GMP 要求的药品监督检查措施。只有实施 GMP 并通过认证，才能说明制药企业具备了起码的"以顾客为核心"的企业理念，否则，就会被时代所淘汰。

（2）全员参与管理：我国 GMP 对各级人员都提出了要求。对各级人员的 GMP 培训是必需的过程，实质上，GMP 是体现"全员参与"、"全程参与"和"全面参与"的全面质量管理在制药企业的具体运用。在质量管理原则中，"全员参与"不仅体现了"以人为本"的管理思想，也体现了对员工的激励和培养、对人力资源的开发，使员工强化 GMP 意识，对其业绩有责任感，勇于为参与企业的持续改进作出贡献。GMP 文件规定了员工岗位的标准操作规程（SOP），个人责任制与企业产品质量联系在一起，会促进企业全面质量的管理与 GMP 水平的提高，保证企业产品的质量。

（3）全程质量管理：在制药企业的 GMP 诸要素中，在企业组织机构内部和机构之间，都有许多可系统识别的过程和关键活动。因此，建立完善的质量管理体系，形成全过程封闭式的质量控制环，是我国制药企业全面实施 GMP 的关键。

（4）预防为主的原则：药品的质量形成是在生产过程中，要靠全过程的质量管理来维持的。严格控制药品生产过程中潜在的可能影响药品质量的因素，从而保证所生产药品的质量满足国家标准的要求和患者的需求。

（5）持续改进措施：制药企业要把产品、过程和体系的持续改进作为组织内每个成员的目标。世界生卫组织（WHO）的 GMP 和各国的 GMP 有一个共同的特点，就是 GMP 仅指明要求的目标，而没有列出达到这些目标的具体解决办法。这就要对员工进行持续改进方法等相关内容的培训，在组织内应用始终如一的方法来持续改进组织的业绩，以质量求生存，向管理要效益。

2. 药品生产管理相关术语

（1）物料（material）：指原料、辅料和包装材料。就药品制剂而言，原料特指原料药；就原料药而言，原料是指用于原料药生产的除包装材料以外的其他物料。

（2）批号（batch/lot number）：用于识别一个特定批次的具有唯一性的数字和（或）字母的组合。

（3）物料平衡（reconciliation）：产品或物料理论产量或理论用量与实际产量或用量之间的比较，并适当考虑可允许的正常偏差。

（4）工艺规程（processing instruction）：为生产特定数量的成品，规定所需原辅料和包装材料的数量、加工说明（包括中间控制）、注意事项的一个或一套文件，包括生产工艺规程和包装工艺规程。

（5）操作规程（standard operating procedures）：指阐述药品生产直接或间接相关操作、注意事项及应采取措施等的文件。

（6）洁净室（区）（clean area）：需要对环境中尘粒及微生物污染进行控制的房间（区域），其建筑结构、装备及其使用均具有防止该区域内污染物的引入、产生和滞留的功能。

（7）验证（validation）：证明任何操作规程（或方法）、生产工艺或系统能达到预期结果的有文件证明的一系列活动。

（8）质量标准（specification）：详细阐述生产过程中所用物料、所得产品必须符合的技术要求；质量标准是质量评价的基础。

（9）质量保证（quality assurance）：是指为确保产品符合预定用途所需质量要求的有组织、有计划的全部活动总和。

（三）药品委托生产管理

药品委托生产是已经取得药品批准文号的企业，委托其他药品生产企业生产该药品品种的行为。疫苗制品、血液制品以及国家药品监督管理部门规定的其他药品不得委托生产。麻醉药品、精神药品的委托生产按照《麻醉药品和精神药品生产管理办法（试行）》中的相关规定办理，药品类易制毒化学品、医疗用毒性药品、放射性药品的委托生产按照相关规定办理。

1. 委托生产的申请与审批　进行药品委托生产，委托方应向国家药品监督管理部门或者省级药品监督管理部门提出申请，并提交相应的申请材料。受理申请的药品监督管理部门按照规定的条件对药品委托生产的申请进行审查，并作出决定。经审查符合规定的予以批准，并向委托方发放《药品委托生产批件》；不符合规定的，书面通知委托方并说明理由，同时告知其享有依法申请行政复议或者提起行政诉讼的权利。省级药品监督管理部门应当将药品委托生产的批准、备案情况报国家药品监督管理部门。注射剂、生物制品（不含疫苗制品、血液制品）和跨省的药品委托生产申请，由国家药品监督管理部门负责受理和审批。

药品生产企业接受境外制药厂商的委托在中国境内加工药品的，应当向所在地省级药品监督管理部门备案，所加工的药品不得以任何形式在中国境内销售、使用。

《药品委托生产批件》有效期不得超过2年，且不得超过该药品批准证明文件规定的有效期限。

2. 对委托双方的要求

（1）委托方：委托生产的药品，其批准文号不变，质量责任仍由委托方承担，委托方负责对委托生产的全过程进行监督和指导；负责对受托方的生产条件、生产技术水平、质量管理情况进行详细考查，确认其有顺利完成委托工作的能力，确认采用委托方式仍能保证遵照执行GMP的原则和要求。

委托方应向受托方提供所有必要的资料，以使受托方能够按药品注册批准和其他法定要求正确实施所委托的操作。委托方应让受托方充分了解与产品或操作相关的各种问题，包括产品或操作有可能对受托方的厂房、设备、人员及其他物料或产品造成的危害。

（2）受托方：药品委托生产的受托方应当是持有与生产该药品的生产条件相适应的《药品GMP证书》的药品生产企业。受托方必须具备足够的厂房、设备以及人员，以便顺利完成委托方所委托的工作；应确保所有收到的物料、中间产品和待包装产品适用于预定用途。受托方不得从事任何可能对委托生产或检验的产品质量有不利影响的活动。

3. 对委托药品的管理　委托生产药品的质量标准应当执行国家药品质量标准，其处方、生产工艺、包装规格、标签、说明书、批准文号等应当与原批准的内容相同。在委托生产的药品说明书和标签上，应当标明委托方企业名称和注册地址、受托方企业名称和生产地址。

二、《药品生产质量管理规范》（GMP）

GMP是世界各国对药品生产全过程监督管理普遍采用的法定技术规范，是20世纪70年代中期发达国家为保证药品生产质量管理的需要而制定的，并由WHO向各国推荐采用的技术规范。监督实施GMP是药品监督管理工作的重要内容，是保证药品质量和用药安全有效的可靠措施。

1998年原国家药品监督管理局（SDA）成立后，对原有的GMP内容重新修订，并于1999年颁布，随着2001年《药品管理法》的实施，确定了GMP的强制性质。

（一）GMP 对机构与人员的规定

GMP 的要求分为对机构的要求和对人员的要求。机构是药品生产和质量管理的组织保证，人员则是药品生产和质量管理的执行主体。GMP 要求药品生产企业在机构设置的过程中要遵循因事设岗、因岗配人的原则，使全部质量活动能落实到岗位、人员。各部门既要有明确的分工，又要相互协作、相互制约。

1. GMP 对机构的要求　药品生产企业的内部机构设置一般为：质量管理部门（根据实际情况，可以分别设立质量保证部门和质量控制部门）、生产管理部门、工程部门、供应部门、研究开发部门、市场营销部门、人事部门。另外，企业的质量管理部门均应独立于其他部门。

（1）质量管理部门：负责企业质量管理体系运行过程中的质量协调、监督、审核和评价工作；负责药品生产全过程的质量检验和质量监督工作；开展质量审核，在企业内部提供质量保证。

（2）生产管理部门：负责生产质量管理文件的编写、修订、实施；制订生产计划，下达生产指令；负责或参与质量管理文件的编写、修订、实施；对产品制造、工艺规律、卫生规范等执行情况进行监督管理；解决生产过程中所遇到的技术问题；会同有关部门进行生产工艺等的验证；做好技术经济指标的统计和管理工作。

（3）工程部门：负责企业设备、设施的维修、保养和管理；组织设备、设施的验证工作；保证计量器具的准确性；保证提供符合生产工艺要求的水、电、气、风、冷等。

（4）供应部门：严格按物料的质量标准要求供货；对供应商进行管理，保证供货渠道的畅通；配合质量管理部门进行供应商质量体系的评价工作。

（5）研究开发部门：制定成品的质量规格和检验方法；确定中间控制项目、方法与标准；确定生产过程；选择合适的包装形式并制定包装材料的质量规格；确定药品的稳定性等。

（6）销售部门：负责市场开发工作；确保药品售后的可追踪性；负责将产品质量问题、用户投诉信息及时反馈给质量管理部门和生产管理部门。

（7）人事部门：根据 GMP 对人员的任职要求，负责各类人员的配置工作；负责编制员工培训计划，组织实施、检查、考核。

2. GMP 对人员的要求　人员是药品生产和推行 GMP 的首要条件，是 GMP 中最关键、最根本的因素。GMP 不仅要求各级机构和人员职责明确，并配备一定数量的与药品生产相适应的具有专业知识、生产经验及组织能力的管理人员和技术人员（包括一定数量的注册执业药师），也对人员的培训作了全面的要求，强调培训工作的针对性、有效性、持续性。

（1）人员资质要求

1）企业主管药品生产管理和质量管理的负责人：应具有医药或相关专业大学本科以上学历，有药品生产和质量管理经验，对 GMP 的实施和产品质量负责。

2）药品生产管理部门和质量管理部门的负责人：应具有医药或相关专业大学本科以上学历，有药品生产和质量管理的实践经验，有能力对药品生产和质量管理中的实际问题作出正确的判断和处理；与此同时，根据产品的不同，生产管理部门和质量管理部门的负责人应该具有相应的专业知识。GMP还明确要求，这两个部门的负责人不得互相兼任。

3）从事药品生产操作及质量检验人员：应经专业技术培训，具备专业基础知识和实际操作技能。

4）产品放行责任人：具有药学或相关专业（如医学、化学、药物化学、药物分析、药物制剂学、药理学、生物学、生物化学、中药学等）大学本科以上学历，至少具有5年药品生产和质量管理的实践经验，从事过药品生产过程控制和质量检验工作。

（2）人员的培训要求

1）全员培训的要求：对药品生产企业所有员工进行培训，是全面质量管理的要求之一。与此同时，还要建立完善的培训体系，即培训制度、培训计划、培训记录等，创造企业的培训氛围、重视培训结果，加强员工的质量意识及实际操作技能，灌输GMP的质量意识。

2）培训内容的要求：确定培训对象，并根据培训的对象确定培训内容，制定教育方案，培训的基本内容应包括：药品管理法、GMP、GMP实施指南、质量及质量体系的概念、质量职能及各部门职责、工艺规程、岗位操作法、SOP、药品流通管理办法、GSP、标准化法和计量法、药品包装、标签、说明书的管理规定、职业道德、环境卫生的要求等内容。

3）考核与培训档案：受培训教育的员工，经培训后应进行考核，同时建立员工的培训档案。

（二）GMP对硬件、软件的要求

1. GMP硬件条件 GMP硬件建设是一个专业技术要求高、政策性强、牵涉面广的系统工程。涉及厂址的选择、厂区的工艺布局、洁净室以及设备的选择等方面的内容。

（1）厂址的选择：药品生产企业的厂房、设施等硬件条件是实施GMP的基础条件，也是保证药品质量的先决条件。GMP对药品生产企业的厂房、设施的总体要求是：

1）厂房位置应选择在大气含尘、含菌浓度低，无有害气体，自然环境好的区域。

2）应远离铁路、码头、机场、交通要道以及散发大量粉尘和有害气体的工厂等严重空气污染、水质污染、振动或噪声干扰的区域。如不能远离严重空气污染区时，则应位于其全年最大频率风向上风侧（或全年最小频率风向的下风侧）。

3）厂区按生产、行政、生活和辅助区的总体布局应合理，不得互相妨碍。

4）医药工业洁净厂房应布置在厂区环境整洁且人流、货流不穿越或少穿越的区域，并考虑产品工艺特点和防止生产时的交叉污染，合理布局，间距恰当。

5）厂区主要道路分布应贯彻人流和货流分流的原则。

6）洁净厂房周围应绿化，可铺植草坪，尽量减少厂区内露土地面。

（2）对厂区工艺布局的要求

1）厂房应按生产工艺流程及所要求的空气洁净级别进行合理布局，防止人流、物流之间的混杂和交叉污染。

2）以下药品的生产必须设置独立厂房，并符合相应的布置要求：①生产青霉素类等高致敏性药品的生产厂房必须设置独立厂房，分装室应保持相对负压，排至室外的废气应经净化处理并符合要求，排风口应远离其他空气净化系统的进风口。生产β-内酰胺结构类药品必须使用专用设备和独立的空气净化系统，并与其他药品生产区域严格分开；②避孕药品、卡介苗、结核菌素的生产厂房，要与其他药品的生产厂房严格分开；③中药材的前处理、提取、浓缩必须与其制剂生产严格分开；动物脏器、组织的洗涤或处理，必须与其制剂生产严格分开；④含不同核素的放射性药品的生产区必须分开，生产区排出的空气不应循环使用，排气中应避免含有放射性微粒，符合国家关于辐射防护的要求与规定；⑤激素类、抗肿瘤类化学药品的生产区域应避免与其他药品使用同一设备和空气净化系统；不可避免时，应采用有效的防护措施和必要的验证；⑥生产用菌毒种与非生产用菌毒种、生产用细胞与非生产用细胞、强毒与弱毒、死毒与活毒、脱毒前与脱毒后的制品和活疫苗与灭活疫苗、人血液制品、预防制品的生产区域，其加工或灌装不得同时在同一生产厂房内进行，其贮存要严格分开；不同种类的活疫苗的处理及灌装应彼此分开；强毒微生物及芽孢菌制品的区域与相邻区域应保持相对负压，并有独立的空气净化系统。

3）厂房应有防止昆虫和其他动物进入的设施。

4）人员净化用室和生活用室的设置，应符合下列要求：①洁净厂房入口处应有净鞋设施；②人员净化用室中，外衣存衣柜和洁净工作服柜应按定员每人一柜；③盥洗室应设洗手和消毒设施，宜装手烘干器；④厕所和浴室不得设在洁净室（区）内，宜设在人员净化用室外；⑤洁净区域的入口处应设置气闸室或空气吹淋室。

（3）对洁净室的要求

1）洁净室的分级

根据 GMP（1998 年版）的规定，药品生产洁净室（区）的空气洁净度划分为 4 个级别，其尘粒和微生物的最大允许数见表 10-1。

表 10-1　　GMP（1998 年版）洁净室（区）空气洁净度级别表

洁净度级别	每立方米尘粒最大允许数		微生物最大允许数	
	≥0.5μm	≥5μm	每立方米浮游菌	每皿沉降菌
100 级	3500	0	5	1
10000 级	350000	2000	100	3
100000 级	3500000	20000	500	10
300000 级	10500000	60000	1000	15

新版 GMP 在修订中参照并借鉴了欧盟 GMP 基本要求和 WHO 的相关要求，其最大的变化来源于无菌制品领域，调整了无菌制剂生产区域的空气洁净度要求，实行 A、B、C、D 四级标准，具体要求见表 10-2。

对各类药品生产环境的空气洁净度级别的要求是不同的。其中，无菌药品生产环境分为最终灭菌药品、非最终灭菌药品和其他无菌药品，具体要求见表 10-3。

表 10－2　　　　　　　　　　洁净室（区）空气洁净度级别表

| 洁净度级别 | 每立方米悬浮粒子最大允许数 | | | |
| | 静态 | | 动态 | |
	≥0.5μm	≥5μm	≥0.5μm	≥5μm
A 级	3500	1	3500	1
B 级	3500	1	350000	2000
C 级	350000	2000	3500000	20000
D 级	3500000	20000	不作规定	不作规定

注：静态是指所有生产设备均已安装就绪，但未运行且没有操作人员在场的状态；动态是指生产设备按预定的工艺模式运行并有规定数量的操作人员在现场操作的状态。

表 10－3　　　　　GMP（1998 年版）无菌药品对生产环境空气洁净度的要求

级别	最终灭菌药品	非最终灭菌药品	其他无菌药品
100 级或 10000 级监督下的局部 100 级	大容量注射剂（≥50ml）的灌封	灌装前不需要除菌滤过的药液配制；注射剂的灌封、分装和压塞；直接接触药品的包装材料最终处理后的暴露环境	——
10000 级	注射剂的稀配、滤过；小容量注射剂的灌封；直接接触药品的包装材料的最终处理	灌装前需除菌滤过的药液配制	——
100000 级	注射剂浓配或采用密闭系统的稀配	轧盖，直接接触药品的包装材料最后一次精洗的最低要求	供角膜创伤或手术用滴眼剂的配制和灌装

此外，新版 GMP 也按照欧盟及 WHO 对于空气洁净度级别的划分对各类药品生产环境的空气洁净度级别进行要求，具体内容见表 10－4。

表 10－4　　　　　　　　无菌药品对生产环境空气洁净度的要求

级别	最终灭菌药品	非最终灭菌药品
B 级背景下的 A 级	——	产品灌装（或灌封）、分装、压塞、轧盖；灌装前无法除菌过滤的药液或产品的配制；冻干过程中产品处于未完全密封状态下的转运；药包材灭菌后的装配、存放以及处于未完全密封状态下的转运；无菌原料药的粉碎、过筛、混合、分装
C 级背景下的局部 A 级	容易长菌、灌装速度很慢、灌装用容器为广口瓶、容器须暴露数秒后方可密闭等状况的产品灌装（或灌封）	——
B 级	——	冻干过程中产品处于完全密封容器内的转运；药包材灭菌后处于完全密封容器内的转运

级别	最终灭菌药品	非最终灭菌药品
C 级	产品灌装（或灌封）；容易长菌、配制后需等待较长时间方可灭菌或不在密闭容器中配制等状况产品的配制和过滤；滴眼剂、眼膏剂、软膏剂、乳剂和混悬剂的配制、灌装（或灌封）；药包材最终清洗后的处理	灌装前可除菌过滤的药液或产品的配制；产品的过滤
D 级	轧盖；灌装前物料的准备；产品配制和过滤；药包材的最终清洗	药包材的最终清洗、装配或包装、灭菌

注：产品配制和过滤是指浓配或采用密闭系统的稀配。

2）洁净室的环境要求：①GMP 要求洁净室（区）的内表面应平整光滑、无裂缝、接口严密、无颗粒物脱落，并能耐受清洗和消毒，墙壁与地面的交界处宜成弧形或采取其他措施，以减少灰尘积聚，便于清洁；②洁净室（区）内各种管道、灯具、风口以及其他公用设施，在设计和安装时应考虑使用中避免出现不易清洁的部位；③洁净室（区）应根据生产要求提供足够的照明。主要工作室的照度宜为 300lx；对照度有特殊要求的生产部位可设置局部照明。厂房应有应急照明设施；④进入洁净室（区）的空气必须净化，并根据生产工艺要求划分空气洁净级别。洁净室（区）内空气的微生物数和尘粒数应定期监测，监测结果应记录存档；⑤洁净室（区）的窗户、天棚及进入室内的管道、风口、灯具与墙壁或天棚的连接部位均应密封。空气洁净级别不同的相邻房间之间的静压差应大于 5Pa，洁净室（区）与室外大气的静压差应大于 10Pa，并应有指示压差的装置；⑥洁净室（区）的温度和相对湿度应与药品生产工艺要求相适应。无特殊要求时，温度应控制在 18℃～26℃，相对湿度应控制在 45%～65%；⑦洁净室（区）内安装的水池、地漏不得对药品产生污染；⑧不同空气洁净度级别的洁净室（区）之间的人员及物料出入，应有防止交叉污染的措施。

3）洁净室（区）的具体管理要求：①洁净室（区）内人员数量应严格控制；其工作人员（包括维修、辅助人员）应定期进行卫生和微生物学基础知识、洁净作业等方面的培训及考核；对进入洁净室（区）的临时外来人员应进行指导和监督；②洁净室（区）与非洁净室（区）之间必须设置缓冲设施，人、物流走向合理；③100 级洁净室（区）内不得设置地漏，操作人员不应裸手操作，当不可避免时，手部应及时消毒；④10000 级洁净室（区）使用的传输设备不得穿越较低级别区域；⑤100000 级以上区域的洁净工作服应在洁净室（区）内洗涤、干燥、整理，必要时应按要求灭菌；⑥洁净室（区）内设备保温层表面应平整、光洁，不得有颗粒性物质脱落；⑦洁净室（区）内应使用无脱落物、易清洗、易消毒的卫生工具，卫生工具要存放于对产品不造成污染的指定地点，并应限定使用区域；⑧洁净室（区）在静态条件下检测尘埃粒子数、浮游菌数或沉降菌数必须符合规定，应定期监控动态条件下的洁净状况；⑨洁净室（区）的净化空气如可循环使用，应采取有效措施避免污染和交叉污染；⑩空气净化系统应按规定清洁、维修、保养，并记录。

（4）对设备的要求：设备是生产进行的必备条件，GMP 对于设备不仅要其满足工艺生产技术的要求、不污染环境和药物，而且要利于清洗、消毒或灭菌，并适应设备验证的需要。

1）设备选择：药品生产企业的设备在设计、选型、安装时应符合生产要求，易于清洗、消毒或灭菌，便于生产操作和维修、保养，并能防止差错和减少污染。与药品直接接触的设备表面应光洁、平整、易清洗或消毒、耐腐蚀，不与药品发生化学变化或吸附药品。设备所用的润滑剂、冷却剂等不得对药品或容器造成污染。与设备连接的主要固定管道应标明管内物料的名称、流向。

2）工艺用水系统：工艺用水技术是制药工艺的重要组成及必需的技术支撑。在工艺用水的生产过程中，不仅要对生产过程进行监控，而且最终产品要符合国家标准。

2. GMP 软件条件 药品生产企业 GMP 管理的软件系统不仅反映了企业的生产管理、质量管理以及调控水平，也反映了企业贯彻 GMP 的程度。

（1）文件管理：建立质量管理体系文件的管理制度，是规范企业质量管理体系文件的起草、审核、批准、印制、发布、保管、修订、废除与收回的部门及其职责的重要措施。

1）质量管理体系文件管理制度：企业主要负责人负责质量管理文件的批准、执行、修订、废除。质量管理部门负责质量管理体系文件的起草、审核、印制、存档、发放、复制、回收和监督销毁以及协助企业主要负责人每年定期对企业质量体系文件的执行情况和体系文件管理程序的执行情况进行检查和考核，并对检查和考核过程进行记录。质量管理体系文件执行前，应由质量管理部门组织相应岗位工作人员进行培训。在文件的编制过程中，要求必须保证文件的系统性、动态性、适用性、严密性、可追溯性。分发、使用的文件应为批准的现行文本。已撤销和过时的文件除留档备查外，不得在工作现场出现。

质量管理体系文件管理程序主要包括：①文件的起草；②文件的审核和批准；③文件的印制和发放；④文件执行情况的监督检查；⑤文件的修订；⑥文件系统的管理及归档。

2）GMP 的文件系统：GMP 的文件系统包括技术标准、工作标准、管理标准、管理文件四部分：①技术标准，是指药品生产技术活动中，由国家、地方、行政及企业颁布和制定的技术性规范、准则、规定、办法、规格标准、规程和程序等书面要求，如药典规定的注射用水质量标准等；②工作标准，是指以人或人群的工作为对象，对工作范围、职责、权限以及工作内容考核等所提出的规定、标准、程序等书面要求，如岗位责任制度；③管理标准，是指药品生产企业为了行使生产计划、指标、控制等管理职能，使之标准化、规范化而规定的制度、规定、标准、办法等书面要求；④管理文件，分为产品生产管理文件和产品质量管理文件，管理文件是 GMP 管理的核心文件。

（2）生产管理：GMP 对生产管理主要是通过制定和实施与生产有关的各种管理制度来实现的。通过对生产全过程以及影响生产质量的各种因素进行严格控制，从而确保产品质量。生产管理的要点是：①有清晰、准确、有效的生产管理文件；②对工艺过程、批号、包装、生产记录、不合格品、物料平衡检查和清场检查等实施全面管理；③杜绝一切可能产生药品污染和交叉污染的因素。

生产管理主要包括生产管理文件、生产过程管理、灭菌管理及工艺用水管理。

（3）物料管理：GMP 控制生产全过程所有影响药品质量因素的指导思想，决定了为保证药品质量，必须对从原料到成品乃至销售的全过程进行控制。原辅料作为药品生产的源头，直接影响药品的最终质量。因此，实施 GMP 必须从源头抓起，对用于药品生产的原辅料及包装材料进行管理。

物料的管理包括建立物料管理系统，确定物料管理制度和进行仓储管理三个部分。

（4）验证管理：验证的过程是保证生产状态符合药品质量要求的重要保障，是用以证实在药品生产和质量控制中所用的厂房、设施、设备、原辅材料、生产工艺、质量控制方法以及其他有关的活动或系统确实能达到预期目的的一系列活动，是涉及药品生产全过程及 GMP 各要素的系统工程。

（5）卫生管理：药品生产企业应有防止污染的卫生措施，制定各项卫生管理制度，并由专人负责。对清洁规程、工作服、工作人员都有相关规定。

（6）质量管理：GMP 本身就是围绕质量管理而提出的规范化要求。GMP 强调了药品生产企业质量管理部门应负责药品生产全过程的质量管理和检验，并受企业负责人领导。

药品生产企业质量管理部门具体工作内容包括质量标准的管理、质量检验、质量控制及供应商质量体系评估工作。

（7）自检与审计：GMP 要求药品生产企业应定期组织自检，自检应按预定的程序，对人员、厂房、设备、文件、生产、质量控制、药品销售、用户投诉和产品收回的处理等项目定期进行检查，以证实与 GMP 的一致性，而且，自检应有记录。自检完成后应形成自检报告，并进行整改和跟踪检查，以达到 GMP 的要求并持续改进。自检报告的内容包括自检的结果、评价的结论以及改进措施和建议。

自检实质上是企业内部的一种审计形式，企业在自检的基础上还可以对企业内部进行审计。审计是针对制药企业质量管理体系的全面检查，是完善和提高产品质量管理的过程。GMP 审计主要是检查生产企业对于 GMP 的执行情况，所有的申报文件以及数据资料的真实性、准确性。审计主要包括质量管理部门审计、生产管理部门审计、产品工艺验证审计、供应商审计、委托生产审计、自动化和计算机系统审计、制药用水系统审计、空调净化系统审计、产品质量回顾的审计、偏差处理的审计、机构与人员审计和变更管理的审计等。为了统一药品生产企业内部审计的模式，帮助药品生产企业完善药品质量管理体系，降低药品生产中的质量风险，SFDA 药品认证管理中心于 2007 年 3 月 6 日起，陆续发布了十二个审计模板，这些模板属非强制性技术标准，企业可以根据药品 GMP 原则和自身情况进行调整。每一个参考模板均包括审计报告、审计记录、存在问题及整改建议。审计报告中需有明确的审计结论，对审计发现的问题应结合企业整个质量体系、生产产品进行风险评估，同时提出整改方向的建议。

（8）产品售后管理：药品由生产线转移到市场，并非药品生产企业对药品质量监控任务的终结。GMP 要求必须对药品销售进行管理，包括药品退货、收回及处理均应制定管理制度和 SOP，同时建立药品投诉和不良反应监测与报告制度，负责管理用户对药品质量的投诉和药品不良反应的监测。

資料链接

美国的 GMP

作为制药企业生产质量的法规——GMP 最早出现在美国，至今已有四十余年的历史。由最初美国食品药品管理局（FDA）于 1963 年颁布的世界上第一部 GMP，以及 WHO 20 世纪 60 年代积极组织推广的自愿性标准开始，目前已有 100 多个国家、地区和组织都制定发布了各自的药品 GMP，分别以法规或指南形式，作为药品生产管理的共同准则和实施国际药品贸易中质量证明的共同制度，各国也都认识到 GMP 将人为的差错控制在最低的限度以及在防止药品的污染，保证高质量产品的质量管理体系中所蕴含的科学态度和科学管理，因此 GMP 已成为国际社会共同认可的准则。

美国的 GMP 被称为《药品生产管理规范》（Current Good Manufacturing Practice，cGMP），其在美国的实施和发展一直居世界领先地位。FDA 严格执行 GMP 管理，在 80 年代后期加强了关注、扩大监督和检查原料药生产的 GMP 管理要求，是因为 FDA 注意到原料药质量对制剂生产起重要作用。为此，1991 年 FDA 制定了"FDA 原料药检查准则"，作为实施 GMP 的辅助准则。

近年来，由于基因工程药品的发展，对此工艺生产验证主要针对生物反应器的洁净规程验证，并开发了洁净验证导则，如 FDA 1992 年的生物工艺检查导则和 1993 年制定的大西洋中部地区的洁净验证检查导则。

FDA 对 cGMP 的改进方向有：对原料药厂的检查，加强药品广告工作和标签的改进，加快新药申请审批工作，采用计算机辅助新药申请，对原料药和化验室制定新的 cGMP 准则，加强质量控制的培训工作，提出电子鉴定签字，继续改进、更新质量管理制度，加强药品生产中间过程产品的检查，由用户参加鉴定产品质量，考虑将统计学应用于工艺管理等。

第二节　药品流通质量管理

药品的流通，既有一般商品流通的共性，又存在许多特殊之处。因此，国家对药品流通环节的很多方面，如药品经营许可、药品流通渠道、药品经营过程的质量保证体系等都实施了严格的管理。药品经营是药品流通的关键环节，药品经营质量管理是药品生产质量管理的延伸，也是公众获得合格药品的重要保证。在我国药品经营企业建立和实施质量保证体系的依据和操作原则是《药品经营质量管理规范》（Good Supplying Practice，GSP）。

为了更好的对药品经营企业的药品经营质量管理进行监督检查，实施 GSP 认证就是检定药品经营企业应具备的竞争实力的有效办法。在我国，GSP 认证已成为药品经营企业质量管理的一个发展方向。

一、药品经营管理概述

随着我国市场经济的日趋成熟，药品经营企业要在激烈竞争的市场中站稳脚跟并得到发展，单纯依靠营销手段是远远不够的，必须以保证药品质量为基础。而药品流通企业想要保证药品质量并赢得市场最根本的依据就是要认真实施 GSP，尽快使企业的质量管理向规范化、科学化、法治化和国际化方向发展。

（一）药品经营企业开办与管理

《药品管理法》第十四条规定：开办药品批发企业，须经企业所在地省级药品监督管理部门批准并发给《药品经营许可证》；开办药品零售企业，须经企业所在地县级以上地方药品监督管理部门批准并发给《药品经营许可证》，凭《药品经营许可证》到工商行政管理部门办理登记注册。无《药品经营许可证》的，不得经营药品。

SFDA 于 2004 年 2 月 4 日颁布了《药品经营许可证管理办法》，并于 2004 年 4 月 1 日起施行。其主要内容为：

1. 管理机构　国家药品监督管理部门主管全国药品经营许可的监督管理工作；省级药品监督管理部门负责本辖区内药品批发企业《药品经营许可证》发证、换证、变更和日常监督管理工作，并指导和监督下级药品监督管理机构开展《药品经营许可证》的监督管理工作；设区的市级药品监督管理机构或省级药品监督管理部门直接设置的县级药品监督管理机构负责本辖区内药品零售企业《药品经营许可证》发证、换证、变更和日常监督管理等工作。

2. 许可证的申请条件

（1）开办药品批发企业的主要条件：具有保证所经营药品质量的规章制度；企业、企业法定代表人或企业负责人、质量管理负责人无《药品管理法》第七十六条、第八十三条规定情形的；具有与经营规模相适应的一定数量的执业药师，质量管理负责人具有大学以上学历，且必须是执业药师；具有能够保证药品储存质量要求的，与其经营品种和规模相适应的常温库、阴凉库、冷库；具有独立的计算机管理信息系统，能覆盖企业内药品的购进、储存、销售以及经营和质量控制的全过程；符合 GSP 对药品经营各环节及软、硬件的要求。

（2）开办药品零售企业的主要条件：具有保证所经营药品质量的规章制度；经营处方药、甲类非处方药的药品零售企业，必须配有执业药师或者其他依法经过资格认定的药学技术人员；经营乙类非处方药的药品零售企业，以及农村乡镇以下地区设立药品零售企业的，应当按照《药品管理法实施条例》第十五条的规定配备业务人员，有条件的应当配备执业药师；企业、企业法定代表人、企业负责人、质量负责人无《药品管理法》第七十六条、第八十三条规定情形的；具有与所经营药品相适应的营业场所、设备、仓储设施以及卫生环境；在超市等其他商业企业内设立零售药店的，必须具有独立的区域；具有能够配备满足当地消费者所需药品的能力，并能保证 24 小时供应。

3. 许可证的申请程序　开办药品经营企业的申请人，应当向拟办企业所在地省级药品监督管理部门提出申请，并提交相关材料。取得同意后方可开始筹建工作，筹建工作结束后提出验收申请，省级或区县级药品监督管理部门受理申请并组织验收，验收合格发给《药品经营许可证》。

4. 许可证的变更与换发　《药品经营许可证》变更分为许可事项变更和登记事项变更。许可事项变更是指经营方式、经营范围、注册地址、仓库地址（包括增减仓库）、企业法定代表人或负责人以及质量负责人的变更。登记事项变更是指上述事项以外的其他事项的变更。药品经营企业变更《药品经营许可证》许可事项的，应当在原许可事项发生变更 30 日前，向原发证机关申请《药品经营许可证》变更登记。药品经营企业变更《药品经营许可证》登记事项的，应在工商行政管理部门核准变更后 30 日内，向原发证机关申请《药品经营许可证》变更登记。《药品经营许可证》有效期为 5 年。有效期届满，需要继续经营药品的，持证企业应在有效期届满前 6 个月内，向原发证机关申请换发《药品经营许可证》。

5. 监督检查　药品监督管理部门应加强对《药品经营许可证》持证企业的监督检查，监督检查的内容主要包括：企业名称、经营地址、仓库地址、企业法定代表人（企业负责人）、质量负责人、经营方式、经营范围、分支机构等重要事项的执行和变动情况；企业经营设施设备及仓储条件变动情况；企业实施 GSP 的情况；发证机关需要审查的其他有关事项。监督检查的方式包括书面检查、现场检查以及书面与现场检查相结合。

（二）药品流通管理原则和相关术语

1. 原则　由药品的特殊性所决定，药品经营过程管理的关键是药品经营质量管理，质量管理是整个企业各个部门的共同任务，是企业面貌的综合反映，在企业组织结构上必须建立强有力的质量保证体系。

（1）"全过程"的质量管理原则：药品经营企业的经营活动可分为售前、售中、售后工作三个过程，细分为市场调研、计划、采购、验收、储存养护、销售、售后服务等。质量管理要渗透到经营活动的每一个环节中去，形成全过程的质量管理。

（2）"全员参与"的质量管理原则：药品经营企业的质量管理工作最终目的是保证所经营药品的质量符合质量标准的要求，但在质量管理过程中不仅要针对药品的质量来实施，更要保证工作质量和服务质量，其核心是企业员工的工作质量。实现全员的质量管理必须抓好质量意识教育，同时实现规范化管理，制定各级质量责任制，明确工作程序、标准和质量要求，规定每个岗位的任务、权限，各司其职，共同配合。

（3）"全企业"的质量管理原则：企业内的质量职能涉及各个部门，各部门的质量管理工作都是不可缺少的。因此，既要求企业各个部门都要参加质量管理，充分发挥各自的质量职能，又要求各个部门相互协调一致。上层管理侧重于质量决策，保证实现质量目标；中层管理通过执行各自的质量职能，实现质量决策；基层管理则要求职工按规章制度工作，完成具体任务。由此组成一个完整的质量管理系统，实行全企业的质量管理。

（4）"动态"的质量管理原则：药品经营过程是一个进、存、销的动态过程，因此必须对药品质量进行动态的管理。GSP 的实施过程是一个系统工程，必须分阶段、分步骤进行，包括对总体目标的规划及目标的分解，定期对目标的实现情况和 GSP 质量管理体系的运行情况进行审核，并纠正偏差，保证 GSP 的实施过程是一个持续改进、不断完善的动态过程。

2. 相关术语

（1）药品经营企业：系指经营药品的专营企业或者兼营企业。

（2）首营企业：系指购进药品时，与本企业首次发生供需关系的药品生产企业或经营企业。

（3）首营品种：系指本企业向某一药品生产企业首次购进的药品。

（4）药品直调：系指将已购进但未入库的药品，从供货方直接发送到向本企业购买同一药品的需求方。

二、《药品经营质量管理规范》(GSP)

2000年4月30日，原SDA颁布了GSP，作为我国药品经营质量管理工作基本准则，这部法规在总结以往质量管理法规对药品经营企业要求内容的基础上，从机构与人员、硬件、软件等方面对药品经营企业的质量管理工作进行了具体规定。

（一）GSP 对机构与人员的规定

1. 组织机构及职责 药品经营企业应结合自身的经营方式、经营规模设置相应的部门，以高效、适宜的组织体系来保障企业质量管理体系的有效运行和质量管理目标的实现。

（1）药品批发企业和零售连锁企业：药品批发企业基本机构由质量管理部、业务部（采购、储存、销售）、办公室、财务部等机构组成；药品零售连锁企业的组织机构一般由零售连锁管理总部、配送中心和零售事业部及若干个门店组成。GSP 要求药品批发企业和零售连锁企业必须成立以企业主要负责人、企业质量管理工作负责人、分管业务的负责人及质量管理机构负责人为核心，会同其他各有关部门负责人共同组成的质量领导组织。

1）质量管理机构：《药品管理法》和 GSP 要求药品经营企业设置与其经营规模相适应的专门的质量管理机构，质量管理机构具有对企业内部药品质量最终的裁决权，下设质量管理组、质量验收组、药品养护组（养护组在行政上可隶属于质量管理部门，也可隶属于仓储部门，但业务上必须接受质量管理机构的监督指导）。

2）质量领导组织：①负责建立企业的质量体系，确保药品监督管理法律法规及行政规章的有效实施，保证企业药品经营质量与服务质量符合法定标准，满足社会要求；②监督实施企业的质量方针，确保质量目标的有效实现等。

3）业务部（采购、储存、销售）：①执行《药品管理法》、GSP 及其实施细则等法律、法规、政策及制度和本公司的药品经营质量管理制度；②对本部门主管的药品采购进货、储存养护、出库运输及药品经营销售（包括药品推介、顾客选择及其资格初审、药品销售合同审核或订单确认、药品发货、交付与运输以及货款回收与业务员管理等）等工作负管理责任和质量责任；③负责与经营药品有关的质量信息的收集与传递；④负责考察本公司所经营药品的质量、疗效和反应，发现可能与用药有关的严重不良反应情况，应立即通知质量管理部，以便及时核实上报。

4）办公室：①负责来自上级药品监督管理部门或其他政府主管部门有关文件的收文与承办落实；②负责配合质量管理部做好《药品管理法》、GSP 及其实施细则等法律、法规、规章的组织学习；③负责配合质量管理部做好企业质量手册、管理制度等质量体系文件培训学习的组织工作；④负责药品经营所需人力资源与设施设备的配置、提供等工作；⑤负责药品经营人员的健康检查组织及健康档案的建立和管理工作以及药品经营环境卫生和安全条件的提供与控制管理；⑥负责质量奖惩的实施落实。

5）财务部：①运用价值工程，开展质量成本管理，对财务预算中的质量措施专款专用负责，加强质量报损的控制；②负责依据经质量检查验收员签章的验收入库凭证与发票支付货款；③负责对销出药品开具合法票据及货款回收。

6）药品配送中心：药品配送工作必须保证正确宣传、合法配送、保证质量、准确无误。

配送药品应开具配送单，并按规定建立药品配送记录，做到票、帐、货相符；因特殊需要从药品生产企业或其他商业企业直调的药品，本企业应按有关规定做好保证药品质量的检查确认工作，并及时做好有关记录；对已配送出的药品如发现质量问题，应及时向质量管理部门报告，并及时追回药品，做好有关记录；在配送过程中应按照国家有关药品不良反应报告制度和本企业相关制度，注意收集售出药品的相关情况，若发现不良反应情况，应按规定及时向质量管理部门报告，以便及时调查、核实、上报。

7）零售事业部：①组织贯彻总部的各项方针目标，对本门店的经营管理及质量工作全面负责；②积极实施并完成经营质量目标及各项任务；③督促各门店履行质量职责并对其质量管理工作进行考核；④负责督促药品质量问题的处理和近效期药品的促销落实工作；⑤定期召开质量分析总结会议。

（2）**药品零售企业**：药品零售企业应根据自身规模，设置相应的管理机构或管理人员，如质量负责人、质量管理员（机构）、处方审核员、采购员（组）、保管员（组）、养护员（组）、营业员（组）。这里只介绍质量管理员、处方审核员与营业员的职责，质量负责人、采购员、保管员、养护员职责与药品批发企业相应人员职责类似。

1）质量管理员：①贯彻执行有关的药品质量管理的法律、法规和行政规章；②起草企业的质量管理体系文件；③负责首营企业和首营品种的质量审核；④负责建立企业所经营的药品包含质量标准等内容的质量档案；⑤负责药品质量的查询和药品质量事故或质量投诉的调查、处理及报告；⑥负责药品的验收管理，指导和监督药品保管、养护和运输过程中的质量工作；⑦收集和分析药品质量信息等。

2）处方审核员：①严格按照《药品管理法》、GSP 等相关法律法规的规定，审核处方；②收到处方后，认真审查处方的姓名、年龄、性别、药品剂量及处方医师签章，若发现药品名称书写不清、药味重复及相反、相畏、妊娠禁忌、超剂量等情况，应向顾客说明情况，经处方医师更正重新签章后方可配方，否则应拒绝调剂。

3）营业员：①树立"质量第一"的意识，保证所销售药品的质量，同时具有良好的职业道德和敬业精神；②正确熟练地介绍商品的功能主治、用法用量、规格剂型、单价、产地，特殊品种要记住适宜人群和禁忌，以确保顾客的用药安全；③随时整理药品，使药品摆放整洁、合理；④销售药品要做到先进先出，先产先出，效期管理；⑤对于畅销药品要及时填充；⑥对滞销药品应控制库存并定期上报，对近效期药品应填写近效期报表上报。

2. 人员与培训 药品经营企业员工的素质是企业经营管理水平和发展潜力的重要指标，

因此应在建立保证质量管理体系有效运行的机构的基础上，配备符合相应岗位素质要求的人员，并通过培训等方式不断提高员工素质。

（1）人员素质要求：根据 GSP 要求，药品经营企业从事与质量相关工作的人员应符合相应的素质要求，见表 10 - 5、表 10 - 6。

表 10 - 5　　　　　　　药品批发、零售连锁企业质量相关岗位人员资格要求一览表

企业规模	企业主要负责人	质量管理工作负责人	质量管理机构负责人	质量工作人员	验收、养护及销售人员
大、中型企业	应具有专业技术职称并熟悉国家有关药品管理的法律、法规、政策及制度和所经营药品的知识	主管药师或药学相关专业[1]工程师（含）以上技术职称，跨地域企业应为执业药师	执业药师或主管药师或药学相关专业工程师（含）以上技术职称	药师以上技术职称或中专（含）以上药学或相关专业学历	高中（含）以上文化程度
小型企业		药师或药学相关专业助理工程师（含）以上技术职称	执业药师或药师或药学相关专业助理工程师（含）以上技术职称		

注：[1] 药学相关专业指医学、生物、化学等专业。

从事质量管理、验收、养护工作的专职人员比例不少于 4% 或 2%，上述几类专职人员的总和不少于 3 人，并保持相对稳定。

GSP 规定药品批发企业和零售连锁企业总部的质量负责人及质量管理机构负责人应具有执业药师或相应药学专业技术职称的资格，执业药师的执业单位必须与其《执业药师注册证》的注册执业单位相一致。质量管理工作负责人在岗要求应在职在岗不得兼职；质量管理机构负责人在岗要求应能坚持原则，有实践工作经验，可独立解决经营过程中的质量问题，在职在岗，不得兼职；质量工作人员在岗要求应在岗不得兼职。

表 10 - 6　　　　　　　药品零售企业和连锁门店质量相关岗位人员资格要求一览表

企业规模	质量管理工作负责人	质量管理员	验收人员、营业员	处方审核员
大型企业、中型企业	药师以上技术职称	药师以上技术职称，或者具有中专（含）以上药学或相关专业的学历	高中（含）以上文化程度。如为初中文化程度，须具有 5 年以上从事药品经营工作的经历	执业药师或药师技术职称，如果经营中药饮片则必须配备执业中药师或中药师以上技术职称的专业技术人员
小型企业及连锁门店	药士以上技术职称			

（2）人员培训要求：在 GSP 的实施过程中，应有组织、有计划地对全体员工进行培训和教育，制订培训计划，并建立培训档案。具体要求如下：

1）岗前培训：药品经营企业应对新录用和岗位调整人员，结合其自身素质并根据其拟任岗位的工作要求及岗位职责，进行有针对性的岗前任职培训，具体要求见表 10 - 7。

表 10-7   药品经营企业质量相关岗位人员上岗培训要求

岗位	质量管理	验收、养护、销售	保管、运输
药品监督管理部门培训	应经专业培训和省级药品监督管理部门考试合格，取得合格证后方可上岗	应经岗位培训和地市级（含）以上药品监督管理部门考试合格，取得合格证书后，方可上岗	——
企业内部培训	以本企业质量管理制度、质量职责、工作程序为主要培训内容，结合岗位操作技能，考核合格方可上岗		

2）继续教育：药品经营企业应建立对质量相关工作人员继续培训教育制度，不断提高全员的质量意识和业务素质，传达贯彻国家有关药品监督管理的最新政策要求，从而形成一种信息顺畅传递的机制，确保质量管理体系的持续改进，具体要求见表 10-8。

表 10-8   药品经营企业相关人员继续教育一览表

岗位	质量管理	验收、养护	保管、销售、运输
GSP 要求	每年应接受省级药品监督管理部门组织的继续教育	定期接受企业组织的继续教育	——
企业组织	企业定期组织以本企业质量管理制度、质量职责、工作程序为主要内容，并结合岗位操作技能开展的继续教育		

3）外部培训：药品经营企业应积极安排、选派质量、经营管理方面的高层管理或关键岗位人员，参加各类专业研讨及培训。

（3）人员健康要求：《药品管理法》及 GSP 规定，药品经营企业必须每年定期组织在质量管理、药品验收、养护、保管等直接接触药品岗位工作的人员进行健康检查，并建立健康检查档案。发现患有精神病、传染病或其他可能污染药品疾病的人员，必须立即调离直接接触药品的岗位。

（二）GSP 对硬件、软件的要求

1. 批发企业与零售连锁企业设施、设备 药品批发企业和药品零售连锁企业总部的营业场所，尤其是用于药品储存的仓库，是企业经营的基础性设施，是保证药品在流通领域经营环节正常流转的基本条件，也是 GSP 认证审查的重点环节之一。

（1）对于仓库与相关场所面积的要求：见表 10-9。

表 10-9   对药品批发和零售连锁企业相关场所要求一览表

企业规模	大型企业	中型企业	小型企业
仓库建筑面积	不低于 $1500m^2$	不低于 $1000m^2$	不低于 $500m^2$
养护室面积	不小于 $50m^2$	不小于 $40m^2$	不小于 $20m^2$
中药饮片分装场所	如有分装业务，应有固定分装室，面积与设备应与分装要求相适应		
收发货场所	适合进行拆零与拼箱发货；装卸作业场所应有顶棚		
物料储存场所	设置包装物料的储存场所和相关设备		
营业场所	与经营规模相适应，明亮、整洁		

（2）对库区的要求

1）仓库选址：仓库应选择修建在交通方便，且远离居民区、严重污染源、汽车库和油库的地方（尤其是危险品仓库）。要求能够保证水、电供给。污染源主要是指产生粉尘、有害气体、污水等有害物质的来源。

2）库区环境：库区内部环境应做到地面平坦，容易修整，无露土地面。库区内不宜种植易生虫、易飘絮和花粉较多的花草树木，环境要求整洁，无垃圾废弃物堆积。

3）库区划分：按使用性质，库区应分为药品储存作业区（包括库房、货场及保管员办公场所），辅助作业区（包括验收养护室、分装室）及办公生活区（包括仓库办公室、宿舍、车库、卫生间等）。各作业区之间应有一定距离或有效隔离措施，尤其是办公生活区与储存作业区之间，应确保办公生活区人流、物流不对储存作业区造成影响，杜绝库区管理的质量隐患。

4）库区标识：各库房应按照其用途及性质设立明显的标识，企业可在库区或库房适宜位置展示仓库平面示意图。库房标识所采用颜色应符合药品仓储色标管理的规定，标明所储存药品的质量管理状态。

（3）库房条件

1）仓库建筑与装修的主要要求：①库房主体建筑应选用有利于保温、隔热的材料，保证库房的恒温要求；②库房内部装修一般应选用无毒、无污染、发尘量少、吸湿性小、不易黏附尘粒的材料；③库房应尽量减少窗户数量并减少其面积，门窗设计简洁、适用、易于清洁，门窗结构应密闭，保证库房内外环境的气密性；④仓库应设计为易于清洁的结构；⑤仓库内管线、电器、给水管道和通讯线路要合理布局，各类管线应采用暗装形式；⑥药品装卸作业场所应有顶棚，确保药品在装卸作业时可有效防日晒、雨雪、风沙等环境因素的影响；⑦库房地面建筑应选用耐冲击、负荷大、强度适宜的材料。拆零库、贵细库、冷库等储存作业强度较小的库房，可选用花岗岩、瓷砖、环氧乙烷涂层或木质材料；储存作业强度较大的库房，宜选用厚度为 2~4cm 的水泥地面；⑧特殊管理药品仓库应采用砖泥或钢混结构的建筑，不得设明窗，要安装钢制防盗门。

2）库内环境的主要要求：①库房应地面平整，无缝隙，不起尘，无积水和杂物；②库房内墙壁、顶棚光洁、平整，门窗结构严密、不起尘或挂尘，无脱落物，砖木混合结构库房的木质顶棚应吊顶；③附属于同一建筑的库房保管员办公场所，应与储存作业场所有效隔离；④库房内不得放置非储存作业的设备设施；⑤门窗结构严密，关闭时无明显间隙，保证气密性，有效防止雨水浸入；冷库、阴凉库房应注意墙壁、门窗的保温效果；⑥库内应保证安全用电、用水。

（4）库房区域设置

1）按照药品的质量管理状态要求，将仓库划分为：待验库（区）、合格品库（区）、发货库（区）、不合格库（区）、退货库（区）及中药饮片零货称取库（区）。库房各类库或区的划分方式，应由企业经营规模及经营特点决定，危险品、特殊管理药品、易窜味药品、中药材和中药饮片应设置单独库房。各库（区）均应设置明显标志。

2）必须按照药品标准规定，对药品进行分类储存保管。其相应的恒温库、仓库要按照相应的标准设置温度、湿度。

3）中药饮片应按性质要求分别设置相应的阴凉库、常温库。经营中药饮片的企业还应建立符合规定的中药标本室或中药标本柜。

4）特殊管理的药品应按其相应的要求将库房划分为麻醉药品库、精神药品库、毒性药品库、放射性药品库等。麻醉药品和精神药品可同库分区存放。

（5）设施、设备

1）设施、设备配备的具体要求：①能够保持药品与地面的距离在10cm以上的底垫和货架，且具有相应的结构强度；②必要的避自然光线的设备（如窗帘等）、通风设备（如排风扇等）、检测温湿度设备（如温湿度计等）、调节库房温湿度条件的设备（如暖气、空调等）；③消防、安全设备（如灭火器、沙箱等）；④特殊管理药品应按照其相应的要求建立符合要求的库房，具备相应的安全保卫措施（如与110联网的防盗设备等）；⑤批发企业与零售连锁企业应设置验收养护室，并配备千分之一天平、澄明度检测仪、标准比色液等；经营中药材、中药饮片的还应配备水分测定仪、紫外荧光灯、解剖镜或显微镜。

2）设备管理的具体要求：①通风设备：排风扇应有防护百叶，防止蚊虫等进入库房内，同时应设立排风扇使用记录；②检测温湿度的设备：采用温湿度计或温湿度仪，一般悬挂在不靠仓库门窗而空气又能相对流通的地方，不宜悬挂在墙上或墙角处，并要避免日光直接照射；其高度以记录人的视线平行为准；③验收养护设备：为保证验收养护设备正常运行，验收养护室内应设置空调，并保证室内的洁净；千分之一天平与水分测定仪属于国家强制检定仪器，必须按时到计量检定部门检定，检定合格后方可使用；建立验收养护设备档案及使用记录。

2. 药品零售企业设施、设备

（1）对于仓库及营业面积的要求：见表10 - 10。

表10 - 10　　　　　　　　对药品零售企业相关场所要求一览表

企业规模	大型企业	中型企业	小型企业
营业场所面积	不低于100m²	不低于50m²	不低于40m²
仓库面积	不低于30m²	不低于20m²	不低于20m²

（2）对于营业场所的要求

1）营业用货架、柜台齐备，销售柜组标志醒目。营业场所应该按照药品分类管理的要求对不同类别、不同用途、不同剂型、不同品名、不同储存要求的药品加以分类陈列，按照要求摆放药品和价格签。柜台外应有柜组标示。

2）经营特殊管理药品（二类精神药品、罂粟壳等）应设立专柜，并设置相应的标志。

3）经营生物制品等对温度有特殊要求的品种，应配备恒温柜。

4）经营中药饮片的企业，应配备调配处方、临方炮制的设备，一般包括铁研钵、秤、捣药罐等。

5）营业场所应配备拆零设备，包括白瓷盘、药匙、一次性手套、口罩、包装药袋等。

3. 质量管理体系文件

（1）文件的基本组成：质量管理体系文件是用于保证药品经营质量的文件管理系统，是由一切涉及药品经营质量管理的书面标准和实施过程中的记录结果组成的系列管理文件，包括药品经营企业的质量管理制度、各有关组织部门和工作岗位的质量职责、质量管理的工作程序以及经营活动中的相关记录和原始凭证等。质量管理体系文件不仅是保证药品经营企业内部质量管理体系有效运行的基础，也是对企业进行 GSP 的认证审查和检查的主要依据。

（2）文件的制定与管理：文件制定的基本原则包括指令性原则、系统性原则、合法性原则、可行性原则、可考核性原则。

文件必须按照规定的程序起草、批准和发布；质量管理部门负责文件的起草工作，同时，为提高文件的有效性、可行性，提倡各部门各岗位人员积极参与文件的制定工作；质量领导组织负责文件的审定工作，文件只有经过质量领导组织的批准才能发布和执行；文件的制定、审定、批准必须有相应的负责人签字，并应建立档案。药品经营企业各项内容均应有与之相对应的文件，保证企业内部的经营质量管理工作"事事有依据"。文件要"一事一文"，即一项质量管理文件只能规范一项工作。文件语言应简练、确切，各类文件应标明其类别的系统编码和日期。

4. 药品经营过程质量管理

（1）进货：在药品经营企业中，进货是保证药品经营质量的首要环节，药品购进工作质量直接关系到企业经营药品的质量及企业的经济效益与社会效益。因此，药品经营企业进货必须将质量放在选择药品、选择供货单位的条件的首位，并制定能够确保药品购进质量的管理制度及程序文件。购进药品除满足一定要求外，企业还应建立相应的管理体系，包括首营审核、购货合同管理、购货计划、进货质量评审及购进记录的管理等内容。

（2）验收

1）验收的具体要求：①严格按照法定标准和合同规定的质量条款对购进药品、销后退回药品的质量进行逐批验收；②验收时应同时对药品的包装、标签、说明书以及有关要求的证明或文件进行逐一检查；③验收抽取的样品应具有代表性；④验收应在符合规定的场所进行，应在规定的时限内完成；⑤特殊管理药品，应实行双人验收制度。

2）验收的基本内容：①每件包装中，应有产品合格证；②特殊管理药品、外用药品包装的标签或说明书上有规定的标识和警示语或忠告语；非处方药的包装有国家规定的标识；③进口药品其包装的标签应以中文注明药品的名称、主要成分以及注册证号，并有中文说明书；进口药品应有符合规定的《进口药品注册证》（或者《医药产品注册证》）和《进口药品检验报告书》复印件；进口预防性生物制品、血液制品应有《生物制品进口批件》复印件；进口药材应有《进口药材批件》复印件。以上批准文件应加盖供货单位质量管理机构原印章；④中药材和中药饮片应有包装，并附有质量合格的标志。每件包装上，中药材标明品名、产地、供货单位；中药饮片标明品名、生产企业、生产日期等。实施批准文号管理的中药材和中药饮片，在包装上还应标明批准文号。

3）验收记录：药品验收应做好验收记录，包括的项目有供货单位、品名、规格、单位、数量、剂型、批号、有效期、批准文号、生产厂商、质量状况、验收结论、验收人员等内容。验收记录应保存至超过药品有效期1年，但不得少于3年。

药品零售连锁门店在接收总部配送中心配送的药品时，可简化验收程序，但验收人员应按送货凭证对照实物，进行品名、规格、批号、生产厂商以及数量的核对，并在凭证上签字。

（3）储存与养护

1）药品的储存要求：药品应按规定的储存要求分库、分类存放。

2）药品的养护要求：库房内实行色标管理。药品堆垛应留有一定距离。应做好库房温、湿度的监测和管理，每日应上、下午各一次定时对库房温、湿度进行记录，如库房温、湿度超出规定范围，应及时采取调控措施，并予以记录。对近效期药品，应按月填报效期报表。库存药品养护中发现质量问题，应悬挂明显标志和暂停发货，并尽快通知质量管理机构予以处理。

3）药品的陈列要求：药品应按剂型或用途以及储存要求分类陈列。

4）养护记录：针对库存药品的性质及其变化规律，采用循环检查、定期检查与随机检查相结合的方式对药品质量情况进行排查，根据具体情况对储存环境进行调节，从而保证药品质量。

（4）出库与运输

1）药品出库要求：药品出库应遵循"先产先出"、"近期先出"和按批号发货的原则，按发货或配送凭证对实物进行质量检查和数量、项目的核对。如发现以下问题应停止发货或配送，并报质量管理部门处理：①药品包装内有异常响动和液体渗漏；②外包装出现破损、封口不牢、衬垫不实、封条严重损坏等现象；③包装标识模糊不清或脱落；④药品已超出有效期。

2）药品运输要求：药品运输时，应针对运送药品的包装条件及道路状况，采取相应措施，防止药品的破损和混淆。运送有温度要求的药品，途中应采取相应的保温或冷藏措施。

3）出库复核记录：药品出库应做好药品质量跟踪记录，应包括购货单位、品名、剂型、规格、批号、有效期、生产厂商、数量、销售日期、质量状况和复核人员等项目，记录应保存至超过药品有效期1年，但不得少于3年。

（5）销售与售后服务

1）药品批发企业销售规程：药品批发企业在销售药品时，应做到：①按照依法批准的经营方式和经营范围从事药品的经营活动，不得超范围经营；②依据有关法律、法规和规章的要求，将药品销售给具有合法资质的单位，不得将药品销售给无《药品生产许可证》、《药品经营许可证》、《医疗机构执业许可证》的单位和个人；③企业应加强销售凭证管理；④药品销售应开具合法票据，做到票、帐、货相符。

2）药品零售企业销售规程：药品零售企业和零售连锁门店应按国家药品分类管理的有关规定销售药品，应做到：①按照依法批准的经营方式和经营范围从事药品的经营活动，不得超范围经营；②销售药品要严格遵守相关法律、法规和制度，正确介绍药品的性能、用途、禁忌及注意事项；③销售药品时，处方要经执业药师或具有药师以上（含药师和中药师）职称的人员审核并签字后方可依据处方调配和销售。无医师开具的处方不得销售处方药。对处方药所列药品不得擅自更改或代用。对有配伍禁忌或超剂量的处方，应当拒绝调配、销售，必要时，需经原处方医生更正或重新签字方可调配和销售。处方的审核、调配或销售人员均应在处方上签字或盖章，处方必须保留2年以上备查；④处方药不应采用有奖销售、附赠药品或礼品销售等方式；⑤非处方药可不凭处方销售；⑥销售中药饮片应符合炮制规范，并做到计量准确；⑦药品拆零使用的工具、包装袋应清洁卫生，出售时应在药袋上写明药品名称、规格、用法、用量、批号、有效期、不良反应等内容。

3）售后服务：药品经营企业应该建立用户投诉的管理制度，对用户投诉进行调查、处理。

4）广告与宣传：药品零售企业和零售连锁门店在营业店堂内进行的广告宣传，应符合国家有关规定。

5）药品不良反应报告制度：药品经营企业作为药品不良反应报告的执行主体之一，必须指定专（兼）职人员负责本单位经营药品的不良反应报告和监测工作，发现可能与用药有关的不良反应应详细记录、调查、分析、评价、处理，并填写《药品不良反应/事件报告表》，每季度集中向所在地的省级药品不良反应监测中心报告，其中新的或严重的药品不良反应应于发现之日起15日内报告，死亡病例须及时报告。

5. 药品经营企业质量管理体系审核

（1）质量管理制度及岗位质量责任执行情况的检查与考核：对药品经营企业质量管理制度、岗位质量职责的实施情况，可以采取部门自查和专业检查相结合的方法。质量管理部门与办公室在部门定期对质量管理制度及质量责任的执行情况进行自查的基础上，每年进行一次全面检查，并填写制度及职责执行情况检查表，对发现的问题要求及时整改，并明确整改责任人与整改期限，追踪检查整改情况。通过检查与考核发现问题、组织改进、不断提高。

（2）质量管理体系内部审核：内部审核即对组织的全部质量管理职能的所有活动进行检查、评价、分析、总结，尤其是对评价中出现的问题要建立整改措施，明确整改时间，检查整改效果。建立质量体系、明确方针目标、定期进行质量评审，是药品经营企业实施GSP建设的有效基础。

药品经营企业质量管理体系的审核范围主要包括构成企业质量管理体系的质量方针目标、组织机构、质量管理文件、人员配备、硬件条件及质量活动状态。

质量领导小组负责组织质量管理体系的审核。质量管理部负责牵头实施质量体系审核的具体工作，包括制定年度内审计划，内审实施计划，组织实施、编写评审报告，发布不符合报告和整改通知书及纠正与预防措施的跟踪检查等。

三、药品流通监督管理

近年来，随着经济市场化的发展不断加速，药品在流通环节中出现了不少新问题，暴露出了我国在药品监督管理工作中的许多漏洞。为了加强药品监督管理，规范药品流通秩序，保证药品质量，根据《药品管理法》、《药品管理法实施条例》和有关法律法规的规定，SF-DA于2006年12月8日审议通过了《药品流通监督管理办法》，自2007年5月1日起施行。

（一）药品销售人员的监督管理

1. 药品生产、经营企业应当对其购销人员进行药品相关的法律法规和专业知识培训，建立培训档案，培训档案中应当记录培训时间、地点、内容及接受培训的人员。

2. 药品生产、经营企业应当加强对药品销售人员的管理，并对其销售行为作出具体规定。

（二）药品生产、经营企业的监督管理

1. 药品生产企业、药品批发企业销售药品时，应当提供的资料

（1）加盖本企业原印章的《药品生产许可证》或《药品经营许可证》和营业执照的复印件。

（2）加盖本企业原印章的所销售药品的批准证明文件复印件。

（3）销售进口药品的，按照国家有关规定提供相关证明文件。

药品生产企业、药品批发企业派出销售人员销售药品的，除这些资料外，还应当提供加盖本企业原印章的授权书复印件。授权书原件应当载明授权销售的品种、地域、期限，注明销售人员的身份证号码，并加盖本企业原印章和企业法定代表人印章（或者签名）。销售人员应当出示授权书原件及本人身份证原件，供药品采购方核实。

药品生产企业、药品批发企业销售药品时，应当开具标明供货单位名称、药品名称、生产厂商、批号、数量、价格等内容的销售凭证。药品零售企业销售药品时，应当开具标明药品名称、生产厂商、数量、价格、批号等内容的销售凭证。药品零售企业应当按照 SFDA 药品分类管理规定的要求，凭处方销售处方药。

药品说明书要求低温、冷藏储存的药品，药品生产、经营企业应当按照有关规定，使用低温、冷藏设施设备运输和储存。药品监督管理部门发现药品生产、经营企业违反此规定的，应当立即查封、扣押所涉药品，并依法进行处理。

2. 药品生产、经营企业不得从事的经营活动　①药品生产、经营企业不得在经药品监督管理部门核准的地址以外的场所储存或者现货销售药品；②药品生产企业只能销售本企业生产的药品，不得销售本企业受委托生产的或者他人生产的药品；③药品生产、经营企业知道或者应当知道他人从事无证生产、经营药品行为的，不得为其提供药品；④药品生产、经营企业不得为他人以本企业的名义经营药品提供场所，或者资质证明文件，或者票据等便利条件；⑤药品生产、经营企业不得以展示会、博览会、交易会、订货会、产品宣传会等方式现货销售药品；⑥药品经营企业不得购进和销售医疗机构配制的制剂，未经药品监督管理部门审核同意，药品经营企业不得改变经营方式。药品经营企业应当按照《药品经营许可证》许可的经营范围经营药品；⑦药品生产、经营企业不得以搭售、买药品赠药品、买商品赠药品等方式向公众赠送处方药或者甲类非处方药；⑧药品生产、经营企业不得采用邮售、互联网交易等方式直接向公众销售处方药；⑨禁止非法收购药品。

GSP 认证需要申报的材料

根据《药品经营质量管理规范认证管理办法》的规定，申请 GSP 认证的药品经营企业，必须填写《药品经营质量管理规范认证申请书》，同时报送以下资料：

1. 《药品经营许可证》和《营业执照》复印件。
2. 企业实施 GSP 情况的自查报告。
3. 企业非违规经销假劣药品问题的说明及有效的证明文件。
4. 企业负责人员和质量管理人员情况表；企业药品验收、养护人员情况表。
5. 企业经营场所、仓储、验收养护等设施、设备情况表。
6. 企业所属非法人分支机构情况表。
7. 企业药品经营质量管理制度目录。
8. 企业质量管理组织、机构的设置与职能框图。
9. 企业经营场所和仓库的平面布局图。

第三节　药品互联网服务管理

随着互联网的快速发展，利用互联网传播信息、进行网上虚拟交易已逐渐成为一种趋势。国家药品监督管理部门对于网上药品交易服务一直严格把关。而随着《互联网药品信息服务管理办法》和《互联网药品交易服务审批暂行规定》的相继出台，我国的药品互联网服务逐步走向完善。

近期，SFDA 在监督检查中发现，部分网站伪造或假冒开办单位发布虚假药品信息、销售假药，严重危害公众用药安全。为打击这些通过互联网发布虚假药品信息销售药品的违法行为，2009 年 3 月 10 日，SFDA 发布了 2009 年第 1 期互联网购药安全警示公告，曝光了 25 家违法销售药品的网站，并对上述违法网站依法移送有关执法部门进行查处。SFDA 将陆续曝光在监督检查中发现的违法销售药品网站。

一、互联网药品信息服务管理

为了加强药品监督管理，规范互联网药品信息服务活动，保证互联网药品信息的真实、准确，2004 年 7 月 8 日，国家药品监督管理部门根据《药品管理法》及《互联网信息服务管理办法》，颁布了《互联网药品信息服务管理办法》，其主要内容如下：

（一）互联网药品信息服务的分类

互联网药品信息服务，是指通过互联网向上网用户提供药品（含医疗器械）信息的服务活动，可分为经营性和非经营性两类。经营性互联网药品信息服务是指通过互联网向上网用户有偿提供药品信息等服务的活动。而非经营性互联网药品信息服务则是指通过互联网向上网用户无偿提供公开的、共享性药品信息等服务的活动。

（二）互联网药品信息服务的发布要求

1. 提供互联网药品信息服务的网站，应当在其网站主页显著位置标注《互联网药品信息服务资格证书》的证书编号。

2. 提供互联网药品信息服务网站所登载的药品信息必须科学、准确，必须符合国家的法律法规和国家有关药品、医疗器械管理的相关规定。

3. 提供互联网药品信息服务的网站不得发布麻醉药品、精神药品、医疗用毒性药品、放射性药品、戒毒药品和医疗机构制剂的产品信息。

4. 提供互联网药品信息服务的网站发布的药品（含医疗器械）广告，必须经过药品监督管理部门审查批准。

5. 提供互联网药品信息服务的网站发布的药品（含医疗器械）广告要注明广告审查批准文号。

（三）互联网药品信息服务的申请与变更

申请提供互联网药品信息服务，除应当符合《互联网信息服务管理办法》规定的要求外，还应当具备下列条件：①互联网药品信息服务的提供者应当为依法设立的企事业单位或者其他组织；②具有与开展互联网药品信息服务活动相适应的专业人员、设施及相关制度；③有两名以上熟悉药品、医疗器械管理法律法规和药品、医疗器械专业知识，或者依法经资格认定的药学、医疗器械技术人员。

提供互联网药品信息服务的申请应当以一个网站为基本单元。拟提供互联网药品信息服务的网站，应当在向国务院信息产业主管部门或者省级电信管理机构申请办理经营许可证或者办理备案手续之前，按照属地监督管理的原则，向该网站主办单位所在地省级药品监督管理部门提出申请，经审核同意后取得提供互联网药品信息服务的资格。

申请提供互联网药品信息服务，应当填写国家药品监督管理部门统一制发的《互联网药品信息服务申请表》，向网站主办单位所在地省级药品监督管理部门提出申请，同时提交以下材料：①企业营业执照复印件（新办企业提供工商行政管理部门出具的名称预核准通知书及相关材料）；②网站域名注册的相关证书或者证明文件；③网站栏目设置说明（申请经营性互联网药品信息服务的网站需提供收费栏目及收费方式的说明）；④网站对历史发布信息进行备份和查阅的相关管理制度及执行情况说明；⑤药品监督管理部门在线浏览网站上所有栏目、内容的方法及操作说明；⑥药品及医疗器械相关专业技术人员学历证明或者其专业技术资格证书复印件、网站负责人身份证复印件及简历；⑦健全的网络与信息安全保障措施，包括网站安全保障措施、信息安全保密管理制度、用户信息安全管理制度；⑧保证药品信息来源合法、真实、安全的管理措施、情况说明及相关证明。

省级药品监督管理部门在收到申请材料之日起 5 日内作出受理与否的决定，受理的，发给受理通知书；不受理的，书面通知申请人并说明理由，同时告知申请人享有依法申请行政复议或者提起行政诉讼的权利。对于申请材料不规范、不完整的，省级药品监督管理部门自申请之日起 5 日内应一次告知申请人需要补正的全部内容。

此外，互联网药品信息服务提供者变更下列事项之一的，应当向原发证机关申请办理变更手续，填写《互联网药品信息服务项目变更申请表》，同时提供相关证明文件：①《互联网药品信息服务资格证书》中审核批准的项目（互联网药品信息服务提供者单位名称、网站名称、IP 地址等）；②互联网药品信息服务提供者的基本项目（地址、法定代表人、企业负责人等）；③网站提供互联网药品信息服务的基本情况（服务方式、服务项目等）。

省级药品监督管理部门自受理变更申请之日起 20 个工作日内作出是否同意变更的审核决定。同意变更的，将变更结果予以公告并报国家药品监督管理部门备案；不同意变更的，以书面形式通知申请人并说明理由。

（四）互联网药品信息服务的审查与复审

省级药品监督管理部门对本辖区内申请提供互联网药品信息服务的互联网站进行审核，符合条件的核发《互联网药品信息服务资格证书》。

省级药品监督管理部门自受理之日起 20 日内对申请提供互联网药品信息服务的材料进行审核，并作出同意或者不同意的决定。同意的，核发《互联网药品信息服务资格证书》，同时报国家药品监督管理部门备案并发布公告；不同意的，应当书面通知申请人并说明理由，同时告知申请人享有依法申请行政复议或者提起行政诉讼的权利。

对申请人的申请进行审查时，应当公示审批过程和审批结果。申请人和利害关系人可以对直接关系其重大利益的事项提交书面意见进行陈述和申辩。依法应当听证的，按照法定程序举行听证。

此外，药品的质量标准、说明书等药品广告审查依据发生变化的，应当立即停止发布已审查的药品广告，需要继续发布的，应当按照变化后的质量标准、说明书重新申请审查。

（五）互联网药品信息服务的监督管理

国家药品监督管理部门对全国提供互联网药品信息服务活动的网站实施监督管理，对各省级药品监督管理部门的审核工作进行监督；省级药品监督管理部门负责对本行政区域内提供互联网药品信息服务活动的网站实施监督管理；省级药品监督管理部门应当对提供互联网药品信息服务的网站进行监督检查，并将检查情况向社会公告。

二、互联网药品交易服务管理

2005 年 9 月 29 日，SFDA 为了全面贯彻《国务院办公厅关于加快电子商务发展的若干意见》的精神，切实加强对互联网药品购销行为的监督管理，颁布了《互联网药品交易服务审批暂行规定》，于 2005 年 12 月 1 日起施行。

（一）提供互联网药品交易服务企业应当具备如下条件

1. 为药品生产企业、药品经营企业和医疗机构之间的互联网药品交易提供服务的企业应当具备如下条件：①依法设立的企业法人；②提供互联网药品交易服务的网站已获得从事互联网药品信息服务的资格；③拥有与开展业务相适应的场所、设施、设备，并具备自我管理和维护的能力；④具有健全的网络与交易安全保障措施以及完整的管理制度；⑤具有完整保存交易记录的能力、设施和设备；⑥具备网上查询、生成订单、电子合同、网上支付等交易服务功能；⑦具有保证上网交易资料和信息的合法性、真实性的完善的管理制度、设备与技术措施；⑧具有保证网络正常运营和日常维护的计算机专业技术人员，具有健全的企业内部管理机构和技术保障机构；⑨具有药学或者相关专业本科学历，熟悉药品、医疗器械相关法规的专职专业人员组成的审核部门。

2. 通过自身网站与本企业成员之外的其他企业进行互联网药品交易的药品生产企业和药品批发企业提供互联网药品交易服务应当具备如下条件：①提供互联网药品交易服务的网站已获得从事互联网药品信息服务的资格；②具有与开展业务相适应的场所、设施、设备，并具备自我管理和维护的能力；③具有健全的管理机构，具备网络与交易安全保障措施以及完整的管理制度；④具有完整保存交易记录的设施、设备；⑤具备网上查询、生成订单、电子合同等基本交易服务功能；⑥具有保证网上交易的资料和信息的合法性、真实性的完善管理制度、设施、设备与技术措施。

3. 向个人消费者提供互联网药品交易服务的企业应当具备如下条件：①依法设立的药品连锁零售企业；②提供互联网药品交易服务的网站已获得从事互联网药品信息服务的资格；③具有健全的网络与交易安全保障措施以及完整的管理制度；④具有完整保存交易记录的能力、设施和设备；⑤具备网上咨询、网上查询、生成订单、电子合同等基本交易服务功能；⑥对上网交易的品种有完整的管理制度与措施；⑦具有与上网交易的品种相适应的药品配送系统；⑧具有执业药师负责网上实时咨询，并有保存完整咨询内容的设施、设备及相关管理制度；⑨从事医疗器械交易服务，应当配备拥有医疗器械相关专业学历、熟悉医疗器械相关法规的专职专业人员。

（二）从事互联网药品交易服务的申请和审批

1. 申请 申请从事互联网药品交易服务的企业，应当填写国家药品监督管理部门统一制发的《从事互联网药品交易服务申请表》，向所在地省级药品监督管理部门提出申请，并提交以下材料：①拟提供互联网药品交易服务的网站获准从事互联网药品信息服务的许可证复印件；②业务发展计划及相关技术方案；③保证交易用户与交易药品合法、真实、安全的管理措施；④营业执照复印件；⑤保障网络和交易安全的管理制度及措施；⑥规定的专业技术人员的身份证明、学历证明复印件及简历；⑦仪器设备汇总表；⑧拟开展的基本业务流程说明及相关材料；⑨企业法定代表人证明文件和企业各部门组织机构职能表。

2. 审批 省级药品监督管理部门收到申请材料后，在5日内对申请材料进行形式审查。决定予以受理的，发给受理通知书；决定不予受理的，应当书面通知申请人并说明理由。

省级药品监督管理部门受理为药品生产企业、药品经营企业和医疗机构提供互联网药品交易服务的申请后，应当在10个工作日内向国家药品监督管理部门报送相关申请材料。国家药品监督管理部门对申请材料进行审核，并在20个工作日内作出同意或不同意进行现场验收的决定，并书面通知申请人，同时抄送受理申请的省级药品监督管理部门。验收合格的，国家药品监督管理部门应当在10个工作日内向申请人核发并送达互联网药品交易服务机构资格证书。

省级药品监督管理部门按照有关规定对通过自身网站与本企业成员之外的其他企业进行互联网药品交易服务的药品生产企业、药品批发企业和向个人消费者提供互联网药品交易服务的申请人提交的材料进行审批，并在20个工作日内作出同意或者不同意进行现场验收的决定，并书面通知申请人。同意进行现场验收的，应当在20个工作日内组织对申请人进行现场验收。经验收合格的，省级药品监督管理部门应当在10个工作日内向申请人核发并送达同意其从事互联网药品交易服务的互联网药品交易服务机构资格证书。

互联网药品交易服务机构资格证书由国家药品监督管理部门统一印制，有效期5年。有效期届满，需要继续提供互联网药品交易服务的，企业应当在有效期届满前6个月内向原发证机关申请换发互联网药品交易服务机构资格证书。

（三）互联网药品交易服务监督管理

在依法获得互联网药品交易服务机构资格证书后，申请人应当按照《互联网信息服务管理办法》的规定，依法取得相应的电信业务经营许可证，或者履行相应的备案手续。

提供互联网药品交易服务的企业必须在其网站首页显著位置标明互联网药品交易服务机构资格证书号码。对首次上网交易的药品生产企业、药品经营企业、医疗机构以及药品，提供互联网药品交易服务的企业必须索取、审核交易各方的资格证明文件和药品批准证明文件并进行备案。

通过自身网站与本企业成员之外的其他企业进行互联网药品交易的药品生产企业和药品批发企业只能交易本企业生产或者本企业经营的药品，不得利用自身网站提供其他互联网药品交易服务。向个人消费者提供互联网药品交易服务的企业只能在网上销售本企业经营的非处方药，不得向其他企业或者医疗机构销售药品。

在互联网上进行药品交易的药品生产企业、药品经营企业和医疗机构必须通过经药品监督管理部门和电信业务主管部门审核同意的互联网药品交易服务企业进行交易。参与互联网药品交易的医疗机构只能购买药品，不得上网销售药品。此外，药品生产企业、药品经营企业、医疗机构不得采用互联网交易及邮售等方式直接向公众销售处方药。

鉴于仍有部分互联网站违法提供互联网药品信息服务和互联网药品交易服务，为假劣药品提供了信息发布和流通的渠道这一现状，为了加强药品监督管理，保证互联网药品信息服务和互联网药品交易服务的健康发展，SFDA于2006年8月22日发布《关于加强互联网药品信息服务和互联网药品交易服务监督管理工作的通知》，为进一步加强对互联网药品信息服务和互联网交易服务的监督管理，确保公众用药安全、有效提供了保障。

资料链接

互联网购药，注意防范风险

互联网购药，轻点鼠标，选中的药品很快就可以送到家，网上购药给公众提供了极大便利。但是，在考虑到方便的同时，人们不禁对互联网购药的安全性产生了疑问。出于对质量、邮寄费用、安全性等因素的考虑，许多消费者表示对网上药品药效、是否有副作用、是否真实可靠、价钱等都存在疑虑。特别是网上购药不能和医生以及药师直接沟通，自己的情况对方又不了解，担心贻误病情甚至加重病情。而且网上售药由于其天生的隐蔽性，很容易避开监管之门，使互联网成了相当一部分假劣药的天然"避风港"。

药品监督管理部门提醒，网上购药一定要认准具有《互联网药品信息服务资格证书》、《互联网药品交易服务资格证书》"两证"的企业，并可以在 SFDA 网站基础数据库中查询到相关信息，"认清身份"才能进行购买。如果是在正规获批的网上药店购药，发现质量问题可以及时追溯并得到适当处理，但如果是从无资质的网上药店购药，消费者的权益很难得到保障。网上药店作为继传统的医院渠道、药店渠道之后的又一新兴的药品销售渠道，对其企业管理、运作流程、网站设计、技术保障均有严格的要求。

国家以及各省的药品监督管理部门也应该在认真审核、检查验收的基础上，通过日常检查、网上监控、接受举报和投诉等途径来加强网上药店管理。

本章小结

通过对本章的学习，我们可以对我国药品生产和流通各环节的管理有了明确的认识和了解。药品生产质量管理是药品生产企业管理的核心内容，而药品流通质量管理则是对药品生产质量管理的延伸，只有对药品生产流通的质量严格把关，才能使公众获得质量合格的药品。

第一节和第二节分别对药品在生产和流通过程中的相关质量管理作了详细的介绍，并对我国的 GMP、GSP 作了重点阐述。通过对这两节的学习，我们可以对药品生产和流通的管理原则有了全面的了解，并能掌握相关的专业术语；知道如何才能开办和管理一家药品生产企业或药品流通企业，以及 GMP、GSP 对企业与人员的相关规定、对软硬件的要求。药品的生产和流通虽然是两个不同的环节，但在质量管理上要做到同样的严格要求，规范药品生产流通中的各个环节，建立严格有效的管理体制，落实药品生产、流通质量管理规范。

最后一节详细介绍了当今社会药品互联网的服务管理，包括互联网药品信息服务和交易服务的相关管理。通过对这一节的学习，我们可以了解到国家药品监督管理部门如何对我国的药品互联网服务进行监督管理；如何对互联网药品信息和交易活动进行规范管理。

第十一章
医疗机构药事管理

案例导入

药方写代码，药房抓错药，患者致伤残

医院开药方只写代码不写药名，药房误解代码含义，抓错中药，导致患者服用超剂量有毒中药致一级伤残。重庆市第一中级人民法院终审判决该医院和药房共同赔偿患者29万余元。

据重庆市第一中级人民法院审理查明，2003年1月30日，67岁的周某患高血压住进潼南县人民医院。约1个月后，周某出院，并在门诊继续治疗。当年5月23日，周某又到该院门诊治疗，医生为他开了一张中药处方，其中有四味中药没有写药名，只写了数字代码。周某的老伴没在医院抓药，而是拿着药方到外面的药房抓药。服药后，周某没有出现异常。于是，家人继续用这张药方抓药。

2003年5月29日，周某的老伴照例拿着这张药方到外面的药房抓药。谁知这次抓回来的中药含有严重超剂量的毒性中药马钱子。周某煎服后，出现抽搐症状，但没引起家人的注意。大约隔了10天，周某的老伴再次到该药房抓药，周某服用后多次出现抽搐症状，并于2003年6月12日住进潼南县人民医院进行治疗，被诊断为继发性癫痫（服马钱子中毒后抽搐）。

此后，周某多次住院治疗，各种损失达32.6万元。尽管周某已先行得到了2万余元的补偿，但这并不能弥补他的损失。2004年7月，他向法院起诉，要求该医院和药房赔偿经济损失。但药房及医院认为周某的损害后果与自己的行为无因果关系，且他自身有疾病，不愿赔偿。

2005年1月，经重庆法医验伤所鉴定周某提供的中药药渣，查出有马钱子。2005年4月，经法医鉴定，周某的伤残程度为一级，需护理费、续医费等共计3~5万元。

一审法院审理后认为，药房对应当拒绝调配的无医疗机构盖章的含代码的处方进行了调配，出售远超正常剂量的毒性药品，致周某中毒并发生继发性癫痫，有重大过错，应承担主要责任。同时，该县人民医院开出数字代码处方，也未指明为何药，且又没交代注意事项，也应对其承担相应的赔偿责任。

法院还认为，周某在不知数字代码为何药的情况下，持该处方多次在医疗机构外购药，在出现抽搐后未能及时警觉，仍购买和服用该中药，具有疏忽大意的过失，可适当减轻侵权人的赔偿责任。

最后，法院判决药房赔偿26万余元（含已支付的2.8万元），县人民医院赔偿3.2万余元。药房不服判决，以周某是因其他疾病住院治疗，其伤残与中毒无关，且原判决所划分的赔偿责任不合理等为由上诉至重庆市第一中级人民法院。2006年，重庆市第一中级人民法院终审维持原判。

（资料来源：易守华．药方写代码　药房抓错药　患者致伤残．重庆晚报，2006－04－15）

思考

1. 如何正确书写处方？
2. 《处方管理办法》中对处方是如何管理的？
3. 药师应该如何做好药学服务？

医疗机构药事管理在保障公众用药安全有效、维护公众身体健康、促进社会和谐中，发挥着重要作用，是医疗机构管理工作的重要组成部分。什么是医疗机构药事管理？医疗机构的药剂管理如何进行？医疗机构临床药学的实施依据以及临床药学工作的基本内容是什么？通过本章的学习，大家可以了解这些问题。

第一节　医疗机构药事管理概述

我国医疗机构药学服务模式正由传统的调剂（配方）阶段向以参与临床用药实践、促进合理用药为主的临床药学阶段过渡，这就赋予了医疗机构药事管理工作新的任务。医疗机构根据本机构的临床工作实际需要设置负责日常工作的药学部门和监督、指导本机构科学管理药品和合理用药的药事管理委员会（组）。本节主要介绍医疗机构药事管理、我国医疗机构药学服务模式的发展以及医疗机构药事管理委员会（组）和药学部门三个方面的内容。

一、医疗机构药事管理的相关概念

各级各类医疗机构是药品主要的使用单位，因此做好医疗机构药事管理工作才能保障药品在使用过程中的安全、有效、经济、合理。

1. 医疗机构　医疗机构一般是指从事疾病诊断、治疗等医疗活动的机构，如各级各类医院、专科医院、城市小区卫生服务中心（站）、镇卫生院、村卫生室等。

2. 医疗机构药事管理　为保证医疗机构药事管理工作的科学化和规范化，保障用药的安全性、有效性、经济性及合理性，2002年1月21日，卫生部和国家中医药管理局依据《药品管理法》和《医疗机构管理条例》，颁布了《医疗机构药事管理暂行规定》，对医疗机构药事管理作出了详细的规定。医疗机构药事管理是指医疗机构内以服务患者为中心，临床药学为基础，促进临床科学、合理用药的药学技术服务和相关的药品管理工作。

医疗机构药事管理工作是运用现代管理理论、方法和技术，组织、协调和监督医疗机构使用药品的各个组成部分和各个环节的全部活动，以合理的人力、物力、财力，取得最大的治疗效果、工作效率和经济效益。卫生部、国家中医药管理局负责全国医疗机构药事管理工作，县级以上地方卫生行政部门（含中医药行政管理部门）负责本行政区域内的医疗机构药事管理工作。

资料链接

卫生部办公厅关于医疗机构不得宣传、推销和代售麻醉意外险等保险产品的通知

1. 各级各类医疗机构及其医务人员不得通过医疗服务宣传、推销和代售保险产品，不得接受保险产品经营单位为推销产品而给予的馈赠。医疗机构要进一步加强管理，立即开展相关清理和自查自纠工作，严格禁止保险产品经营商利用各种手段在医疗机构内进行保险产品的推销活动。

2. 各级各类医疗机构应当加强内部管理，采取有效措施，提高医疗服务质量，规范医疗服务行为，预防和减少医疗事故的发生；同时应加强医务人员的依法执业意识，发生医疗纠纷应依法予以妥善解决。

3. 地方各级卫生行政部门要切实加强对医疗机构医疗服务行为的监督和管理，切实采取有效措施，维护患者的合法权益。加大检查力度，发现医疗机构及其医务人员向患者及患者家属宣传、推销和代售保险产品的，要立即严肃处理。

4. 地方各级卫生行政部门要按照《关于推动医疗责任保险有关问题的通知》要求，会同地方保险监管部门稳步推进医疗责任保险工作，有效化解和分担医疗风险，保障医患双方的合法权益。

二、我国医疗机构药学服务模式的发展

我国医疗机构药学服务模式从 20 世纪 50 年代开始，经历了调剂（配方）、制剂、临床药学三个阶段。

1. 第一阶段为 20 世纪 50 年代至 60 年代　医疗机构药学服务模式是以调剂（配方）为主的工作模式。医疗机构药学专业技术人员的主要任务为调剂（配方）和药品采购保管，因为只限于重复的技术操作，其药学专业知识不能全面发挥。

2. 第二阶段为 20 世纪 60 年代中期至 70 年代末　医疗机构药学服务模式由单纯的调剂（配方）工作扩展为调剂（配方）与制剂相结合的工作模式。医疗机构药学专业技术人员的主要任务是调剂（配方）、制剂、质量检验以及药品供应和管理。这时，国内制药工业发展

比较缓慢，能生产的药品品种和数量都十分有限，远远不能满足临床需要，许多医疗机构积极扩建制剂室。医疗机构制剂作为医疗机构临床用药的补充，它的产生促进了药品检验和药剂科研工作的进展，对医疗机构药学技术的发展、技术和管理型人才的培养起到了积极作用。

3. 第三阶段为 20 世纪 70 年代末至今　医疗机构药学服务模式逐步向以参与临床用药实践、促进合理用药为主的临床药学工作模式过渡。这一阶段，各级医疗机构在不同水平上开展了各具特色的临床药学工作，许多大、中型医疗机构成立了临床药学室，配备了较高学历的药师。医疗机构药学专业技术人员的主要任务为药学信息服务、不良反应监测和报告、临床药物治疗、协助医师选药、开展治疗药物监测等，逐步形成医、药、护、技互相配合，共同服务于患者的局面。随着临床药学业务的开展，医疗机构药学专业技术人员的组织结构和素质发生了极大变化，高学历和其他相关专业技术人员（医师、工程师）进入了药学部门编制，带动了医院药学继续教育事业的发展。

此外，从 20 世纪 90 年代起，在美国首先兴起了"以患者为中心，提供全方位服务"的医疗机构药学服务模式——药学保健（pharmaceutical care，PC），又译为全程化药学服务、药学监护等。美国卫生系统药师协会（American Society of Health – System Pharmacists，ASHP）对 PC 的定义是：药师的任务是提供 PC，PC 是直接、负责地提供与药物治疗相关的保健，其目的是达到改善患者生命质量的确切效果。PC 是临床药学发展的一个新阶段，是在临床药学基础上发展起来的医院药学工作的新模式。目前，我国正在宣传 PC 这一药学服务新模式，部分有条件的大、中型医疗机构也正在积极开展 PC 工作。

三、医疗机构药事管理委员会（组）和药学部门

医疗机构根据临床工作实际需要成立相应的药事管理委员会（组）和药学部门。药事管理委员会（组）监督、指导本机构科学管理药品和合理用药。药学部门在医疗机构负责人领导下，按照《药品管理法》及相关法律法规和本单位管理的规章制度，具体负责本机构的药事管理工作，包括组织管理本机构临床用药和各项药学服务。

（一）医疗机构药事管理委员会（组）

二级以上的医院应成立药事管理委员会，其他医疗机构可成立药事管理组。

1. 组成人员　药事管理委员会（组）设主任委员 1 名，副主任委员若干名。医疗机构医疗业务主管负责人任主任委员，药学部门负责人任副主任委员。各级医疗机构药事管理委员会（组）委员要求见表 11 – 1。

表 11 – 1　　　　　　　　各级医疗机构药事管理委员会（组）委员要求

医院级别	专业	职称级别
三级医院	药学、临床医学、医院感染管理和医疗行政管理	高级
二级医院	药学、临床医学、医院感染管理和医疗行政管理	中级以上
其他医疗机构	药学、临床医学、医院感染管理和医疗行政管理	初级以上

2. 职责

（1）认真贯彻执行《药品管理法》，按照《药品管理法》等有关法律法规制定本机构有关药事管理工作的规章制度并监督执行。

（2）确定本机构用药目录和处方手册。

（3）审核本机构拟购入药品的品种、规格、剂型等，审核申报配制新制剂及新药上市后临床观察的申请。

（4）建立新药引进评审制度，制定本机构新药引进规则，建立评审专家库，随机抽取组成评委，负责对新药引进的评审工作。

（5）定期分析本机构药物使用情况，组织专家评价本机构所用药物的临床疗效与安全性，提出淘汰药品品种意见。

（6）组织检查医疗用毒性药品、麻醉药品、精神药品及放射性药品等的使用和管理情况，发现问题及时纠正。

（7）组织药学教育、培训和监督，指导本机构临床各科室合理用药。

（二）药学部门

医疗机构应根据本机构的功能、任务、规模，按照精简高效的原则设置相应的药学部门。由于医疗机构规模不一样，药学部门的名称也不一样，如药学部、药剂科等。目前，我国大型的三级甲等医院大多设立药学部，其组织机构模式见图 11 - 1。

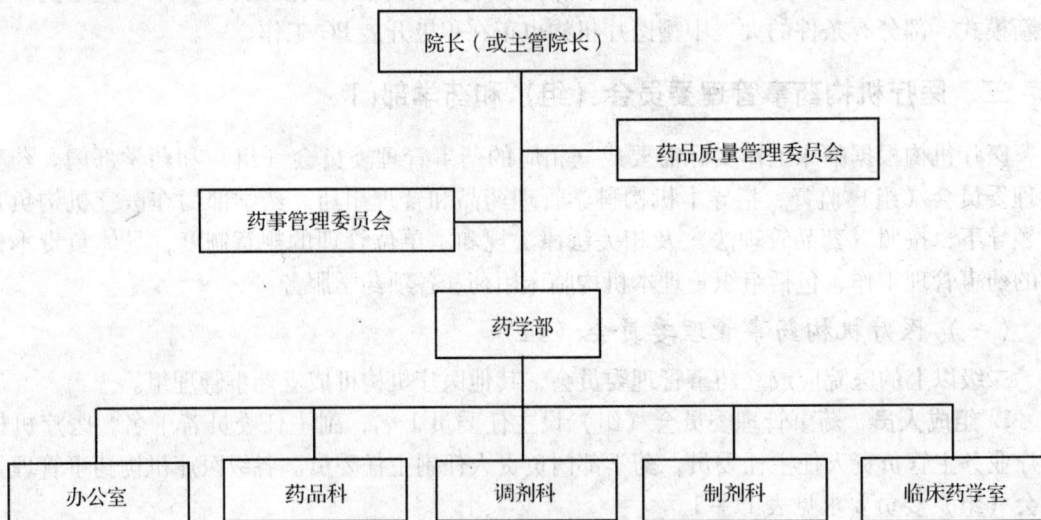

图 11 - 1 药学部组织机构模式图

1. 组成人员

（1）负责人条件要求：各级医疗机构药学部门负责人条件要求见表 11 - 2。

表 11 - 2　　　　　　　　　　　各级医疗机构药学部门负责人条件要求

医院级别	专业	学历	职称级别
三级医院	药学或药学管理	本科以上	高级
二级医院	药学或药学管理	专科以上	中级以上
其他医疗机构	药学	中专以上	药师以上

（2）人员的配备原则和编制：人员配备的基本原则为功能需要原则、能级对应原则、比例合理原则、动态发展原则。医疗机构药学部门的人员编制主要依据为卫生部 1978 年 12 月 2 日颁布实施的《综合医院组织编制原则试行草案》。

此外，我国将全面实行人员聘用制，建立能进能出的人力资源管理制度。完善收入分配制度，建立以服务质量和服务数量为核心、以岗位责任与绩效为基础的考核和激励制度。

2. 职责

（1）药学部门应建立以患者为中心的 PC 工作模式，开展以合理用药为核心的临床药学工作，参与临床药物诊断、治疗，提供药学技术服务，提高医疗质量。

（2）医疗机构应配备和提供与药事工作部门承担的任务相适应的药学专业技术人员、仪器设备和工作条件。

（3）药学部门应建立健全药事工作相关的各项工作制度和技术操作规程。

（4）各项工作记录和检验报告（原始记录、检验依据、检验结论）必须完整，工作记录和检验报告书写清楚，并经复核签字后存档。

第二节　医疗机构的药剂管理

医疗机构的药剂管理是指根据临床需要采购药品、自制制剂、贮存药品、分发药品、进行药品的质量管理和经济管理。加强医疗机构的药剂管理，体现了保障公众用药安全，维护公众健康和用药合法的宗旨。本节主要介绍医疗机构处方管理、药品采购与库存管理、制剂管理三个方面的内容。

一、医疗机构处方管理

规范处方管理，提高处方质量的目的是促进合理用药，保障医疗安全。其中调剂工作是体现这一目的直接环节。调剂（配方）工作是医疗机构工作的前沿，是药学部门直接面对患者的服务窗口，是沟通患者和医护人员之间完成医疗过程的桥梁和纽带。调剂业务管理状况对药品使用过程的质量保证、医疗质量的优劣甚至医疗机构的声誉有直接的影响。

（一）处方

处方是指由注册的执业医师或执业助理医师（以下简称医师）在诊疗活动中为患者开具的、由取得药学专业技术职务任职资格的药学专业技术人员（以下简称药师）审核、调配、核对，并作为患者用药凭证的医疗文书。

1. 处方组成　处方由处方前记、处方正文和处方后记三部分组成。

(1) 处方前记：包括医疗机构名称、费别、患者姓名、性别、年龄、门诊或住院病历号、科别或病区和床位号、临床诊断、开具日期等。麻醉药品和第一类精神药品处方还应当包括患者身份证明编号以及代办人姓名、身份证明编号。

(2) 处方正文：以 Rp 或 R（拉丁文 recipe "请取" 的缩写）标示，分列药品名称、剂型、规格、数量、用法用量。

(3) 处方后记：包括医师签名或加盖专用签章，药品金额以及审核、调配、核对、发药药师签名或加盖专用签章。

此外，医师利用计算机开具、传递普通处方时，应当同时打印出纸质处方，其格式与手写处方一致；打印的纸质处方经签名或加盖签章后有效。药师核发药品时，应当核对打印的纸质处方，无误后发给药品，并将打印的纸质处方与计算机传递处方同时收存备查。

2. 处方权限　经注册的执业医师必须在执业地点取得相应的处方权。经注册的执业助理医师在医疗机构开具的处方，应当经所在执业地点执业医师签名或加盖专用签章后方有效；经注册的执业助理医师在乡、民族乡、镇、村的医疗机构独立从事一般的执业活动，须在注册的执业地点取得相应的处方权。医师应当在注册的医疗机构签名留样或者专用签章备案后，方可开具处方。

试用期人员开具处方，应当经所在医疗机构有处方权的执业医师审核并签名或加盖专用签章后方有效。进修医师由接收进修的医疗机构对其胜任本专业工作的实际情况进行认定后授予相应的处方权。

医疗机构应当按照有关规定，对本机构执业医师和药师进行麻醉药品和精神药品使用知识和规范化管理的培训。执业医师经考核合格，取得麻醉药品和第一类精神药品的处方权后，方可在本机构开具麻醉药品和第一类精神药品处方，但不得为自己开具该类药品处方。

3. 处方书写　处方书写必须符合下列规则：

(1) 患者一般情况、临床诊断填写清晰、完整，并与病历记载相一致。

(2) 每张处方限于一名患者的用药。

(3) 字迹清楚，不得涂改，如需修改，应当在修改处签名并注明修改日期。

(4) 药品名称应当使用规范的中文名称书写，没有中文名称的可以使用规范的英文名称书写；医疗机构或者医师、药师不得自行编制药品缩写名称或者使用代号；书写药品名称、剂量、规格、用法、用量要准确规范，药品用法可用规范的中文、英文、拉丁文或者缩写体书写，但不得使用"遵医嘱"、"自用"等含糊不清字句。

(5) 患者年龄应当填写实足年龄，新生儿、婴幼儿写日、月龄，必要时要注明体重。

(6) 西药和中成药可以分别开具处方，也可以开具一张处方，中药饮片应当单独开具处方。

(7) 开具西药、中成药处方，每一种药品应当另起一行，每张处方不得超过 5 种药品。

(8) 中药饮片处方的书写，一般应当按照"君、臣、佐、使"的顺序排列；调剂、煎煮的特殊要求应当注明在药品右上方，并加括号，如布包、先煎、后下等；对饮片的产地、炮制有特殊要求的，应当在药品名称之前写明。

（9）药品用法用量应当按照药品说明书规定的常规用法用量使用，特殊情况需要超剂量使用时，应当注明原因并再次签名。

（10）除特殊情况外，应当注明临床诊断。

（11）开具处方后的空白处画一斜线以示处方完毕。

（12）处方医师的签名式样和专用签章应当与本院内药学部门留样备查的式样相一致，不得任意改动，否则应当重新登记留样备案。

（13）药品剂量与数量用阿拉伯数字书写。剂量应当使用法定剂量单位：重量以克（g）、毫克（mg）、微克（μg）、纳克（ng）为单位；容量以升（l）、毫升（ml）为单位；国际单位（IU）、单位（U）；中药饮片以克（g）为单位。片剂、丸剂、胶囊剂、颗粒剂分别以片、丸、粒、袋为单位；溶液剂以支、瓶为单位；软膏及乳膏剂以支、盒为单位；注射剂以支、瓶为单位，应当注明含量；中药饮片以剂为单位。

4. 处方限量　处方一般不得超过 7 日用量；急诊处方一般不得超过 3 日用量；某些慢性病、老年病或特殊情况，处方用量可适当延长，但医师应当注明理由。麻醉药品、精神药品、医疗用毒性药品、放射性药品的处方用量应严格执行国家相关规定。

5. 处方有效时间　处方开具当日有效。特殊情况下需延长有效期的，由开具处方的医师注明有效期限，但有效期最长不得超过 3 天。

6. 处方区分和保管　不同处方采用不同颜色，以区分处方类别，减少差错，保证患者用药安全。普通处方的印刷用纸为白色，急诊处方印刷用纸为淡黄色，儿科处方印刷用纸为淡绿色，麻醉药品和第一类精神药品处方印刷用纸为淡红色，第二类精神药品处方印刷用纸为白色。

处方由医疗机构或药品零售企业妥善保存。普通处方、急诊处方、儿科处方保存 1 年；医疗用毒性药品、第二类精神药品处方保存期限为 2 年；麻醉药品和第一类精神药品处方保存期限为 3 年。处方保存期满后，经医疗机构或药品零售企业主管领导批准、登记备案后，方可销毁。

　资料链接

六大特征可界定"大处方"

2007 年 5 月 1 日起实施的《处方管理办法》提到了"大处方"，但没有对"大处方"作出规定，医患双方都不知道何为"大处方"。某医疗机构依据《药品管理法》、《医疗机构管理条例》及医疗保障的有关规定，界定"大处方"的六大特征：

1. 无菌手术或非感染手术，超麻醉诱导期使用抗生素。专业人士解释，无菌手术或非感染手术，在手术前半个小时，即麻醉诱导期内已输入了防止感染的抗生素，而在麻醉诱导期之后的 3 小时之内再使用防止感染的抗生素，就属于"大处方"（免疫功能低下者除外）。

2. 同一患者同时使用两种以上机制相同的药物。

3. 病情不需要时，超疗程、超剂量用药。

4. 使用与疾病治疗无关的药物。

5. 医保患者出院时超量带药。

6. 为医保患者攒药。

（二）医疗机构调剂工作

1. 调剂 调剂（dispensing）是指配药，即配方、发药，又称调配处方。

调剂科（室）的主要任务是：①根据医师处方及临床各科室请领单及时配发药品；②监督并协助病区各科室做好药品管理工作和合理用药；③介绍药品知识和药品供应情况，推荐新药，提供药学咨询服务；④筹划抢救危重患者的用药；⑤严格麻醉药品、精神药品、医疗用毒性药品的管理。

医疗机构药学部门的调剂业务分类：①按患者种类分为门诊调剂和急诊调剂；②按药品性质分为西药调剂和中药调剂。

调剂涉及的组织机构有：门诊西药调剂室（门诊西药药房）、门诊中药调剂室（门诊中药房）、急诊调剂室（急诊药房）、住院部调剂室（住院药房）。

2. 调剂流程 以门诊调剂为例，调剂过程包括：

（1）收方：从患者或病房护理人员处接收处方或药品请领单。

（2）审查处方：药学技术人员应当认真逐项检查处方前记、处方正文和处方后记书写是否完整、清晰，并确定处方的合法性。药师应当对处方用药适宜性进行审核，审核内容包括：①规定必须做皮试的药品，处方医师是否注明过敏试验及结果的判定；②处方用药与临床诊断的相符性；③用法用量的正确性；④选用剂型与给药途径的合理性；⑤是否有重复给药现象；⑥是否有潜在临床意义的药物相互作用和配伍禁忌；⑦其他用药不适宜情况。

（3）调配处方：按处方调配药剂或取出药品。

（4）包装和贴标签：包装袋和药瓶标签上应标示患者姓名、药品名称、规格、用法用量等。

（5）核对处方：仔细查对所取的药品与处方药品是否一致，防止差错。

（6）发药：发药时应对患者做解释、交代工作。

3. 中药饮片调剂

（1）中药饮片处方特点

1）组成复杂：处方一般由"君、臣、佐、使"（君药、臣药、佐药、使药）组成，所以一张处方多有几种至几十种药物，单味药方则少见。

2）并开药物：并开是指两味药合在一起开写，如青陈皮（青皮、陈皮）。如果在并开药物的右上方注有"各"字，表示每味药均按处方量称取；如果未注有"各"字，或注有"合"字，则表示每味药称取处方量的半量。

3）常规用药：指每一种药的习惯用法，如黄芪、党参、当归、甘草等，习惯用生品，医师在处方上未注明"炙"、"炒"时，一般均按生用发给。

4）附有脚注：脚注是医师在处方药名右上方或下角提出的简单嘱咐或要求。脚注的内容有：对煎服的要求，如先煎、后下、烊化、包煎、另煎、冲服等，配方时这些药物要单独包装。

（2）中药饮片调剂工作程序：中药饮片调剂工作程序的特别之处主要体现在审查处方、调配处方、核对处方和发药四个过程中。

1）审查处方：处方内容是否有缺项或书写潦草、填写不清，如发现问题应与处方医师或者患者核对清楚以及处方中有无配伍禁忌和妊娠用药禁忌等。

2）调配处方：调配时，对每味药应按处方先后顺序排列，逐一称量，逐味摆齐；饮片总量分帖，应按称量减重法进行；需要特殊处理的药物，如先煎、后下、包煎、冲服等，必须另包并予以注明；方中如有坚硬块大的根及根茎类药材、果实种子类药材及矿石类、动物骨甲壳类、胶类等药材均应捣碎方可投入；处方上未注明生用者，一般付给炮制品；配方完毕，配方人员需自行核对，全部无误后，根据处方内容填写好中药包装袋，并在处方上签字或盖章，然后将配好的药物与处方一起送给核对发药人员。

3）核对处方：对处方正文的核对要严格进行"三查"（查配方、查用法、查禁忌）、"四对"（对药名、对实物、对分量、对剂量）。

4）发药：将调配好的中药交给煎药人员或发给患者。给门诊患者发药时还要将煎法、服法、饮食禁忌等向患者交代清楚。

4. 调剂模式 医疗机构药品的调剂模式主要包括门诊调剂工作模式和住院部调剂工作模式。

（1）门诊调剂工作模式：我国各级医疗机构的门诊调剂室（门诊药房）普遍采用窗口型双核对调剂模式来完成药品调剂工作。实行窗口发药的配方方法有三种方式，包括独立配方法、流水作业配方法和结合法。

此外，随着医院药学的发展和药师职能的转变，我国部分医疗机构采用柜台式调剂模式。患者交费后，计算机系统将安排患者到取药柜台，同时调剂中心的药师根据计算机信息将药品调剂后放在规定的柜台前，从而减少了患者候药时间。

（2）住院部调剂工作模式：住院部调剂工作不同于门诊调剂工作，需要将患者所需的药剂定期发送到病区。有三种方式供药：凭处方取药、病区小药柜制、中心摆药制。

此外，近年来在住院调剂工作方面，医疗机构信息系统（Hospital Information System，HIS）建立了中央物流传输系统，即医疗机构内部药品的领用和退还由物流传输系统完成。

（三）中药煎药室管理

为保证中药汤剂煎煮质量，确保中药汤剂安全有效，加强中药煎药室规范化、制度化建设，卫生部、国家中医药管理局组织有关专家对1997年制定的《中药煎药室管理规范》进行了修订，颁布了《医疗机构中药煎药室管理规范》，并于2009年3月16日正式施行。具体内容如下：

1. 设施与设备要求

（1）中药煎药室（以下简称煎药室）应当远离各种污染源，周围的地面、路面、植被等应当避免对煎药造成污染。

（2）煎药室的房屋和面积应当根据本医疗机构的规模和煎药量合理配置。工作区和生活区应当分开，工作区内应当设有储藏（药）、准备、煎煮、清洗等功能区域。

（3）煎药室应当宽敞、明亮，地面、墙面、屋顶应当平整、洁净、无污染、易清洁，应当有有效的通风、除尘、防积水以及消防等设施，各种管道、灯具、风口以及其他设施应当避免出现不易清洁的部位。

（4）煎药室应当配备完善的煎药设备设施，并根据实际需要配备储药设施、冷藏设施以及量杯（筒）、过滤装置、计时器、贮药容器、药瓶架等。

（5）煎药工作台面应当平整、洁净。

2. 人员要求

（1）煎药室应当由具备一定理论水平和实际操作经验的中药师具体负责煎药室的业务指导、质量监督及组织管理工作。

（2）煎药人员应当经过中药煎药相关知识和技能培训并考核合格后方可从事中药煎药工作。

（3）煎药人员应当每年至少体检一次。传染病、皮肤病等患者和乙肝病毒携带者、体表有伤口未愈合者不得从事煎药工作。

（4）煎药人员应当注意个人卫生。煎药前要进行手的清洁，工作时应当穿戴专用的工作服并保持工作服清洁。

3. 煎药操作方法

（1）煎药应当使用符合国家卫生标准的饮用水。待煎药物应当先行浸泡，浸泡时间一般不少于 30 分钟。

（2）每剂药一般煎煮两次，将两煎药汁混合后再分装。

（3）煎药量应当根据儿童和成人分别确定。儿童每剂一般煎至 100～300ml，成人每剂一般煎至 400～600ml，一般每剂按两份等量分装，或遵医嘱。

（4）凡注明有先煎、后下、另煎、烊化、包煎、煎汤代水等特殊要求的中药饮片，应当按照要求或医嘱操作。

（5）药料应当充分煎透，做到无糊状块、无白心、无硬心。

（6）内服药与外用药应当使用不同的标识区分。

（7）煎煮好的药液应当装入经过清洗和消毒并符合盛放食品要求的容器内，严防污染。

（8）使用煎药机煎煮中药，煎药机的煎药功能应当符合《医疗机构中药煎药室管理规范》的相关要求。

（9）包装药液的材料应当符合药品包装材料国家标准。

4. 煎药室的管理

（1）煎药室应当由药剂部门统一管理。药剂部门应有专人负责煎药室的组织协调和管理工作。

（2）药剂部门应当根据本单位的实际情况制定相应的煎药室工作制度和相关设备的标准操作规程（SOP），工作制度、操作程序应当装订成册并张挂在煎药室的适宜位置，严格执行。

（3）煎药人员在领药、煎药、装药、送药、发药时应当认真核对处方（或煎药凭证）

有关内容，建立收发记录，内容真实，记录完整。

（4）急煎药物应在2小时内完成，要建立中药急煎制度并规范急煎记录。

（5）煎药设备设施、容器使用前应确保清洁，要有清洁规程和每日清洁记录。用于清扫、清洗和消毒的设备、用具应放置在专用场所妥善保管。

（6）传染病患者的盛药器具原则上应当使用一次性用品，用后按照医疗废物进行管理和处置。不具备上述条件的，对重复使用的盛药器具应当加强管理，固定专人使用，且严格消毒，防止交叉污染。

（7）加强煎药的质量控制、监测工作。药剂科负责人应当定期（每季度至少一次）对煎药工作质量进行评估、检查，征求医护人员和住院患者意见，并建立质量控制、监测档案。

资料链接

我国"医药分业"的三种尝试

我国的医药分业试点，目前主要尝试了"改建"、"托管"和"剥离"三种模式。

"改建模式"即医疗机构所拥有的药房从医疗体系中独立出来，以药品零售商的角色参与市场竞争。其特点是医药分开核算、分别管理，但医疗机构仍拥有药房所有权和经营权。依据是否依靠外部力量，这种模式又可进一步划分为"自主改建"与"合作改建"两种类型。

"托管模式"是指在保持药房法人地位、产权、人事关系三不变的前提下，医疗机构将药房委托给经营能力强、实力雄厚的药品经营企业经营，托管企业负责全部药品的采购、配送和日常管理，并按合同规定向医疗机构上缴一定的利润。其特点是药房的所有权与经营权相分离，医疗机构不再过问药房经营细节，只分享企业利润。

"剥离模式"即医疗机构采取出售、招标、重组等方式将药房分离出去，使之成为自负盈亏的独立法人，自主经营，照章纳税，与社会药店展开公平的竞争。其特点是完全取消了医疗机构对药房的所有权与经营权，药房与医疗机构在经济利益上完全分离。

二、药品采购管理和库存管理

药品在进入医疗机构时，应严把采购关，保障进入医疗机构的药品的质量合格。药品进入医疗机构后到患者使用之前，应严格控制仓储条件，保证药品储藏过程中的质量安全。

（一）药品采购管理

1. 药品采购计划 医疗机构的药学部门要掌握新药动态和市场信息，根据本医疗机构用药的实际情况，参考准确数据，制定药品采购计划。药品采购计划根据时段特点一般可以分为年度计划、季度计划、月计划和临时计划。药品采购计划须经有关部门审批后方可实施，采购时实行公开招标采购、议价采购或参加集中招标采购。

2. 药品采购原则 遵守药品质量第一原则、药品价格合理原则、药品供应商资质审核原则以及主渠道进货原则，保证医疗机构药品的供应。

3. 药品验收、入库　医疗机构必须建立并执行药品进货检查验收制度，对质量可疑的药品必须经检验合格后方可入库、出库。有关药品验收、入库的具体要求与药品经营企业验收、入库要求相一致。

（二）药品库存管理

药学部门应制定和执行药品保管制度，定期对贮存药品进行抽检。药品仓库应具备冷藏、防冻、防潮、避光、通风、防火、防虫、防鼠等适宜的仓储条件，以保证药品质量。

化学药品、中成药和中药饮片应分别储存、分类定位、整齐存放。易燃、易爆、强腐蚀性等危险性药品必须另设仓库，单独存放，并采取必要的安全措施。对麻醉药品、精神药品、医疗用毒性药品、放射性药品必须按国家有关规定进行管理，并监督使用。

定期对库存药品进行养护，防止变质失效。过期、失效、淘汰、霉烂、虫蛀、变质的药品不得出库，应按有关规定及时处理。

三、医疗机构制剂管理

医疗机构配制的制剂，应当是本单位临床需要而市场上没有供应的品种，并须经所在地省级药品监督管理部门批准后方可配制。

医疗机构制剂经检验质量合格的，凭医师处方在本医疗机构使用，不得在市场销售。发生灾情、疫情、突发事件或者临床急需而市场没有供应时，经过批准可以在指定的医疗机构之间调剂使用。为了充分保证医疗机构制剂的质量，国家通过法律法规的实施使医疗机构制剂的管理日趋完善，其发展过程见表 11 - 3。

表 11 - 3　　　　　　　　医疗机构制剂管理发展过程

时间	法律法规名称	医疗机构制剂管理的具体要求
1978	《药政管理条例》	提出医疗机构制剂室必须具备的技术条件
1981	《国务院关于加强医药管理的决定》	提出医疗机构制剂配制必须具备的技术条件
1985	《药品管理法》及《药品管理法实施办法》	医疗机构制剂有了合法的身份；提出医疗机构制剂室须具备的三项条件：设施、检验仪器和卫生条件
1989	《核发〈制剂许可证〉验收标准（暂行）》	对配制制剂的性质、范围、人员、条件和环境、设备、卫生、制剂工艺、制剂质量、包装和贴签、规章制度 9 项内容作了详细规定，并增加"管理制度"作为医疗机构配制制剂的基本条件
2000	《〈医疗机构制剂许可证〉验收标准》	对医疗机构制剂配制提出了更严格要求
2001	《药品管理法》（修订）	对医疗机构配制制剂作了更为严格、全面的规定，要求医疗机构配制制剂必须首先申请取得《医疗机构制剂许可证》，制剂的品种必须经过批准

时间	法律法规名称	医疗机构制剂管理的具体要求
2001	《医疗机构制剂配制质量管理规范》（试行）	确定医疗机构制剂配制和质量管理的基本原则
2005	《医疗机构制剂配制监督管理办法》（试行）	对医疗机构制剂的配制及其监督管理作了详细规定
2005	《医疗机构制剂注册管理办法》（试行）	对申请医疗机构制剂的配制、调剂使用，以及进行相关的审批、检验和监督管理作了详细规定

下面依据《医疗机构制剂配制质量管理规范》（试行）、《医疗机构制剂配制监督管理办法》（试行）、《医疗机构制剂注册管理办法》（试行）三个法规文件介绍医疗机构制剂管理。

（一）《医疗机构制剂配制质量管理规范》（试行）

医疗机构配制制剂作为一种药品生产过程，应当按药品生产企业进行管理，按《药品生产质量管理规范》（GMP）的要求进行规范。因此，原国家药品监督管理局（SDA）根据《药品管理法》和《药品管理法实施条例》，参照 GMP 的基本原则，于 2001 年颁布了《医疗机构制剂配制质量管理规范》（试行）（以下简称《规范》）。

《规范》的实施为医疗机构生产合格制剂提供了有效的保证，同时促进了医疗机构制剂配制规范化进程，加快了我国医院药学的发展步伐。《规范》主要包括机构与人员、房屋与设施、设备、物料、卫生、文件、配制管理、质量管理与自检、使用管理。

1. 机构与人员 《规范》对医疗机构制剂配制的机构与人员要求如下：

（1）医疗机构负责人要对《规范》的实施及制剂质量负责。

（2）制剂室和药检室的负责人应具有大专以上药学或相关专业学历，具有相应管理的实践经验，有对工作中出现的问题作出正确判断和处理的能力，制剂室和药检室的负责人不得互相兼任。

（3）从事制剂配制操作及药检人员，应经专业技术培训，具有基础理论知识和实际操作技能，此外凡有特殊要求的制剂配制操作和药检人员还应经过相应的专业技术培训。

（4）凡从事制剂配制工作的所有人员均应熟悉本《规范》，并应通过本《规范》的培训与考核。

2. 房屋与设施、设备、物料、卫生 《规范》对医疗机构制剂配制的硬件要求如下：

（1）房屋与设施：①为保证制剂质量，制剂室应远离各种污染源，并有防止污染物进入的有效设施，还应设工作人员更衣室；②各工作间应按制剂工序和空气洁净度级别要求合理布局；③各种制剂应根据剂型的需要，工序合理衔接，设置不同的操作间，按工序划分操作岗位。其中中药材的前处理、提取、浓缩等必须与其后续工序严格分开，并应有有效的除尘、排风设施；④制剂室应具有与所配制剂相适应的物料、成品等库房，并有通风、防潮等设施；⑤制剂室在设计和施工时，应考虑在使用时便于进行清洁工作；⑥根据制剂工艺要求，划分空气洁净度级别，洁净室（区）应有足够照度等。

（2）设备：制剂配制和检验应有与所配制制剂品种相适应的设备、设施与仪器；设备的选型与安装应符合制剂配制要求；纯化水、注射用水的制备、储存和分配应能防止微生物的滋生和污染；储罐和输送管道所用材料应无毒、耐腐蚀；管道的设计和安装应避免死角、盲管，并应由专人管理，定期维修、保养，并做好记录。

（3）物料：制剂配制所用物料的购入、储存、发放与使用等应制定相应的管理制度。所用物料应符合药用要求，不得对制剂质量产生不良影响。制剂配制所用的中药材应按质量标准购入，合理储存与保管。各种物料要严格管理，合格物料、待验物料及不合格物料应分别存放，并有易于识别的明显标志；不合格物料应及时处理。各种物料应按其性能与用途合理存放，对温度、湿度等有特殊要求的物料，应按规定条件储存；挥发性物料的存放，应注意避免污染其他物料；各种物料不得露天存放。物料应按照规定的使用期限储存，储存期内如有特殊情况应及时检验。

此外，制剂的标签、说明书必须与药品监督管理部门批准的内容、式样、文字相一致，不得随意更改；应专柜存放，专人保管，不得流失。

（4）卫生：所有工作区域应严格注重卫生管理，工作人员要定期进行体检，严格卫生管理制度。

3. 文件　医疗机构制剂在配制过程中，为了确保药品质量及其使用安全，应有生产管理与质量管理各项制度和记录的文件。具体内容如下：

（1）制剂室应有的文件：《医疗机构制剂许可证》及申报文件、验收、整改记录；制剂品种申报及批准文件；制剂室年检、抽查、监督检查文件及记录。

（2）制剂室应有的制度和记录：①制剂室操作间、设施和设备的使用、维护、保养等制度和记录；②物料的验收、配制操作、检验、发放、成品分发和使用部门及患者的反馈、投诉等制度和记录；③配制返工、不合格品管理、物料退库、报损、特殊情况处理等制度和记录；④留样观察制度和记录；⑤制剂室内外环境、设备、人员等卫生管理制度和记录；⑥《规范》和专业技术培训的制度和记录。

（3）制剂配制管理文件：①配制规程；②SOP；③配制记录（制剂单）。

（4）配制制剂质量管理文件：①物料、半成品、成品的质量标准和检验操作规程；②制剂质量稳定性考察记录；③检验记录。

4. 配制管理　在配制医疗机构制剂过程中，需遵守配制规程和SOP，配制规程和SOP不得任意修改，如需修改时必须按制定时的程序办理修订、审批手续。

在同一配制周期中制备出来的一定数量常规配制的制剂为一批，一批制剂在规定限度内具有同一性质和质量，每批制剂均应编制制剂批号。并应按投入和产出的物料平衡进行检查，如有显著差异，必须查明原因，在得出合理解释、确认无潜在质量事故后，方可按正常程序处理。

每批制剂均应保留一份配制过程各个环节的完整记录。操作人员应及时填写记录，填写时要做到字迹清晰、内容真实、数据完整，并由操作人、复核人及清场人签字。记录应保持整洁，不得撕毁和任意涂改。需要更改时，更改人应在更改处签字，并需使被更改部分可以辨认。

此外，新制剂的配制工艺及主要设备应按验证方案进行验证。当影响制剂质量的主要因素，如配制工艺或质量控制方法、主要原辅料、主要配制设备等发生改变时以及配制一定周期后，应进行再验证。所有验证记录应归档保存。

5. 质量管理与自检 医疗机构配制制剂过程中质量管理组织主要负责制剂配制全过程的质量管理，并应定期组织自检。自检应按预定的程序，按规定的内容进行检查。自检应有记录并写出自检报告，包括评价及改进措施等。制剂配制过程中的检验由药检室负责。

6. 使用管理 医疗机构制剂应按药品监督管理部门制定的原则并结合剂型特点、原料药的稳定性和制剂稳定性试验结果规定使用期限。制剂配发必须有完整的记录或凭证，内容包括：领用部门、制剂名称、批号、规格、数量等。制剂在使用过程中出现质量问题时，制剂质量管理组织应及时进行处理，出现质量问题的制剂应立即收回，并填写收回记录。收回记录应包括：制剂名称、批号、规格、数量、收回部门、收回原因、处理意见及日期等。

制剂使用过程中发现的不良反应，应按《药品不良反应报告和监测管理办法》的规定予以记录，填表上报。保留病历和有关检验、检查报告单等原始记录至少 1 年备查。

（二）《医疗机构制剂配制监督管理办法》（试行）

医疗机构制剂配制监督管理是指药品监督管理部门依法对医疗机构制剂配制条件和配制过程等进行审查、许可、检查的监督管理活动。根据《药品管理法》、《药品管理法实施条例》的规定，制定的《医疗机构制剂配制监督管理办法》（试行），加强了医疗机构制剂配制的监督管理。

医疗机构配制制剂，须经所在地省级卫生行政部门审核同意，由省级药品监督管理部门批准，发给《医疗机构制剂许可证》。无《医疗机构制剂许可证》的，不得配制制剂。《医疗机构制剂配制监督管理办法》（试行）主要包括医疗机构制剂许可、《医疗机构制剂许可证》的管理、监督检查等。

1. 医疗机构制剂许可 医疗机构设立制剂室，应当向所在地省级卫生行政部门提出申请，经审核同意后向所在地省级药品监督管理部门提交相关材料，省级药品监督管理部门应当自收到申请之日起 30 个工作日内，按照国家药品监督管理部门制定的《〈医疗机构制剂许可证〉验收标准》组织验收。验收合格的，予以批准，并自批准决定作出之日起 10 个工作日内向申请人核发《医疗机构制剂许可证》，同时将有关情况报国家药品监督管理部门备案；验收不合格的，作出不予批准的决定，书面通知申请人并说明理由，同时告知申请人享有依法申请行政复议或者提起行政诉讼的权利。

2.《医疗机构制剂许可证》管理 《医疗机构制剂许可证》是医疗机构配制制剂的法定凭证，有效期为 5 年，分正本和副本，正本、副本具有同等法律效力。《医疗机构制剂许可证》应当载明证号、医疗机构名称、医疗机构类别、法定代表人、制剂室负责人、配制范围、注册地址、配制地址、发证机关、发证日期、有效期限等项目。任何单位和个人都不得伪造、变造、买卖、出租、出借《医疗机构制剂许可证》。

《医疗机构制剂许可证》有效期届满需要继续配制制剂的，医疗机构应当在有效期届满前 6 个月，向原发证机关申请换发《医疗机构制剂许可证》；医疗机构终止配制制剂或者关闭的，由原发证机关缴销《医疗机构制剂许可证》，同时报国家药品监督管理部门备案。

《医疗机构制剂许可证》变更分为许可事项变更和登记事项变更。变更《医疗机构制剂许可证》许可事项的，需在许可事项发生变更前30日，向原审核、批准机关申请变更登记。变更登记事项的，应当在有关部门核准变更后30日内，向原发证机关申请《医疗机构制剂许可证》变更登记。

3. 监督检查 监督检查的主要内容是医疗机构执行《医疗机构制剂配制质量管理规范》（试行）的情况、《医疗机构制剂许可证》换发的现场检查以及日常监督检查。

国家药品监督管理部门可以根据需要组织对医疗机构制剂配制进行监督检查，同时对省级药品监督管理部门的监督检查工作情况进行监督和抽查。省级药品监督管理部门负责本辖区内医疗机构制剂配制的监督检查工作。监督检查完成后，药品监督管理部门在《医疗机构制剂许可证》副本上载明检查情况，并记载以下内容：①检查结论；②配制的制剂是否发生重大质量事故，是否有不合格制剂受到药品质量公报通告；③制剂室是否有违法配制行为及查处情况；④制剂室当年是否无配制制剂行为。

此外，医疗机构制剂配制发生重大质量事故时，必须立即报所在地省级药品监督管理部门和有关部门，省级药品监督管理部门应当在24小时内报国家药品监督管理部门。

（三）《医疗机构制剂注册管理办法》（试行）

为加强医疗机构制剂的管理，规范医疗机构制剂的申报与审批，SFDA根据《药品管理法》及《药品管理法实施条例》，制定了《医疗机构制剂注册管理办法》（试行），并于2005年8月1日起实施。这标志着医疗机构制剂逐步被药品监督管理部门纳入严格的药品管理范围，为降低患者的用药安全隐患起到重要作用。《医疗机构制剂注册管理办法》（试行）主要包括医疗机构制剂申报和审批、补充申请和再注册、监督管理、调剂使用。

1. 医疗机构制剂申报与审批 申请配制医疗机构制剂的，申请人应当填写《医疗机构制剂注册申请表》，向所在地省级药品监督管理部门或者其委托的设区的市级药品监督管理机构提出申请，并报送有关资料和制剂样品。省级药品监督管理部门或者其委托的设区的市级药品监督管理机构对申报资料进行形式审查，符合要求的予以受理。受理后10日内组织现场考察，连续抽取3批检验用样品，通知药品检验所。市级药品监督管理机构完成审查受理工作后须将相关资料报送省级药品监督管理部门。

药品检验所40日内完成样品检验和质量标准技术复核，出具检验报告书及标准复核意见，报送省级药品监督管理部门。省级药品监督管理部门应当在收到全部资料后40日内组织完成技术审评，符合规定的，发给《医疗机构制剂临床研究批件》，准许临床研究。申请人完成临床研究后，向省级药品监督管理部门或者其委托的设区的市级药品监督管理机构报送临床研究总结资料。

省级药品监督管理部门收到全部申报资料后40日内组织完成技术审评，作出是否准予许可的决定。符合规定的，10日内向申请人核发《医疗机构制剂注册批件》及制剂批准文号，同时报SFDA备案。

医疗机构制剂批准文号的格式为：X药制字H（Z）+4位年号+4位流水号，其中X代表省（自治区、直辖市）简称，H代表化学制剂，Z代表中药制剂。

此外，有下列情形之一的，不得作为医疗机构制剂注册申报：①市场上已有供应的品种；②含有未经国家药品监督管理部门批准的活性成分的品种；③除变态反应原外的生物制品；④中药注射剂；⑤中药、化学药组成的复方制剂；⑥麻醉药品、精神药品、医疗用毒性药品、放射性药品；⑦其他不符合国家有关规定的制剂。

2. 医疗机构制剂补充申请与再注册　医疗机构配制制剂，应严格执行经批准的质量标准，并不得擅自变更工艺、处方、配制地点和委托配制单位。需要变更的，申请人应当提出补充申请并报送相关资料，经批准后方可执行。医疗机构制剂批准文号有效期为 3 年。有效期届满需要继续配制的，申请人应当在有效期届满前 3 个月按照原申请配制程序提出再注册申请，并报送有关资料。

此外，有下列情形之一的，省级药品监督管理部门不予批准再注册，并注销制剂批准文号：①市场上已有供应的品种；②按照本办法应予撤销批准文号的；③未在规定时间内提出再注册申请的；④其他不符合规定的。

3. 医疗机构制剂监督管理　配制和使用制剂的医疗机构应注意观察制剂在使用过程中的不良反应，并按国家药品监督管理部门的有关规定报告和处理。省级药品监督管理部门对质量不稳定、疗效不确切、不良反应大或其他原因危害公众健康的医疗机构制剂，应责令医疗机构停止配制，并撤销其批准文号。已被撤销批准文号的医疗机构制剂，不得配制和使用；已经配制的，由当地药品监督管理部门监督销毁或者处理，并对违反相关规定的医疗机构进行相应处罚。

4. 医疗机构制剂的调剂使用　医疗机构制剂一般不得调剂使用。发生灾情、疫情、突发事件或者临床急需而市场没有供应时，需要调剂使用的，属省级辖区内医疗机构制剂调剂的，必须经所在地省级药品监督管理部门批准；属 SFDA 规定的特殊制剂以及省、自治区、直辖市之间医疗机构制剂调剂的，必须经 SFDA 批准。

第三节　临床药学管理

临床药学是以患者为对象，研究合理用药的应用学科，是现代药学与临床相结合的产物。这就要求药学技术人员在临床治疗活动中充分应用所学知识，医药结合，将工作由保证临床供应向临床实践和为患者直接服务转变，如开展 PC、治疗药物监测、药品不良反应监测、药物经济学研究等。临床药学的有效管理将保证安全、有效、经济、合理地使用药品，达到提高治疗效果、提高生存质量的目的。本节主要介绍临床药学管理的实施依据、临床药学工作的基本内容两个方面的内容。

一、临床药学管理的实施依据

我国不合理用药的情况十分严重，约占用药者的 12% ~ 32%，主要表现为：①用药不对症；②使用无确切疗效的药物；③用药不足；④用药过分；⑤使用毒副作用过大的药物；⑥合并用药不适当；⑦给药方案不合理；⑧重复给药等。临床合理用药是临床药学管理的出发点和归宿，其涉及医疗卫生大环境的综合治理，有赖于国家相关方针政策的制定和调整。

《医疗机构药事管理暂行规定》中，对药品临床应用管理作出了具体、全面的规定。其中包括逐步建立临床药师制；实施药品不良反应报告制度；医疗机构开展新药临床研究必须严格执行国务院卫生行政部门和国家药品监督管理部门的有关规定；临床药学专业技术人员参与临床药物治疗方案设计，对重点患者实施治疗药物监测，指导合理用药，收集药物安全性和疗效等信息，建立药学信息系统，提供用药咨询服务；药学专业技术人员发现处方或医嘱所列药品违反治疗原则，应拒绝调配；发现滥用药物或药物滥用者应及时报告本机构药学部门和医疗管理部门，并按规定上报卫生行政部门和其他有关部门等。

《处方药与非处方药分类管理办法》的发布是医药卫生事业发展、医疗卫生体制和药品监督管理深化改革的里程碑，对促进我国药品监督管理模式与国际接轨，保障公众用药安全有效，增强公众自我保健、自我药疗意识，确保合理用药起到重要作用。其中提到非处方药必须印有国家制定的非处方药专有标识，方可以进入医疗机构；消费者有权自主选购非处方药，但必须按照非处方药的标签和说明书所示内容使用，处方药也可以在社会零售药店中零售，但必须凭医师处方才可购买和使用等。

国家基本药物制度的推行对保障国家基本药物的公平可及、安全有效与合理使用起到重要作用。今后我国城乡基层医疗机构将全部配备、使用国家基本药物，其他各类医疗机构也要将国家基本药物作为首选药物并确定使用比例。因此必须尽快制定国家基本药物临床应用指南、基本药物处方集，以规范国家基本药物的使用。

此外，一些药物临床应用指导原则的制定，有助于开展临床用药监控，对过度使用药物的行为及时予以干预，从而推动合理使用药物、保障患者用药安全、规范医疗机构和医务人员用药行为。

资料链接

开展临床药学服务的几种模式

我国开展临床药学服务取得的成效不显著，以下几种新型的模式，可能对临床药学服务的开展有所帮助。

1. 药师把药品由病区药房送至临床一线，增强了药师与临床医生、护士及患者的接触与沟通，使彼此的关系更加密切，为进一步开展临床药学服务打下扎实的基础。

2. 分散型的输液配置中心（每个病区设置一个净化操作台），使药师在工作中了解病区内每位患者的用药情况，为药师面对患者提供用药咨询奠定基础。同时，药师能够及时掌握病区内患者的用药是否合理或有无配伍禁忌。

3. 分科室、分专业设置临床药师，可使临床药师在短期内全面、深入地掌握本科室的药学知识，给临床提供用药指导和咨询；并可使药师较容易地掌握临床单一专业的医学知识，使之与临床医生、护士面对面的交流成为可能。

4. 利用现有的网络资源，进行网上药物信息咨询，将药物的价格、规格、药理作用、药动学参数、理化性质、配伍禁忌、药物的相互作用、使用方法、剂量、不良反应、注意事项等在网上进行公布，为药师提供了方便、快捷的查询。这不仅减轻了临床药师的工作量，也有利于提高临床药师的工作质量。

二、临床药学工作的基本内容

临床药学工作的主要任务是通过对药物临床应用规律的掌握，起到发挥药物疗效，减少不良反应，合理利用药物资源的作用。其基本内容主要包括：治疗药物监测、药品不良反应监测、药物经济学应用、药物利用研究、药学信息服务。

（一）治疗药物监测

治疗药物监测（therapeutic drug monitoring，TDM）是以药动学原理为基础，运用现代分析手段在用药过程中测定血液或其他体液中的药物浓度，用于药物治疗与评价。TDM 为诊断、治疗提供参考，并且提供个体化给药方案。治疗药物监测是临床药学工作的一个重要方面，也是药物治疗学的重要内容。

1. 药物实施 TDM 的条件 不是所有的药物都需要进行监测，多数常用药物不需进行 TDM 测定。实施 TDM 的药物应符合以下条件：①体液药物浓度变化可以反映靶部位浓度的变化；②药效和药物浓度有密切的相关性；③药效不能用临床指标评价的药物；④已知药物的有效浓度范围；⑤测定技术可行；⑥测定方法具有特异性、灵敏性、精确性和操作便捷性等。

2. 药物实施 TDM 的步骤

（1）申请：要对某一患者的临床用药进行监测，首先应由临床药师提出申请，填写治疗药物监测申请单。

（2）测定：测定前应先取样，样品除了血浆、血清及全血外，还可以是唾液、尿液或脑脊液等体液。取样的多少与具体时间，应根据监测的要求、目的及具体药物而定，也应该根据处理的方法而定。这个步骤中还涉及方法的选用，可采用的方法有紫外吸收光谱法、薄层层析法、气相色谱法、高效液相色谱法等。

（3）数据处理：根据相关原理对所监测到的数据进行分析、处理，是治疗药物监测中的重要环节，如进行血药浓度测定后，要根据药动学原理和群体药动学参数，估算具体患者的药动学参数，为临床合理设计给药方案提供依据。

（4）结果解释：临床药师不仅负责操作和报出结果，还要对结果进行解释。首先，掌握必要的材料，包括患者的生理状态、病理状态、用药情况以及影响药物蛋白质结合率的因素和被监测药物的用药过程、有效血药浓度范围、剂量－血药浓度－效应间的相关程度及其影响因素等。其次，比较实测结果和预计结果，作出解释。

（5）制定新的给药方案：根据新的参数，制定新的给药方案。

（二）药品不良反应监测

药品是特殊的商品，它可以预防、诊断、治疗疾病，但如果使用不当，可能就会出现异常生理现象、毒副作用，甚至危及生命。严重的药害事件使公众认识到，药品不是绝对安全的。由于药品上市前的动物实验和临床试验的局限性，在特殊人群中发生的药品不良反应不易被发现，所以应该加强药品上市后的安全性监测。采用科学方法对药品不良反应信息进行分析、评价，确定因果关系，为药品监督管理工作和保证公众用药安全有效提供科学依据，防止不良反应重复发生，从而提高合理用药水平，并为新药上市及上市药品再评价提供客观依据，保障公众用药安全。

医疗机构不仅是药品不良反应监测的主体，又是药品不良反应监测的重要场所，因此做好医疗机构药品不良反应监测的组织和管理制度建设，意义十分重大。《药品不良反应报告和监测管理办法》的颁布，加强了上市药品的安全监督，加强了药品不良反应监测工作的管理，确保了公众用药安全有效。

目前，医疗机构中药品不良反应监测的主要工作模式如下：

（1）建立药品不良反应报告制度：《药品管理法》以及《药品不良反应报告和监测管理办法》的相关规定使实行药品不良反应报告制度有了法律依据。医疗机构根据药品不良反应监测中心对药品不良反应监测的要求，结合本单位的具体情况制定细则。

（2）成立医疗机构药品不良反应监测组：院长或负责医疗工作的副院长任组长，医务科长、药剂科主任、护理部主任任副组长，医生、护士和临床药师等为小组成员。监测组对收集的不良反应报告进行整理、完善和初步分析后，按《药品不良反应报告和监测管理办法》的要求，及时向当地药品不良反应监测机构报告。同时通知原报告人（单位），提醒用药者注意药品不良反应的危害性，并向医生和患者提供药物不良反应的相关信息。

（3）建立医疗机构药品不良反应监测网络：医疗机构药品不良反应监测组的人员负责医疗机构药品不良反应监测网络的日常维护。组成人员在完成本科室医疗工作的同时，自觉地将药品不良反应监测工作纳入日常工作。

（4）药品不良反应的初步评价：医护人员对发现的不良反应进行初步评价，填写药品不良反应报告表，上报给医疗机构药品不良反应监测领导小组。

（5）宣传教育工作：开展药品不良反应监测宣传、教育、培训等活动，是医疗机构开展不良反应监测的日常性工作，包括对医护人员的定期培训，开展药品不良反应基础知识和报告方法的讲座，把药品不良反应监测列入医疗机构再教育计划之内等。

（三）药物经济学应用

随着人们逐渐意识到药品市场的激烈竞争以及性价比高的药物才能在市场上真正立足，越来越多的制药企业和医疗机构开始认识到需要用一种新的观念来看待药物的价值，不仅要考虑药物的安全性和有效性，而且还要考虑药物的经济性以及对患者生活质量的影响。在这样的背景下，药物经济学产生并发展起来。

药物经济学（pharmacoeconomics）是卫生经济学的一个分支学科，是应用经济学的原理、方法和分析技术，结合流行病学、决策学、生物统计学等多学科的研究成果，全面地分析药物治疗备选方案（包括非药物治疗方案）的成本、效益或效果，并评价其经济学价值差别的一门科学。在应用药物经济学方法时，最本质的是把提供的药品或服务与因使用药品或服务而获得的结果加以衡量对照，以确定哪种方案其单位成本产生的结果最理想。常用的分析方法有最小成本分析法（Cost Minimization Analysis，CMA）、成本效果分析法（Cost Effectiveness Analysis，CEA）、成本效用分析法（Cost Utility Analysis，CUA）和成本效益分析法（Cost Benefit Analysis，CBA）。

药物经济学的作用，主要表现在：①为医疗决策提供依据，即如何应用有限的卫生财政资源，合理选择医疗技术和药品，以取得最大的健康效果；②在控制药品费用方面具有较强的科学性和可接受性，包括指导新药的研制生产；用于制定《医疗保险药品目录》和《国家基本药物目录》；帮助公众正确选择药物；③保证卫生保健的可获得性和公平性，即保证公众的平等卫生保健权利。

（四）药物利用研究

根据 WHO 的定义，药物利用（drug utilization）特指药物在社会中的销售、分配、处方和使用，特别强调这些活动所产生的医学、社会和经济的结果。药物利用研究（drug utilization study or drug utilization research）对预测药物利用趋势、指导合理用药具有重要意义，是药物上市后监测的重要组成部分。

药物利用研究在方法学上大致可以分为定性研究和定量研究两大类。定性研究确保合理用药，这类研究的主要数据来自医师的处方和用药医嘱。通过一定医疗机构、一定时间段的用药处方或医嘱，结合开处方的理由，分析处方内容，评价用药的适当性。定量研究指定量描述药物利用现状、药物利用的经时动态变化、预测药物利用趋势的一类研究。

（五）药学信息服务

药学信息（pharmaceutical information）包含药学领域所有知识数据，这是由信息的系统性决定的，既包括与药物直接相关的药物信息，如药物作用机制、药品不良反应、药物相互作用等，也包括与药物间接相关的信息，如疾病变化、耐药性、生理病理状态、健康保健信息等。药学信息按信息产生的来源分为三类：历史积累的药学知识、医药研究机构及企业的最新信息、临床的药学治疗信息。

目前，常用的药学网站主要有 Pharm. Web（http：//www. pharmweb. net），是1994 年在internet 上第一个提供药学信息服务的机构，是目前药学方面的重要网站；Drug Info Net（http：//www. druginfonet. com），是由美国 VirSci 公司创建的，通过因特网免费向医生和患者提供最新的和可靠的医药信息；美国食品药品管理局（FDA）（http：//www. fda. gov/），提供生物制品、化妆品、食品、人用药品、兽用药品、医疗器械等方面最新信息，其中 FDA 药品批准表收载了 FDA 每月最新批准的药物信息。

国内外常用的医药文献数据库有 MEDLINE 数据库、中国生物医学文献光盘数据库（CBM disk）、重庆维普《中文科技期刊全文数据库》、清华同方《中国期刊全文数据库》、万方数据库等。

此外，我国将建立的医药卫生信息系统，可能会扩大药学信息的来源。其中包括医疗卫生信息系统；医疗保障信息系统；国家、省、市三级药品监管、药品检验检测、药品不良反应监测信息网络；国家基本药物供求信息系统等。

本章小结

通过对本章的学习，我们对医疗机构药事管理的基础知识有了初步的了解。

第一节主要介绍了医疗机构和医疗机构药事管理的定义、我国药学服务模式的发展以及药事管理委员会（组）和药学部门等基础性知识，为更好地学习医疗机构药事管理奠定基础。我国药学服务模式经历了调剂（配方）、制剂、临床药学三个阶段。《医疗机构药事管理暂行规定》对药事管理委员会（组）和药学部门的组成人员和职责作了详细的规定。

第二节主要介绍了医疗机构处方管理、调剂工作、采购管理、库存管理以及制剂管理。其中处方管理包括了处方的组成、权限、书写、限量、有效时间、区分和保管。调剂工作方面主要介绍了调剂的定义、调剂流程和中药调剂。2009年3月16日正式施行的《医疗机构中药煎药室管理规范》在此也作了全面的介绍。医疗机构制剂管理部分主要介绍了关于医疗机构制剂管理的三个法规文件：《医疗机构制剂配制质量管理规范》（试行）、《医疗机构制剂配制监督管理办法》（试行）和《医疗机构制剂注册管理办法》（试行）。

第三节主要介绍临床药学管理的实施依据和临床药学工作的基本内容。临床药学管理实施依据从《医疗机构药事管理暂行规定》、《处方药与非处方药分类管理办法》、国家基本药物制度的推行三个方面进行介绍，奠定了临床药学工作开展的基础。临床药学工作的基本内容主要包括治疗药物监测、药品不良反应监测、药物经济学应用、药物利用研究和药学信息服务。

附录1 中华人民共和国药品管理法

（1984 年 9 月 20 日第六届全国人民代表大会常务委员会第七次会议通过，2001 年 2 月 28 日第九届全国人民代表大会常务委员会第二十次会议修订）

第一章 总 则

第一条 为加强药品监督管理，保证药品质量，保障人体用药安全，维护人民身体健康和用药的合法权益，特制定本法。

第二条 在中华人民共和国境内从事药品的研制、生产、经营、使用和监督管理的单位或者个人，必须遵守本法。

第三条 国家发展现代药和传统药，充分发挥其在预防、医疗和保健中的作用。

国家保护野生药材资源，鼓励培育中药材。

第四条 国家鼓励研究和创制新药，保护公民、法人和其他组织研究、开发新药的合法权益。

第五条 国务院药品监督管理部门主管全国药品监督管理工作。国务院有关部门在各自的职责范围内负责与药品有关的监督管理工作。

省、自治区、直辖市人民政府药品监督管理部门负责本行政区域内的药品监督管理工作。省、自治区、直辖市人民政府有关部门在各自的职责范围内负责与药品有关的监督管理工作。

国务院药品监督管理部门应当配合国务院经济综合主管部门，执行国家制定的药品行业发展规划和产业政策。

第六条 药品监督管理部门设置或者确定的药品检验机构，承担依法实施药品审批和药品质量监督检查所需的药品检验工作。

第二章 药品生产企业管理

第七条 开办药品生产企业，须经企业所在地省、自治区、直辖市人民政府药品监督管理部门批准并发给《药品生产许可证》，凭《药品生产许可证》到工商行政管理部门办理登记注册。无《药品生产许可证》的，不得生产药品。

《药品生产许可证》应当标明有效期和生产范围，到期重新审查发证。

药品监督管理部门批准开办药品生产企业，除依据本法第八条规定的条件外，还应当符合国家制定的药品行业发展规划和产业政策，防止重复建设。

第八条 开办药品生产企业，必须具备以下条件：

（一）具有依法经过资格认定的药学技术人员、工程技术人员及相应的技术工人；

（二）具有与其药品生产相适应的厂房、设施和卫生环境；

（三）具有能对所生产药品进行质量管理和质量检验的机构、人员以及必要的仪器设备；

（四）具有保证药品质量的规章制度。

第九条　药品生产企业必须按照国务院药品监督管理部门依据本法制定的《药品生产质量管理规范》组织生产。药品监督管理部门按照规定对药品生产企业是否符合《药品生产质量管理规范》的要求进行认证；对认证合格的，发给认证证书。

《药品生产质量管理规范》的具体实施办法、实施步骤由国务院药品监督管理部门规定。

第十条　除中药饮片的炮制外，药品必须按照国家药品标准和国务院药品监督管理部门批准的生产工艺进行生产，生产记录必须完整准确。药品生产企业改变影响药品质量的生产工艺的，必须报原批准部门审核批准。

中药饮片必须按照国家药品标准炮制；国家药品标准没有规定的，必须按照省、自治区、直辖市人民政府药品监督管理部门制定的炮制规范炮制。省、自治区、直辖市人民政府药品监督管理部门制定的炮制规范应当报国务院药品监督管理部门备案。

第十一条　生产药品所需的原料、辅料，必须符合药用要求。

第十二条　药品生产企业必须对其生产的药品进行质量检验；不符合国家药品标准或者不按照省、自治区、直辖市人民政府药品监督管理部门制定的中药饮片炮制规范炮制的，不得出厂。

第十三条　经国务院药品监督管理部门或者国务院药品监督管理部门授权的省、自治区、直辖市人民政府药品监督管理部门批准，药品生产企业可以接受委托生产药品。

第三章　药品经营企业管理

第十四条　开办药品批发企业，须经企业所在地省、自治区、直辖市人民政府药品监督管理部门批准并发给《药品经营许可证》；开办药品零售企业，须经企业所在地县级以上地方药品监督管理部门批准并发给《药品经营许可证》，凭《药品经营许可证》到工商行政管理部门办理登记注册。无《药品经营许可证》的，不得经营药品。

《药品经营许可证》应当标明有效期和经营范围，到期重新审查发证。

药品监督管理部门批准开办药品经营企业，除依据本法第十五条规定的条件外，还应当遵循合理布局和方便群众购药的原则。

第十五条　开办药品经营企业必须具备以下条件：

（一）具有依法经过资格认定的药学技术人员；

（二）具有与所经营药品相适应的营业场所、设备、仓储设施、卫生环境；

（三）具有与所经营药品相适应的质量管理机构或者人员；

（四）具有保证所经营药品质量的规章制度。

第十六条　药品经营企业必须按照国务院药品监督管理部门依据本法制定的《药品经营质量管理规范》经营药品。药品监督管理部门按照规定对药品经营企业是否符合《药品经营质量管理规范》的要求进行认证；对认证合格的，发给认证证书。

《药品经营质量管理规范》的具体实施办法、实施步骤由国务院药品监督管理部门规定。

第十七条　药品经营企业购进药品，必须建立并执行进货检查验收制度，验明药品合格证明和其他标识；不符合规定要求的，不得购进。

第十八条　药品经营企业购销药品，必须有真实完整的购销记录。购销记录必须注明药品的通用名称、剂型、规格、批号、有效期、生产厂商、购（销）货单位、购（销）货数量、购销价格、购（销）货日期及国务院药品监督管理部门规定的其他内容。

第十九条 药品经营企业销售药品必须准确无误，并正确说明用法、用量和注意事项；调配处方必须经过核对，对处方所列药品不得擅自更改或者代用。对有配伍禁忌或者超剂量的处方，应当拒绝调配；必要时，经处方医师更正或者重新签字，方可调配。

药品经营企业销售中药材，必须标明产地。

第二十条 药品经营企业必须制定和执行药品保管制度，采取必要的冷藏、防冻、防潮、防虫、防鼠等措施，保证药品质量。

药品入库和出库必须执行检查制度。

第二十一条 城乡集市贸易市场可以出售中药材，国务院另有规定的除外。

城乡集市贸易市场不得出售中药材以外的药品，但持有《药品经营许可证》的药品零售企业在规定的范围内可以在城乡集市贸易市场设点出售中药材以外的药品。具体办法由国务院规定。

第四章 医疗机构的药剂管理

第二十二条 医疗机构必须配备依法经过资格认定的药学技术人员。非药学技术人员不得直接从事药剂技术工作。

第二十三条 医疗机构配制制剂，须经所在地省、自治区、直辖市人民政府卫生行政部门审核同意，由省、自治区、直辖市人民政府药品监督管理部门批准，发给《医疗机构制剂许可证》。无《医疗机构制剂许可证》的，不得配制制剂。

《医疗机构制剂许可证》应当标明有效期，到期重新审查发证。

第二十四条 医疗机构配制制剂，必须具有能够保证制剂质量的设施、管理制度、检验仪器和卫生条件。

第二十五条 医疗机构配制的制剂，应当是本单位临床需要而市场上没有供应的品种，并须经所在地省、自治区、直辖市人民政府药品监督管理部门批准后方可配制。配制的制剂必须按照规定进行质量检验；合格的，凭医师处方在本医疗机构使用。特殊情况下，经国务院或者省、自治区、直辖市人民政府的药品监督管理部门批准，医疗机构配制的制剂可以在指定的医疗机构之间调剂使用。

医疗机构配制的制剂，不得在市场销售。

第二十六条 医疗机构购进药品，必须建立并执行进货检查验收制度，验明药品合格证明和其他标识；不符合规定要求的，不得购进和使用。

第二十七条 医疗机构的药剂人员调配处方，必须经过核对，对处方所列药品不得擅自更改或者代用。对有配伍禁忌或者超剂量的处方，应当拒绝调配；必要时，经处方医师更正或者重新签字，方可调配。

第二十八条 医疗机构必须制定和执行药品保管制度，采取必要的冷藏、防冻、防潮、防虫、防鼠等措施，保证药品质量。

第五章 药品管理

第二十九条 研制新药，必须按照国务院药品监督管理部门的规定如实报送研制方法、质量指标、药理及毒理试验结果等有关资料和样品，经国务院药品监督管理部门批准后，方可进行临床试验。药物临床试验机构资格的认定办法，由国务院药品监督管理部门、国务院卫生行政部门共同制定。

完成临床试验并通过审批的新药，由国务院药品监督管理部门批准，发给新药证书。

第三十条　药物的非临床安全性评价研究机构和临床试验机构必须分别执行药物非临床研究质量管理规范、药物临床试验质量管理规范。

药物非临床研究质量管理规范、药物临床试验质量管理规范由国务院确定的部门制定。

第三十一条　生产新药或者已有国家标准的药品的，须经国务院药品监督管理部门批准，并发给药品批准文号；但是，生产没有实施批准文号管理的中药材和中药饮片除外。实施批准文号管理的中药材、中药饮片品种目录由国务院药品监督管理部门会同国务院中医药管理部门制定。

药品生产企业在取得药品批准文号后，方可生产该药品。

第三十二条　药品必须符合国家药品标准。中药饮片依照本法第十条第二款的规定执行。

国务院药品监督管理部门颁布的《中华人民共和国药典》和药品标准为国家药品标准。

国务院药品监督管理部门组织药典委员会，负责国家药品标准的制定和修订。

国务院药品监督管理部门的药品检验机构负责标定国家药品标准品、对照品。

第三十三条　国务院药品监督管理部门组织药学、医学和其他技术人员，对新药进行审评，对已经批准生产的药品进行再评价。

第三十四条　药品生产企业、药品经营企业、医疗机构必须从具有药品生产、经营资格的企业购进药品；但是，购进没有实施批准文号管理的中药材除外。

第三十五条　国家对麻醉药品、精神药品、医疗用毒性药品、放射性药品，实行特殊管理。管理办法由国务院制定。

第三十六条　国家实行中药品种保护制度。具体办法由国务院制定。

第三十七条　国家对药品实行处方药与非处方药分类管理制度。具体办法由国务院制定。

第三十八条　禁止进口疗效不确、不良反应大或者其他原因危害人体健康的药品。

第三十九条　药品进口，须经国务院药品监督管理部门组织审查，经审查确认符合质量标准、安全有效的，方可批准进口，并发给进口药品注册证书。

医疗单位临床急需或者个人自用进口的少量药品，按照国家有关规定办理进口手续。

第四十条　药品必须从允许药品进口的口岸进口，并由进口药品的企业向口岸所在地药品监督管理部门登记备案。海关凭药品监督管理部门出具的《进口药品通关单》放行。无《进口药品通关单》的，海关不得放行。

口岸所在地药品监督管理部门应当通知药品检验机构按照国务院药品监督管理部门的规定对进口药品进行抽查检验，并依照本法第四十一条第二款的规定收取检验费。

允许药品进口的口岸由国务院药品监督管理部门会同海关总署提出，报国务院批准。

第四十一条　国务院药品监督管理部门对下列药品在销售前或者进口时，指定药品检验机构进行检验；检验不合格的，不得销售或者进口：

（一）国务院药品监督管理部门规定的生物制品；

（二）首次在中国销售的药品；

（三）国务院规定的其他药品。

前款所列药品的检验费项目和收费标准由国务院财政部门会同国务院价格主管部门核定并公告。检验费收缴办法由国务院财政部门会同国务院药品监督管理部门制定。

第四十二条 国务院药品监督管理部门对已经批准生产或者进口的药品，应当组织调查；对疗效不确、不良反应大或者其他原因危害人体健康的药品，应当撤销批准文号或者进口药品注册证书。

已被撤销批准文号或者进口药品注册证书的药品，不得生产或者进口、销售和使用；已经生产或者进口的，由当地药品监督管理部门监督销毁或者处理。

第四十三条 国家实行药品储备制度。

国内发生重大灾情、疫情及其他突发事件时，国务院规定的部门可以紧急调用企业药品。

第四十四条 对国内供应不足的药品，国务院有权限制或者禁止出口。

第四十五条 进口、出口麻醉药品和国家规定范围内的精神药品，必须持有国务院药品监督管理部门发给的《进口准许证》、《出口准许证》。

第四十六条 新发现和从国外引种的药材，经国务院药品监督管理部门审核批准后，方可销售。

第四十七条 地区性民间习用药材的管理办法，由国务院药品监督管理部门会同国务院中医药管理部门制定。

第四十八条 禁止生产（包括配制，下同）、销售假药。

有下列情形之一的，为假药：

（一）药品所含成分与国家药品标准规定的成分不符的；

（二）以非药品冒充药品或者以他种药品冒充此种药品的。

有下列情形之一的药品，按假药论处：

（一）国务院药品监督管理部门规定禁止使用的；

（二）依照本法必须批准而未经批准生产、进口，或者依照本法必须检验而未经检验即销售的；

（三）变质的；

（四）被污染的；

（五）使用依照本法必须取得批准文号而未取得批准文号的原料药生产的；

（六）所标明的适应证或者功能主治超出规定范围的。

第四十九条 禁止生产、销售劣药。

药品成分的含量不符合国家药品标准的，为劣药。

有下列情形之一的药品，按劣药论处：

（一）未标明有效期或者更改有效期的；

（二）不注明或者更改生产批号的；

（三）超过有效期的；

（四）直接接触药品的包装材料和容器未经批准的；

（五）擅自添加着色剂、防腐剂、香料、矫味剂及辅料的；

（六）其他不符合药品标准规定的。

第五十条　列入国家药品标准的药品名称为药品通用名称。已经作为药品通用名称的，该名称不得作为药品商标使用。

第五十一条　药品生产企业、药品经营企业和医疗机构直接接触药品的工作人员，必须每年进行健康检查。患有传染病或者其他可能污染药品的疾病的，不得从事直接接触药品的工作。

第六章　药品包装的管理

第五十二条　直接接触药品的包装材料和容器，必须符合药用要求，符合保障人体健康、安全的标准，并由药品监督管理部门在审批药品时一并审批。

药品生产企业不得使用未经批准的直接接触药品的包装材料和容器。

对不合格的直接接触药品的包装材料和容器，由药品监督管理部门责令停止使用。

第五十三条　药品包装必须适合药品质量的要求，方便储存、运输和医疗使用。

发运中药材必须有包装。在每件包装上，必须注明品名、产地、日期、调出单位，并附有质量合格的标志。

第五十四条　药品包装必须按照规定印有或者贴有标签并附有说明书。

标签或者说明书上必须注明药品的通用名称、成分、规格、生产企业、批准文号、产品批号、生产日期、有效期、适应证或者功能主治、用法、用量、禁忌、不良反应和注意事项。

麻醉药品、精神药品、医疗用毒性药品、放射性药品、外用药品和非处方药的标签，必须印有规定的标志。

第七章　药品价格和广告的管理

第五十五条　依法实行政府定价、政府指导价的药品，政府价格主管部门应当依照《中华人民共和国价格法》规定的定价原则，依据社会平均成本、市场供求状况和社会承受能力合理制定和调整价格，做到质价相符，消除虚高价格，保护用药者的正当利益。

药品的生产企业、经营企业和医疗机构必须执行政府定价、政府指导价，不得以任何形式擅自提高价格。

药品生产企业应当依法向政府价格主管部门如实提供药品的生产经营成本，不得拒报、虚报、瞒报。

第五十六条　依法实行市场调节价的药品，药品的生产企业、经营企业和医疗机构应当按照公平、合理和诚实信用、质价相符的原则制定价格，为用药者提供价格合理的药品。

药品的生产企业、经营企业和医疗机构应当遵守国务院价格主管部门关于药价管理的规定，制定和标明药品零售价格，禁止暴利和损害用药者利益的价格欺诈行为。

第五十七条　药品的生产企业、经营企业、医疗机构应当依法向政府价格主管部门提供

其药品的实际购销价格和购销数量等资料。

第五十八条 医疗机构应当向患者提供所用药品的价格清单；医疗保险定点医疗机构还应当按照规定的办法如实公布其常用药品的价格，加强合理用药的管理。具体办法由国务院卫生行政部门规定。

第五十九条 禁止药品的生产企业、经营企业和医疗机构在药品购销中账外暗中给予、收受回扣或者其他利益。

禁止药品的生产企业、经营企业或者其代理人以任何名义给予使用其药品的医疗机构的负责人、药品采购人员、医师等有关人员以财物或者其他利益。禁止医疗机构的负责人、药品采购人员、医师等有关人员以任何名义收受药品的生产企业、经营企业或者其代理人给予的财物或者其他利益。

第六十条 药品广告须经企业所在地省、自治区、直辖市人民政府药品监督管理部门批准，并发给药品广告批准文号；未取得药品广告批准文号的，不得发布。

处方药可以在国务院卫生行政部门和国务院药品监督管理部门共同指定的医学、药学专业刊物上介绍，但不得在大众传播媒介发布广告或者以其他方式进行以公众为对象的广告宣传。

第六十一条 药品广告的内容必须真实、合法，以国务院药品监督管理部门批准的说明书为准，不得含有虚假的内容。

药品广告不得含有不科学的表示功效的断言或者保证；不得利用国家机关、医药科研单位、学术机构或者专家、学者、医师、患者的名义和形象作证明。

非药品广告不得有涉及药品的宣传。

第六十二条 省、自治区、直辖市人民政府药品监督管理部门应当对其批准的药品广告进行检查，对于违反本法和《中华人民共和国广告法》的广告，应当向广告监督管理机关通报并提出处理建议，广告监督管理机关应当依法作出处理。

第六十三条 药品价格和广告，本法未规定的，适用《中华人民共和国价格法》、《中华人民共和国广告法》的规定。

第八章 药品监督

第六十四条 药品监督管理部门有权按照法律、行政法规的规定对报经其审批的药品研制和药品的生产、经营以及医疗机构使用药品的事项进行监督检查，有关单位和个人不得拒绝和隐瞒。

药品监督管理部门进行监督检查时，必须出示证明文件，对监督检查中知悉的被检查人的技术秘密和业务秘密应当保密。

第六十五条 药品监督管理部门根据监督检查的需要，可以对药品质量进行抽查检验。抽查检验应当按照规定抽样，并不得收取任何费用。所需费用按照国务院规定列支。

药品监督管理部门对有证据证明可能危害人体健康的药品及其有关材料可以采取查封、扣押的行政强制措施，并在七日内作出行政处理决定；药品需要检验的，必须自检验报告书发出之日起十五日内作出行政处理决定。

第六十六条 国务院和省、自治区、直辖市人民政府的药品监督管理部门应当定期公告

药品质量抽查检验的结果；公告不当的，必须在原公告范围内予以更正。

　　第六十七条　当事人对药品检验机构的检验结果有异议的，可以自收到药品检验结果之日起七日内向原药品检验机构或者上一级药品监督管理部门设置或者确定的药品检验机构申请复验，也可以直接向国务院药品监督管理部门设置或者确定的药品检验机构申请复验。受理复验的药品检验机构必须在国务院药品监督管理部门规定的时间内作出复验结论。

　　第六十八条　药品监督管理部门应当按照规定，依据《药品生产质量管理规范》、《药品经营质量管理规范》，对经其认证合格的药品生产企业、药品经营企业进行认证后的跟踪检查。

　　第六十九条　地方人民政府和药品监督管理部门不得以要求实施药品检验、审批等手段限制或者排斥非本地区药品生产企业依照本法规定生产的药品进入本地区。

　　第七十条　药品监督管理部门及其设置的药品检验机构和确定的专业从事药品检验的机构不得参与药品生产经营活动，不得以其名义推荐或者监制、监销药品。

　　药品监督管理部门及其设置的药品检验机构和确定的专业从事药品检验的机构的工作人员不得参与药品生产经营活动。

　　第七十一条　国家实行药品不良反应报告制度。药品生产企业、药品经营企业和医疗机构必须经常考察本单位所生产、经营、使用的药品质量、疗效和反应。发现可能与用药有关的严重不良反应，必须及时向当地省、自治区、直辖市人民政府药品监督管理部门和卫生行政部门报告。具体办法由国务院药品监督管理部门会同国务院卫生行政部门制定。

　　对已确认发生严重不良反应的药品，国务院或者省、自治区、直辖市人民政府的药品监督管理部门可以采取停止生产、销售、使用的紧急控制措施，并应当在五日内组织鉴定，自鉴定结论作出之日起十五日内依法作出行政处理决定。

　　第七十二条　药品生产企业、药品经营企业和医疗机构的药品检验机构或者人员，应当接受当地药品监督管理部门设置的药品检验机构的业务指导。

第九章　法律责任

　　第七十三条　未取得《药品生产许可证》、《药品经营许可证》或者《医疗机构制剂许可证》生产药品、经营药品的，依法予以取缔，没收违法生产、销售的药品和违法所得，并处违法生产、销售的药品（包括已售出的和未售出的药品，下同）货值金额二倍以上五倍以下的罚款；构成犯罪的，依法追究刑事责任。

　　第七十四条　生产、销售假药的，没收违法生产、销售的药品和违法所得，并处违法生产、销售药品货值金额二倍以上五倍以下的罚款；有药品批准证明文件的予以撤销，并责令停产、停业整顿；情节严重的，吊销《药品生产许可证》、《药品经营许可证》或者《医疗机构制剂许可证》；构成犯罪的，依法追究刑事责任。

　　第七十五条　生产、销售劣药的，没收违法生产、销售的药品和违法所得，并处违法生产、销售药品货值金额一倍以上三倍以下的罚款；情节严重的，责令停产、停业整顿或者撤销药品批准证明文件、吊销《药品生产许可证》、《药品经营许可证》或者《医疗机构制剂许可证》；构成犯罪的，依法追究刑事责任。

　　第七十六条　从事生产、销售假药及生产、销售劣药情节严重的企业或者其他单位，其

直接负责的主管人员和其他直接责任人员十年内不得从事药品生产、经营活动。

对生产者专门用于生产假药、劣药的原辅材料、包装材料、生产设备，予以没收。

第七十七条 知道或者应当知道属于假劣药品而为其提供运输、保管、仓储等便利条件的，没收全部运输、保管、仓储的收入，并处违法收入百分之五十以上三倍以下的罚款；构成犯罪的，依法追究刑事责任。

第七十八条 对假药、劣药的处罚通知，必须载明药品检验机构的质量检验结果；但是，本法第四十八条第三款第（一）、（二）、（五）、（六）项和第四十九条第三款规定的情形除外。

第七十九条 药品的生产企业、经营企业、药物非临床安全性评价研究机构、药物临床试验机构未按照规定实施《药品生产质量管理规范》、《药品经营质量管理规范》、药物非临床研究质量管理规范、药物临床试验质量管理规范的，给予警告，责令限期改正；逾期不改正的，责令停产、停业整顿，并处五千元以上二万元以下的罚款；情节严重的，吊销《药品生产许可证》、《药品经营许可证》和药物临床试验机构的资格。

第八十条 药品的生产企业、经营企业或者医疗机构违反本法第三十四条的规定，从无《药品生产许可证》、《药品经营许可证》的企业购进药品的，责令改正，没收违法购进的药品，并处违法购进药品货值金额二倍以上五倍以下的罚款；有违法所得的，没收违法所得；情节严重的，吊销《药品生产许可证》、《药品经营许可证》或者医疗机构执业许可证书。

第八十一条 进口已获得药品进口注册证书的药品，未按照本法规定向允许药品进口的口岸所在地的药品监督管理部门登记备案的，给予警告，责令限期改正；逾期不改正的，撤销进口药品注册证书。

第八十二条 伪造、变造、买卖、出租、出借许可证或者药品批准证明文件的，没收违法所得，并处违法所得一倍以上三倍以下的罚款；没有违法所得的，处二万元以上十万元以下的罚款；情节严重的，并吊销卖方、出租方、出借方的《药品生产许可证》、《药品经营许可证》、《医疗机构制剂许可证》或者撤销药品批准证明文件；构成犯罪的，依法追究刑事责任。

第八十三条 违反本法规定，提供虚假的证明、文件资料、样品或者采取其他欺骗手段取得《药品生产许可证》、《药品经营许可证》、《医疗机构制剂许可证》或者药品批准证明文件的，吊销《药品生产许可证》、《药品经营许可证》、《医疗机构制剂许可证》或者撤销药品批准证明文件，五年内不受理其申请，并处一万元以上三万元以下的罚款。

第八十四条 医疗机构将其配制的制剂在市场销售的，责令改正，没收违法销售的制剂，并处违法销售制剂货值金额一倍以上三倍以下的罚款；有违法所得的，没收违法所得。

第八十五条 药品经营企业违反本法第十八条、第十九条规定的，责令改正，给予警告；情节严重的，吊销《药品经营许可证》。

第八十六条 药品标识不符合本法第五十四条规定的，除依法应当按照假药、劣药论处的外，责令改正，给予警告；情节严重的，撤销该药品的批准证明文件。

第八十七条 药品检验机构出具虚假检验报告，构成犯罪的，依法追究刑事责任；不构成犯罪的，责令改正，给予警告，对单位并处三万元以上五万元以下的罚款；对直接负责的主管人员和其他直接责任人员依法给予降级、撤职、开除的处分，并处三万元以下的罚款；

有违法所得的，没收违法所得；情节严重的，撤销其检验资格。药品检验机构出具的检验结果不实，造成损失的，应当承担相应的赔偿责任。

第八十八条　本法第七十三条至第八十七条规定的行政处罚，由县级以上药品监督管理部门按照国务院药品监督管理部门规定的职责分工决定；吊销《药品生产许可证》、《药品经营许可证》、《医疗机构制剂许可证》、医疗机构执业许可证书或者撤销药品批准证明文件的，由原发证、批准的部门决定。

第八十九条　违反本法第五十五条、第五十六条、第五十七条关于药品价格管理的规定的，依照《中华人民共和国价格法》的规定处罚。

第九十条　药品的生产企业、经营企业、医疗机构在药品购销中暗中给予、收受回扣或者其他利益的，药品的生产企业、经营企业或者其代理人给予使用其药品的医疗机构的负责人、药品采购人员、医师等有关人员以财物或者其他利益的，由工商行政管理部门处一万元以上二十万元以下的罚款，有违法所得的，予以没收；情节严重的，由工商行政管理部门吊销药品生产企业、药品经营企业的营业执照，并通知药品监督管理部门，由药品监督管理部门吊销其《药品生产许可证》、《药品经营许可证》；构成犯罪的，依法追究刑事责任。

第九十一条　药品的生产企业、经营企业的负责人、采购人员等有关人员在药品购销中收受其他生产企业、经营企业或者其代理人给予的财物或者其他利益的，依法给予处分，没收违法所得；构成犯罪的，依法追究刑事责任。

医疗机构的负责人、药品采购人员、医师等有关人员收受药品生产企业、药品经营企业或者其代理人给予的财物或者其他利益的，由卫生行政部门或者本单位给予处分，没收违法所得；对违法行为情节严重的执业医师，由卫生行政部门吊销其执业证书；构成犯罪的，依法追究刑事责任。

第九十二条　违反本法有关药品广告的管理规定的，依照《中华人民共和国广告法》的规定处罚，并由发给广告批准文号的药品监督管理部门撤销广告批准文号，一年内不受理该品种的广告审批申请；构成犯罪的，依法追究刑事责任。

药品监督管理部门对药品广告不依法履行审查职责，批准发布的广告有虚假或者其他违反法律、行政法规的内容的，对直接负责的主管人员和其他直接责任人员依法给予行政处分；构成犯罪的，依法追究刑事责任。

第九十三条　药品的生产企业、经营企业、医疗机构违反本法规定，给药品使用者造成损害的，依法承担赔偿责任。

第九十四条　药品监督管理部门违反本法规定，有下列行为之一的，由其上级主管机关或者监察机关责令收回违法发给的证书、撤销药品批准证明文件，对直接负责的主管人员和其他直接责任人员依法给予行政处分；构成犯罪的，依法追究刑事责任：

（一）对不符合《药品生产质量管理规范》、《药品经营质量管理规范》的企业发给符合有关规范的认证证书的，或者对取得认证证书的企业未按照规定履行跟踪检查的职责，对不符合认证条件的企业未依法责令其改正或者撤销其认证证书的；

（二）对不符合法定条件的单位发给《药品生产许可证》、《药品经营许可证》或者《医疗机构制剂许可证》的；

（三）对不符合进口条件的药品发给进口药品注册证书的；

（四）对不具备临床试验条件或者生产条件而批准进行临床试验、发给新药证书、发给药品批准文号的。

第九十五条 药品监督管理部门或者其设置的药品检验机构或者其确定的专业从事药品检验的机构参与药品生产经营活动的，由其上级机关或者监察机关责令改正，有违法收入的予以没收；情节严重的，对直接负责的主管人员和其他直接责任人员依法给予行政处分。

药品监督管理部门或者其设置的药品检验机构或者其确定的专业从事药品检验的机构的工作人员参与药品生产经营活动的，依法给予行政处分。

第九十六条 药品监督管理部门或者其设置、确定的药品检验机构在药品监督检验中违法收取检验费用的，由政府有关部门责令退还，对直接负责的主管人员和其他直接责任人员依法给予行政处分。对违法收取检验费用情节严重的药品检验机构，撤销其检验资格。

第九十七条 药品监督管理部门应当依法履行监督检查职责，监督已取得《药品生产许可证》、《药品经营许可证》的企业依照本法规定从事药品生产、经营活动。

已取得《药品生产许可证》、《药品经营许可证》的企业生产、销售假药、劣药的，除依法追究该企业的法律责任外，对有失职、渎职行为的药品监督管理部门直接负责的主管人员和其他直接责任人员依法给予行政处分；构成犯罪的，依法追究刑事责任。

第九十八条 药品监督管理部门对下级药品监督管理部门违反本法的行政行为，责令限期改正；逾期不改正的，有权予以改变或者撤销。

第九十九条 药品监督管理人员滥用职权、徇私舞弊、玩忽职守，构成犯罪的，依法追究刑事责任；尚不构成犯罪的，依法给予行政处分。

第一百条 依照本法被吊销《药品生产许可证》、《药品经营许可证》的，由药品监督管理部门通知工商行政管理部门办理变更或者注销登记。

第一百零一条 本章规定的货值金额以违法生产、销售药品的标价计算；没有标价的，按照同类药品的市场价格计算。

第十章 附 则

第一百零二条 本法下列用语的含义是：

药品，是指用于预防、治疗、诊断人的疾病，有目的地调节人的生理机能并规定有适应证或者功能主治、用法和用量的物质，包括中药材、中药饮片、中成药、化学原料药及其制剂、抗生素、生化药品、放射性药品、血清、疫苗、血液制品和诊断药品等。

辅料，是指生产药品和调配处方时所用的赋形剂和附加剂。

药品生产企业，是指生产药品的专营企业或者兼营企业。

药品经营企业，是指经营药品的专营企业或者兼营企业。

第一百零三条 中药材的种植、采集和饲养的管理办法，由国务院另行制定。

第一百零四条 国家对预防性生物制品的流通实行特殊管理。具体办法由国务院制定。

第一百零五条 中国人民解放军执行本法的具体办法，由国务院、中央军事委员会依据本法制定。

第一百零六条 本法自2001年12月1日起施行。

附录2   汉英词汇对照表

B

变态反应	allergy
标准操作规程	Standard Operating Procedure，SOP
不良事件	adverse event

C

操作规程	standard operating procedures
成本效果分析法	Cost Effectiveness Analysis，CEA
成本效益分析法	Cost Benefit Analysis，CBA
成本效用分析法	Cost Utility Analysis，CUA
处方药	Ethical Drugs or Prescription Drugs
传统药	traditional drugs

D

道地药材	famous – region drugs
毒性反应	toxic reactions

F

放射性药品	radioactive pharmaceuticals
非处方药	Nonprescription Drugs or Over – The – Counter Drugs，OTC drugs or OTC
非临床研究	non – clinical study
副作用	side effects

G

工艺规程	processing instruction
广告标准局	Advertising Standards Authority，ASA
国际标准化组织	International Organization for Standardization，ISO
国际非专利药品名称	International Nonproprietary Names for Pharmaceutical Substances，INN
国家基本药物	National Essential Drugs，NED
国家基本药物制度	National Essential Drug System，NEDS
国家食品药品监督管理局	State Food and Drug Administration，SFDA
（国家食品药品监督管理局）培训中心	Training Center
（国家食品药品监督管理局）药品评价中心	Center for Drug Revaluation

（国家食品药品监督管理局）药品认证管理中心	Certificate Committee for Drugs, CCD
（国家食品药品监督管理局）药品审评中心	Center for Drug Evaluation
（国家食品药品监督管理局）执业药师资格认证中心	Center for Qualification of Licensed Pharmacist
国家药典委员会	Chinese Pharmacopoeia Commission
国家药品不良反应监测中心	National Center for ADR Monitoring
国家药物政策	National Medicine Policy, NMP

H

罕见病用药物	orphan drug
合同研究组织	Contract Research Organization, CRO
后遗效应	residual effect

J

继发反应	secondary reactions
技术规范	Technical Specification, TS
洁净室（区）	clean area
精神药品	psychotropic substances

L

联邦卫生与人类健康服务部	U. S. Department of Health & Human Services, HHS
伦理委员会	ethics committee

M

麻醉药品	narcotic drugs
美国食品药品管理局	U. S. Food and Drug Administration, FDA
美国卫生系统药师协会	American Society of Health – System Pharmacists, ASHP
《美国药典/国家处方集》	U. S. Pharmacopoeia / National Formulary, USP/NF
民族药	ethnic drugs

O

（欧盟）草药委员会	Committee on Herbal Medicinal Products, HMPC
欧洲药品管理局	European Medicines Evaluation Agency, EMEA

P

批号	batch/lot number

Q

侵权	infringement

S

设盲	blinding/masking
世界卫生组织	World Health Organization，WHO
世界医学大会	The World Medical Association，WMA
试验方案	protocol

T

特异质反应	idiosyncratic reactions
天然药物	natural medicines
调剂	dispensing

W

物料	material
物料平衡	reconciliation

X

现代药	modern drugs

Y

验证	validation
严重不良事件	serious adverse event
药品	drugs
药品不良反应	adverse drug reaction，ADR
药品不良事件	adverse drug event，ADE
药品可获得性	access to drugs
《药品经营质量管理规范》	Good Supplying Practice，GSP
《药品生产质量管理规范》	Good Manufacturing Practice，GMP
药师	pharmacist
药事管理	pharmaceutical administration
《药物非临床研究质量管理规范》	Good Laboratory Practice，GLP
药物经济学	pharmacoeconomics
药物警戒	pharmacovigilance
药物滥用	drug abuse

药物利用	drug utilization
药物利用研究	drug utilization study or drug utilization research
《药物临床试验质量管理规范》	Good Clinical Practice, GCP
药物依赖性	drug dependence
药学	pharmacy
药学保健	Pharmaceutical Care, PC
药学信息	pharmaceutical information
《药用和芳香植物优化种植生产管理规范》	Good Agricultural Practice for Medicinal and Aromatic Plant Production
《药用植物种植和采集的生产质量管理规范指南》	Guidelines on Good Agricultural and Collection Practices for Medicinal Plants
《药用植物种植和生产质量管理规范》	Good Agricultural Practice for Medicinal Plants
医疗机构信息系统	Hospital Information System, HIS
医疗用毒性药品	poisonous substances
原国家药品监督管理局	State Drug Administration, SDA
与贸易有关的知识产权协议	Agreement on Trade – Related Aspects of Intellectual Property Rights, TRIPs
《原药材种植和采集的生产质量管理规范细则》	Good Agricultural and Collection Practice for Starting Materials of Herbal Origin

Z

质量保证	quality assurance
质量保证部门	Quality Assurance Unit, QAU
质量标准	specification
治疗药物监测	Therapeutic Drug Monitoring, TDM
知情同意书	informed consent form
知识产权	intellectual property
植物内生菌	endophyte
执业药师	licensed pharmacist
中成药	Chinese patent medicine
中国药品生物制品检定所	National Institute for the Control of Pharmaceutical and Biological Products, NICPBP
中国药学会	Chinese Pharmaceutical Association, CPA
《中华人民共和国药典》	Chinese Pharmacopoeia, Ch. P.
《中华人民共和国药品管理法》	The Drug Administration Law of People's Republic of China

中药	traditional Chinese medicine
中药材	Chinese crude drugs
《中药材生产质量管理规范（试行）》	Good Agricultural Practice for Chinese Crude Drugs，GAP
中药饮片	prepared slices of Chinese crude drugs
专题负责人	Study Director，SD
最小成本分析法	Cost Minimization Analysis，CMA

参 考 文 献

［1］毕开顺．药学导论．北京：人民卫生出版社，2003

［2］曹立亚，张承绪．欧盟药物警戒体系与法规．北京：中国医药科技出版社，2006

［3］陈新谦，金有豫，汤光．新编药物学．第16版．北京：人民卫生出版社，2007

［4］陈育德．卫生事业管理．北京：北京大学医学出版社，2006

［5］党丽娟．药事管理学．广州：华南理工大学出版社，2003

［6］党丽娟．药事管理学．北京：中国医药科技出版社，2005

［7］郭岩．卫生事业管理．北京：北京医科大学出版社，2003

［8］国家食品药品监督管理局药品认证管理中心．欧盟药品GMP指南．北京：中国医药科技出版社，2008

［9］黄泰康．现代药事管理学．北京：中国医药科技出版社，2004

［10］李钧．最新药品注册技术精讲．北京：化学工业出版社，2005

［11］李玉珍，张石革．药品商品与信息学．北京：科学技术出版社，2005

［12］梁万年．卫生事业管理学．北京：人民卫生出版社，2003

［13］孟锐．药事管理概论．北京：中国医药科技出版社，2006

［14］孟锐．药事管理学．第1版．北京：科学出版社，2007

［15］孟锐．药事管理学．第2版．北京：科学出版社，2009

［16］田侃．中国药事法．南京：东南大学出版社，2004

［17］吴春福．药学概论．北京：中国医药科技出版社，2004

［18］吴蓬．药事管理学．第3版．北京：人民卫生出版社，2003

［19］吴蓬，杨世民．药事管理学．第4版．北京：人民卫生出版社，2007

［20］吴永佩，张钧．医院管理学·药事管理分册．北京：人民卫生出版社，2004

［21］谢金洲．药品不良反应与监测．北京：中国医药科技出版社，2004

［22］药学名词审定委员会．药学名词1999．科学出版社，2001

［23］杨克钊，潘旭初等．实用药事管理学．北京：中国医药科技出版社，2000

［24］杨世民．中国药事法规．北京：化学工业出版社，2005

［25］杨世民．药事管理学．第3版．北京：中国医药科技出版社，2008

［26］赵汉臣，闫荟．现代医院药学的科学管理．北京：人民卫生出版社，2003

［27］赵克健．现代药学名词手册．北京：中国医药科技出版社，2004

［28］张新平，李少丽．药物政策学．北京：科学出版社，2003

［29］张新平．药事法学．北京：科学出版社，2004

［30］周三多．管理学．北京：高等教育出版社，2002

[31] 陈美兰，黄璐琦，等．植物内生菌对道地药材形成的影响．中国中医药信息杂志，2006，13（9）：40

[32] 陈盛新，蒯丽萍．国家药物政策的概念与实践．药学实践杂志，2007，25（5）：348

[33] 龚时薇，詹学锋．国家药物政策体系与类型分析．中国药事，2009，23（1）：37

[34] 郭志鑫．我国违法药品广告的情况分析．中国药事，2008，22（8）：634

[35] 胡建英．简述我国临床药学的发展．中国药业，2007，16（12）：15

[36] 金贞姬，刁继红．从药害事件看执业药师在医药实践中的作用．中国药师，2005，8（5）：425

[37] 蒯丽萍，张钧．药物经济学概论．药学实践杂志，2005，23（1）：56

[38] 李少丽，王兰明，等．关于在我国建立药品上市后再评价制度的探讨．中国新药杂志，2001，10（4）：241

[39] 林如辉．违法药品广告的现状及监管措施初探．中国药事，2008，22（9）：746

[40] 刘佳，钱丽萍，等．德里模式与基本药物推广．国外医学：社会医学分册，2003，20（2）：76

[41] 刘伟，吴关明．我国药包材的现状与监管对策．医药导报，2007，26（5）：571

[42] 孟锐，李颖．国家基本药物遴选与药物经济学．中国药房，2007，18（35）：2721

[43] 孟锐，李娜，等．药品广告违法违规现象透析．中国执业药师，2005，6（18）：11

[44] 任毅，陈星位．健全卫生事业管理教育模式培养应用型卫生管理人才．医学信息，2008，21（3）：327

[45] 宋芳．医药分业三种尝试．瞭望，2007，（20）：17

[46] 宋金波，曹秀琴，等．对我国药品再评价制度的认识与探讨．药物警戒，2008，5（2）：93

[47] 宋羽，沈祥春．浅析我国药品的分类管理．中外医疗，2008，28（13）：127

[48] 苏志良．医疗机构药品法律法规及监督概况．浙江省临床合理用药和药剂学术研讨会论文集，2007：55

[49] 石嬿，龚勋．制定国家基本药物政策的重要意义．卫生软科学，2008，22（1）：66

[50] 覃正碧，汪志宏，等．国家基本药物制度的现状及其完善对策探讨．中国药房，2008，19（14）：1041

[51] 童清泉，彭文兵．浅谈药包材标准管理．中国药事，2008，22（9）：739

[52] 王孺．高校卫生事业管理专业人才培养模式探析．中医药管理杂志，2009，17（2）：132

[53] 吴春华，陈誩，等．浅谈中药饮片临床应用的常见误区．北京中医，2007，26（12）：802

[54] 姚瑜嫔，陈永法，等．药害事件频发原因分析及防范对策．上海医药，2008，29（4）：160

[55] 俞观文．推行国家基本药物制度，实现"人人享有初级卫生保健"的目标．上海医药，2007，28（3）：103

[56] 张焕，杨朝霞等．撰写卫生事业管理论文应注意的几个问题．卫生软科学，2005，19（3）：206

[57] 张清奎．谈中国对药品的知识产权保护．中国新药杂志，2002，11（1）：17

[58] 张锐，张彦文，等．基层医院开展临床药学服务的实践．中国现代医药杂志，2006，8（12）：147

[59] 周延安．我国大陆地区药品的可获得性与供需平衡初析．中国医院药学杂志，2007，27（11）：1591

[60] 朱伯科，邵蓉．我国基本药物制度实施中的问题及对策．中国药业，2009，18（2）：1

[61] 于培明，黄泰康．试析药害事件的法律责任．中国药业，2007，16（8）：6

[62] 丁晋垣．我国执业药师队伍发展路线图．中国医药报，2009－04－13（8）

[63] 罗灿斗．影响中药饮片质量有5大因素．中国中医药报．2007－03－02（7）

[64] 裴泽军．开展临床药学服务的几种模式．中国医药报，2009－02－10（8）

[65] 易守华．药方写代码　药房抓错药　患者致伤残．重庆晚报，2006－04－15（7）

[66] 李瑞红．六大特征可界定"大处方"．新华网 http：//www.hb.xinhuanet.com/health/2007－08/17/content_10894671.htm

[67] 中投顾问．2009－2010年中国中药饮片市场投资分析及前景预测报告．中国投资咨询网 http：//www.ocn.com.cn/

[68] 百度百科 http：//baike.baidu.com/

[69] 国家发展和改革委员会 http：//www.ndrc.gov.cn/

[70] 国家食品药品监督管理局 http：//www.sda.gov.cn/WS01/CL0001/

[71] 国家药典委员会 http：//www.chp.org.cn/

[72] 国家中医药管理局 http：//www.satcm.gov.cn/

[73] 贵州省药品不良反应监测中心 http：//www.gzsadr.gov.cn/

[74] 美国药典网 http：//www.usp.org/

[75] 南方网 http：//sz.southcn.com/

[76] 人民网 http：//society.people.com.cn/

[77] 维基百科 http：//zh.wikipedia.org/

[78] 中国保护知识产权网 http：//case.ipr.gov.cn/

[79] 中国普法网 http：//www.legalinfo.gov.cn/

[80] 中国认证认可信息网 http：//www.cait.cn/

[81] 中国网 http：//www.china.com.cn/

[82] 中国药学会 http：//www.cpa.org.cn/

[83] 中国医药教育协会 http：//www.cmea.net.cn/main/article.asp?id=1284&type=11

[84] 中央政府门户网站 http：//www.gov.cn/

[85] 雅虎知识讲堂 http：//ask.koubei.com/

[86] 医药经济报电子版 http：//www.yyjjb.com.cn/

教材与教学配套用书

新世纪全国高等中医药院校规划教材

注：凡标○号者为"普通高等教育'十五'国家级规划教材"；凡标★号者为"普通高等教育'十一五'国家级规划教材"

（一）中医学类专业

1　中国医学史（常存库主编）○★
2　医古文（段逸山主编）○★
3　中医各家学说（严世芸主编）○★
4　中医基础理论（孙广仁主编）○★
5　中医诊断学（朱文锋主编）○★
6　内经选读（王庆其主编）○★
7　伤寒学（熊曼琪主编）○★
8　金匮要略（范永升主编）○★
9　温病学（林培政主编）○★
10　中药学（高学敏主编）○★
11　方剂学（邓中甲主编）○★
12　中医内科学（周仲瑛主编）○★
13　中医外科学（李曰庆主编）★
14　中医妇科学（张玉珍主编）★
15　中医儿科学（汪受传主编）○★
16　中医骨伤科学（王和鸣主编）○★
17　中医耳鼻咽喉科学（王士贞主编）○★
18　中医眼科学（曾庆华主编）★

19　中医急诊学（姜良铎主编）○★
20　针灸学（石学敏主编）○★
21　推拿学（严隽陶主编）○★
22　正常人体解剖学（严振国　杨茂有主编）★
23　组织学与胚胎学（蔡玉文主编）○★
24　生理学（施雪筠主编）○★
　　生理学实验指导（施雪筠主编）
25　病理学（黄玉芳主编）○★
　　病理学实验指导（黄玉芳主编）
26　药理学（吕圭源主编）
27　生物化学（王继峰主编）○★
28　免疫学基础与病原生物学（杨黎青主编）○★
　　免疫学基础与病原生物学实验指导（杨黎青主编）
29　诊断学基础（戴万亨主编）★
　　诊断学基础实习指导（戴万亨主编）
30　西医外科学（李乃卿主编）★
31　内科学（徐蓉娟主编）○

（二）针灸推拿学专业（与中医学专业相同的课程未列）

1　经络腧穴学（沈雪勇主编）○★
2　刺法灸法学（陆寿康主编）★
3　针灸治疗学（王启才主编）
4　实验针灸学（李忠仁主编）○★

5　推拿手法学（王国才主编）○★
6　针灸医籍选读（吴富东主编）★
7　推拿治疗学（王国才）

（三）中药学类专业

1　药用植物学（姚振生主编）○★
　　药用植物学实验指导（姚振生主编）
2　中医学基础（张登本主编）
3　中药药理学（侯家玉　方泰惠主编）○★
4　中药化学（匡海学主编）○★
5　中药炮制学（龚千锋主编）○★

　　中药炮制学实验（龚千锋主编）
6　中药鉴定学（康廷国主编）★
　　中药鉴定学实验指导（吴德康主编）
7　中药药剂学（张兆旺主编）○★
　　中药药剂学实验
8　中药制剂分析（梁生旺主编）○

9 中药制药工程原理与设备（刘落宪主编）★
10 高等数学（周 喆主编）
11 中医药统计学（周仁郁主编）
12 物理学（余国建主编）
13 无机化学（铁步荣 贾桂芝主编）★
　　无机化学实验（铁步荣 贾桂芝主编）

14 有机化学（洪筱坤主编）★
　　有机化学实验（彭松 林辉主编）
15 物理化学（刘幸平主编）
16 分析化学（黄世德 梁生旺主编）
　　分析化学实验（黄世德 梁生旺主编）
17 医用物理学（余国建主编）

（四）中西医结合专业

1 中外医学史（张大庆 和中浚主编）
2 中西医结合医学导论（陈士奎主编）★
3 中西医结合内科学（蔡光先 赵玉庸主编）★
4 中西医结合外科学（李乃卿主编）★
5 中西医结合儿科学（王雪峰主编）★
6 中西医结合耳鼻咽喉科学（田道法主编）★
7 中西医结合口腔科学（李元聪主编）★
8 中西医结合眼科学（段俊国主编）★
9 中西医结合传染病学（刘金星主编）
10 中西医结合肿瘤病学（刘亚娴主编）
11 中西医结合皮肤性病学（陈德宇主编）
12 中西医结合精神病学（张宏耕主编）★
13 中西医结合妇科学（尤昭玲主编）★
14 中西医结合骨伤科学（石印玉主编）★
15 中西医结合危重病学（熊旭东主编）★
16 中西医结合肛肠病学（陆金根主编）★
17 免疫学与病原生物学（刘燕明主编）

18 中医诊断学（陈家旭主编）
19 局部解剖学（聂绪发主编）
20 诊断学（戴万亨主编）
21 组织学与胚胎学（刘黎青主编）
22 病理生理学（张立克主编）
23 系统解剖学（杨茂有主编）
24 生物化学（温进坤主编）
25 病理学（唐建武主编）
26 医学生物学（王望九主编）
27 药理学（苏云明主编）
28 中医基础理论（王键主编）
29 中药学（陈蔚文主编）
30 方剂学（谢鸣主编）
31 针灸推拿学（梁繁荣主编）
32 中医经典选读（周安方主编）
33 生理学（张志雄主编）
34 中西医结合思路与方法（何清湖主编）（改革教材）

（五）药学类专业

1 分子生物学（唐炳华主编）
2 工业药剂学（胡容峰主编）
3 生物药剂学与药物动力学（林宁主编）
4 生药学（王喜军主编）
5 天然药物化学（董小萍主编）
6 物理药剂学（王玉蓉主编）
7 药剂学（李范珠主编）

8 药物分析学（甄汉深 贾济宇主编）
9 药物合成（吉卯祉主编）
10 药学文献检索（章新友主编）
11 药学专业英语（都晓伟主编）
12 制药工艺学（王沛主编）
13 中成药学（张的凤主编）

（六）管理专业

1 医院管理学（黄明安 袁红霞主编）
2 医药企业管理学（朱文涛主编）
3 卫生统计学（崔相学主编）
4 卫生管理学（景琳主编）★
5 药事管理学（孟锐主编）
6 卫生信息管理（王宇主编）
7 医院财务管理（程薇主编）

8 卫生经济学（黎东生主编）
9 卫生法学（佟子林主编）
10 公共关系学（关晓光主编）
11 医药人力资源管理学（王悦主编）
12 管理学基础（段利忠主编）
13 管理心理学（刘鲁蓉主编）
14 医院管理案例（赵丽娟主编）

（七）护理专业

1 护理学导论（韩丽沙 吴 瑛主编）★
2 护理学基础（吕淑琴 尚少梅主编）★
3 中医护理学基础（刘 虹主编）★
4 健康评估（吕探云 王 琦主编）★
5 护理科研（肖顺贞 申杰主编）
6 护理心理学（胡永年 刘晓虹主编）
7 护理管理学（关永杰 宫玉花主编）
8 护理教育（孙宏玉 简福爱主编）
9 护理美学（林俊华 刘 宇主编）★
10 内科护理学（徐桂华主编）上册★
11 内科护理学（姚景鹏主编）下册★

12 外科护理学（张燕生 路 潜主编）
13 妇产科护理学（郑修霞 李京枝主编）
14 儿科护理学（汪受传 洪黛玲主编）★
15 骨伤科护理学（陆静波主编）
16 五官科护理学（丁淑华 席淑新主编）★
17 急救护理学（牛德群主编）
18 养生康复学（马烈光 李英华主编）★
19 社区护理学（冯正仪 王 珏主编）
20 营养与食疗学（吴翠珍主编）★
21 护理专业英语（黄嘉陵主编）
22 护理伦理学（马家忠 张晨主编）★

（八）七年制

1 中医儿科学（汪受传主编）★
2 临床中药学（张廷模主编）○★
3 中医诊断学（王忆勤主编）○★
4 内经学（王洪图主编）○★
5 中医妇科学（马宝璋主编）○★
6 温病学（杨 进主编）★
7 金匮要略（张家礼主编）○★
8 中医基础理论（曹洪欣主编）○★
9 伤寒论（姜建国主编）★

10 中医养生康复学（王旭东主编）★
11 中医哲学基础（张其成主编）★
12 中医古汉语基础（邵冠勇主编）★
13 针灸学（梁繁荣主编）○★
14 中医骨伤科学（施 杞主编）○★
15 中医医家学说及学术思想史（严世芸主编）○★
16 中医外科学（陈红风主编）○★
17 中医内科学（田德禄主编）○★
18 方剂学（李 冀主编）○★

（九）中医临床技能实训教材（丛书总主编 张伯礼）

1 诊断学基础（蒋梅先主编）★
2 中医诊断学（含病例书写）（陆小左主编）★
3 中医推拿学（金宏柱主编）★
4 中医骨伤科学（褚立希主编）★
5 针灸学（面向中医学专业）（周桂桐主编）★

6 经络腧穴学（面向针灸学专业）（路玫主编）★
7 刺法灸法学（面向针灸学专业）（冯淑兰主编）★
8 临床中药学（于虹主编）★

（十）计算机教材

1 SAS统计软件（周仁郁主编）
2 医院信息系统教程（施诚主编）
3 多媒体技术与应用（蔡逸仪主编）
4 计算机基础教程（陈素主编）
5 网页制作（李书珍主编）
6 SPSS统计软件（刘仁权主编）

7 计算机技术在医疗仪器中的应用（潘礼庆主编）
8 计算机网络基础与应用（鲍剑洋主编）
9 计算机医学信息检索（李永强主编）
10 计算机应用教程（李玲娟主编）
11 医学数据仓库与数据挖掘（张承江主编）
12 医学图形图像处理（章新友主编）

（十一）中医、中西医结合执业医师、专业资格考试相关教材

1 医学心理学（邱鸿钟主编）
2 传染病学（陈盛铎主编）

3 卫生法规（田侃主编）
4 医学伦理学（樊民胜 张金钟主编）

新世纪全国高等中医药院校创新（教改）教材

82　中药化妆品学（刘华钢主编）
83　中医美容学（刘宁主编）
84　中医药数学模型（周仁郁主编）
85　中医药统计学与软件应用（刘明芝　周仁郁主编）
86　中医四诊技能训练规范（张新渝主编）
87　中药材 CAP 与栽培学（李敏　卫莹芳主编）
88　中医误诊学（李灿东主编）
89　诊断学基础实习指导（戴万亨主编）
90　中医药基础理论实验教程（金沈锐主编）
91　针刀医学（上、下）（朱汉章主编）
92　针灸处方学（李志道主编）
93　中医诊断学（袁肇凯）主编（研究生用）
94　针刀刀法手法学（朱汉章主编）
95　针刀医学诊断学（石现主编）
96　针刀医学护理学（吴绪平主编）
97　针刀医学基础理论（朱汉章主编）
98　正常人体解剖学（严振国主编）
99　针刀治疗学（吴绪平主编）
100　中医药论文写作（丛林主编）
101　中医气功学（吕明主编）
102　中医护理学（孙秋华　李建美主编）

103　针刀医学（吴绪平主编）
104　中医临床基础学（熊曼琪主编）
105　中医运气学（苏颖主编）★
106　中医行为医学（江泳主编）
107　中医方剂化学（裴妙荣主编）
108　中医外科特色制剂（艾儒棣主编）
109　中药性状鉴定实训教材（王满恩　裴慧荣主编）
110　中医康复学（刘昭纯　郭海英主编）
111　中医哲学概论（苏培庆　战文翔主编）（供高职高专用）
112　中药材概论（阎玉凝　刘春生主编）
113　中医诊断临床模拟训练（李灿东主编）
114　中医各家学说（秦玉龙主编）
115　中国民族医药学概论（李峰　马淑然主编）
116　人体解剖学（英文）（严振国主编）（七年制）★
117　中医内科学（英文教材）（高天舒主编）
118　中药学（英文教材）（赵爱秋主编）
119　中医诊断学（英文教材）（张庆红主编）
120　方剂学（英文教材）（都广礼主编）
121　中医基础理论（英文教材）（张庆荣主编）

新世纪全国高等中医药院校规划教材配套教学用书

（一）习题集

1　医古文习题集（许敬生主编）
2　中医基础理论习题集（孙广仁主编）
3　中医诊断学习题集（朱文锋主编）
4　中药学习题集（高学敏主编）
5　中医外科学习题集（李曰庆主编）
6　中医妇科学习题集（张玉珍主编）
7　中医儿科学习题集（汪受传主编）
8　中医骨伤科学习题集（王和鸣主编）
9　针灸学习题集（石学敏主编）
10　方剂学习题集（邓中甲主编）
11　中医内科学习题集（周仲瑛主编）
12　中国医学史习题集（常存库主编）
13　内经选读习题集（王庆其主编）
14　伤寒学习题集（熊曼琪主编）
15　金匮要略选读习题集（范永升主编）
16　温病学习题集（林培政主编）
17　中医耳鼻咽喉科学习题集（王士贞主编）
18　中医眼科学习题集（曾庆华主编）

19　中医急诊学习题集（姜良铎主编）
20　正常人体解剖学习题集（严振国主编）
21　组织学与胚胎学习题集（蔡玉文主编）
22　生理学习题集（施雪筠主编）
23　病理学习题集（黄玉芳主编）
24　药理学习题集（吕圭源主编）
25　生物化学习题集（王继峰主编）
26　免疫学基础与病原生物学习题集（杨黎青主编）
27　诊断学基础习题集（戴万亨主编）
28　内科学习题集（徐蓉娟主编）
29　西医外科学习题集（李乃卿主编）
30　中医各家学说习题集（严世芸主编）
31　中药药理学习题集（黄国钧主编）
32　药用植物学习题集（姚振生主编）
33　中药炮制学习题集（龚千锋主编）
34　中药药剂学习题集（张兆旺主编）
35　中药制剂分析习题集（梁生旺主编）
36　中药化学习题集（匡海学主编）

（二）易学助考口袋丛书

中医执业医师资格考试用书